经济法正当程序机制研究

齐建辉　著

商务印书馆
The Commercial Press

2017年·北京

图书在版编目(CIP)数据

经济法正当程序机制研究/齐建辉著. —北京:商务
印书馆,2017
ISBN 978 - 7 - 100 - 15334 - 8

Ⅰ. ①经… Ⅱ. ①齐… Ⅲ. ①经济法—研究—
中国 Ⅳ. ①D922.290.4

中国版本图书馆 CIP 数据核字(2017)第 225474 号

本书获得西北师范大学科研经费资助

经济法正当程序机制研究

齐建辉 著

商 务 印 书 馆 出 版
(北京王府井大街36号 邮政编码 100710)
商 务 印 书 馆 发 行
北 京 冠 中 印 刷 厂 印 刷
ISBN 978 - 7 - 100 - 15334 - 8

2017 年 11 月第 1 版 开本 880×1230 1/32
2017 年 11 月北京第 1 次印刷 印张 10¼

定价:42.00 元

正义之提供,牵涉国家的权威和声望。因此,国家总不允许提供正义之方法沦落成个人偏好的即兴创作和奇思妙想;它感到有必要在有约束的规则体系里规定法律程序的技术,其主体是法定程序法;在把这些技术转化为统一法律规范时,它还希望确保实现此最庄严使命即提供正义的方法问题与理性一致——此乃国家理性,化约为有约束力的程序,并同样适用于所有人。

——皮罗·克拉玛德雷①

随着一个只具备有限目的和微弱手段的政府转变为现代行政国家,对正当法律程序观念的精心解说,已经成为重新定位宪政主义的主要方式。

如果说人身保护状是"伟大的令状",那么,正当程序必定是"伟大的条款"。

——杰瑞·L.马肖②

① [意]皮罗·克拉玛德雷:《程序与民主》,翟小波、刘刚译,高等教育出版社2005年版,第2页。

② [美]杰瑞·L.马肖:《行政国的正当程序》,沈岿译,高等教育出版社2005年版,第1页。

序

作为一门新生的法律部门，经济法回应了国家干预市场的客观现实，突破了市场与国家分治的理论假设，将国家经济行为纳入理性审视和法律的规制之下，这不仅引发了传统法治理论的整体反思，同时也预示了经济法理论重构和制度建设的双重任务。在理论研究方面，经济法与传统法律部门纠缠于调整对象的地盘争夺，疏于真正的理论创新；在制度建设方面，经济法规范时常摇摆于民商法和行政法之间，缺乏独立的运行机制，既没有独立的概念，也不能大胆超越。寻求经济法"独立运行"的理论根据与制度依托，确立国家干预的合法性（正当性）和规范性（制度化），是当前建设法治政府和经济法制建设的重大课题。

建辉博士长期致力于经济法理论的研究思考，并在西南政法大学师从著名经济法学家种明钊先生和李昌麒先生，获得法学博士学位，具备了深厚的法学理论素养和扎实的经济法学知识基础。早在攻读博士学位期间，就倾心于经济法基本范畴的理论构建，确立了以经济法的理论重构和运行机制为重点的研究方向，后来的博士学位论文就是沿着这个方向完成的。作为西南政法大学的客座教授、建辉博士的学位论文评阅专家和答辩委员会主席，我参与了该研究的选题确立，总体思路的设计，主要观点的斟酌，基本内容的筛选，以及具体方法的应用等全部过程，熟知论文写作和研究的每一个细节，整个研究过程和研究结论值得肯定。后来，以《经济法正当程序机制研究》为题，获得了教育部哲学社会科学基金项目的支持，研究方法更加合理，研究体系更加完善、研究内容更加深入，较好地完成了对经济法理论范式和运行机制的理论分析和制度构建，其学术成果和贡献应当得到肯定和推介。

《经济法正当程序机制研究》课题，从法学理论范式、法律类型学和法律程序机制三个方面，应用哲学、社会学、经济学和法学的综合方法，深入研究了经济法的社会背景、理论基础、制度模式和运行机制，对规范国家经济行为，完善经济法学理论和建构经济法律体系，寻求国家经济行为法治化做了大胆的理论探索和制度创新。传统法治坚持个体主义的方法论，崇尚意思自治、契约自由和司法消极救助，是理想的私法之治或个体法治；经济法以整体主义为指导，肯定国家代理或代表市民社会弥补市场缺陷，提供公共产品，强调政治国家与市民社会的互动，是一种新型的公共法治。传统民商法以保护市场主体的个人利益和意思自治为己任，以源于传统和习惯的实体规范为主体，依靠意思自治和消极的司法救济实现；经济法以社会整体利益为目标，国家经济行为的内容抽象模糊且变动不居，消除国家经济行为的不确定性，防止权力滥用，单纯的实体法的规范已经力不从心。反思正当法律程序历史地位和制度价值，确立应对经济法多元利益协商、沟通理性和科学论证要求的程序规范模式及其运行机制，是经济法制度的根本出路。

《经济法正当程序机制研究》立足于经济法理论的核心和重点问题，密切观照建立法治政府的时代议题，在理论上拓宽了经济法研究的视野，丰富了经济法研究的方法和内容，其研究结论对经济法律制度的建设和完善具有重要的参考价值。该研究的观点鲜明准确，逻辑结构严谨合理，研究思路清晰流畅，研究方法规范得当，既有理论梳理和规范分析，也不乏实证研究和具体制度建构。研究内容全面系统，经济法的理论范式明确了研究角度和研究方法，程序法历史地位的梳理和法律价值深刻剖析，指出了经济法的现实困境和根本出路，经济法运行正当程序理念、原则和主要制度的探索奠定了经济法制度建设的方向、重点和基本框架。可以肯定,《经济法正当程序机制研究》的面世,将对经济法理论研究和制度建设都具有重要的推动意义,对有效扩充经济法学理论研究的方法、视角,对完善经济法的制度创新和执法、司法实践将有明显的启发和帮助。

徐孟洲

中国人民大学法学院

2017 年 3 月 2 日

自　序

在几经中断，又几经反复之后，在商务印书馆的大力支持下，今天终于有幸将 20 多年来对经济法学的理论与实践的思考向各位专家和同仁汇报。当一件坚持许久的工作终于完成时，心中虽有些许释然，但更多的是忐忑和不安。

在上个世纪九十年代之初，我的大学生活在理想和现实的双重挤压中度过，在中国改革开放大潮的冲击下，基于安身立命的世俗考虑，本科毕业时我从思想政治教育专业转向当时最为时髦却也处于一片混沌的经济法学专业硕士研究生，开始了自己的经济法思考之路。由于法学理论和法律知识的欠缺，加上经济法学也正处于理论建构和制度初创阶段，专业学习一直不得要领，许多理论问题对我是如坠云雾，不明就里。相对于传统民商法深远的历史传统、整齐的理论体系、完备的制度框架和清晰的运行机制，年轻的经济法学基础薄弱，理论研究割裂分散，制度规则稀缺零乱，实践操作缺乏司法救济而流于政策解说。三年的专业学习只是在概念层面实现了对经济法的机械记忆和简单应用，学位论文也是在经济和法律的混杂中完成了形式的审查要求。

带着对经济法学的无限困惑，我考取了西南政法大学的经济法学博士研究生，有机会在法学前辈的指导下深入思考困扰多年的经济法理论和实践问题，实现自我救赎。基于对经济法基本理论的探求，以及对经济法实质化特征和形式理性要求的纠结，我跟导师种明钊先生商定，决定从经济法的时代背景、理论基础和制度构架角度确立博士学位论文的选题,对经济法的理论范式和运行机制进行总体研究,以完成经济法的理论超越和制度回归。研究方向和主题的确定相对比较容易,真正的写作却极其困难。在三年博士学习期间,我重新系统阅读了经济法学的经典著作,广泛研习了法理学、经济学、社会学理论,获取了丰富的专业知识和人文社科理论。在吸收马克斯·韦伯的法律类型学、哈贝马斯的交往行为理论和现代西方宪政中的正当程序理论的基础上,开始寻求经济法理论建构和制度创新全新的思路。因为经济法不单纯是一个新型的法律部门,同时它也体现了一种全新的法学理论范式和法律运行机制。同时,在国家干预的时代背景下,经济法面临诸如法律规则的确定与变化、法律运行的封闭与开放、法律实施的强制与自觉等理论冲突与实践争执。确立国家干预的合法性(或正当性)和规范性(制度化),是经济法制度建设的重大理论和实践课题。解决这一关联性问题,必须要对传统法治理论的思维方式和制度模式进行整体反思,对现有的法律资源进行深入发掘和整理。经济法运行的正当程序机制研究,也许是探索弥补经济法实体法不足和制度缺陷,解决经济法运行正当化、规范化,实现国家干预行为的法治化的有效路径。

博士论文如期完成,但写作和研究并没有终止。2010 年在教育部人文社科基金的资助下,我又对世界主要国家和地区国家干预经济的法律制度进行了梳理和分析,尤其是我国近来政府重大决策程序立法实践进行了跟进考察,充实了研究的实证性和操作性。日月如梭,时光飞逝,一转眼又是十年。课题研究首先从理论反思入手,考察国家干预视野下经济法理论范式的转换。以国家干预为背景,坚持整体主义方法论,借鉴托马斯·库恩的“范式”理论,对比分析了经济法理论和传统法治理论的法律本体论、认识论、方法论、价值观和道德观差异,确立了经济法的“主客一元论”基本理论范式,阐述了经济法理论范式产生、发展和运行的客观经济基础和理论渊源,奠定经济法在制度模式和运行机制选择上的方法论基础。进而以传统法治的形式特征和要求为参照，全面考察了经济法的规范内容、法律推理、法律职业、法律机构，分析经济法的实质化特征以及与传统法治的"理论"冲突。概括了经济法理论和实践面临的规则确定与变化、运行的封闭与开放、适用的普遍性与特适性、强制与自觉之间的理论困惑和二难选择；在重述法治本质要求的基础上，反思传统法治理论模式的狭隘性，提出了化解或整合经济法治"悖论"的正当程序机制。

在明确经济法理论范式的基础上，纵向考证了经济法程序化发展的历史背景和理论基础，还原了超越"诉讼程序"、"行为过程"等简单观念的整体法律程序概念，重点考察英美、大陆法和中国传统法律制度中的程序法理论和法律角色，探究了程序法的哲学认识论基础和伦理学人性论基础，证明和恢复了程序法在整个法律体系中的"元规则"或"初级规则"的地位，确立了经济法运行正当程序机制的历史渊源和理论基础。研究还反思和重构了经济法正当程序机制的价值功能。通过重新梳理并反思了具有代表性的程序工具主义理论和程序本位主义理论，确立了以人的主观需要和权利保护为中心的分析框架，论证了正当法律程序的积极保护功能和消极防御功能，概括出经济法律程序的价值是实现国家干预正当化、经济民主法制化，以及促进国民经济整体效率。

课题研究还重构了经济法程序的内在机理和基本原则，探索了经济法运行程序的主要制度。经济法正当程序的内在机制和基本原则体现了现代经济社会的整体性持续发展趋势，也是法律形式正义和实质正义统一的必然要求。经济法正当程序是以市场经济和民主政治为基础的公共选择和决策机制，它的内在机制主要有平等对话、理性谈判、多元妥协、自主或自治；其基本原则主要有公开、公正和条件优势原则。经济法运行的正当程序制度包括主体制度、信息与资讯制度、对话与听证制度、结果与决定制度,现实的经济法运行程序还存在诸多理论缺陷和制度障碍,研究结合实践提出了一些尝试性的制度建议,以供经济法实践和制度建设参考。

历时十数届,研究成果虽然不尽如意却已定型。如果说课题的研究有所创新和理论建树的话,主要是在以下几个方面进行了大胆的尝试和努力:首先,超越了部门法研究的条块分割和自我中心主义,将经济法的理论变迁与人类社会的认识论进化统一起来,结合现实社会经济的发展,通过回应性和实质化特征认识经济法的社会本位。如果仅是孤立地看待经济法的"回应性"和实质化特征,忽略它的认识论和方法论基础,经济法的理论研究就会因缺乏足够的理论支撑而显得幼稚和玄虚。强调经济法律回应性和实质化特征,首先是基于对传统法治科学主义"主客二元论"理论范式的扬弃,是对"主客一元论"理论范式的制度回应。

其次,坚持整体主义的方法论,将经济法的理论范式与制度运行相结合,探索和讨论经济法运行的正当程序机制。突出经济法的理论范式、法律类型和运行机制之间的有机联系和层层递进关系,采用哲学、社会学、经济学、法学和语言学等多种学科的工具和手段,论证经济法运行的正当程序机制。经济法是"主客一元"理论范式,是"回应性"的实质理性法,制度框架应当是以民主参与和对话协商为基础,兼容实体正义与形式正义的程序主义法律模式。

其三,理清了作为现代法的经济法与传统民商法的实质性分歧,校正了对二者对立冲突的错误认识和理论偏差。经济法与传统法治的分歧在于认识论和方法论,而不是确定的"规则"与模糊的"原则"。经济法研究的前提和首要任务是对传统法治理论进行整体反思,经济法建设的重点不是简单追求所谓的部门法"独立"地位,而是要对传统民商法和行政法的既有规则进行大胆借鉴移植和功能改造,实现法学理论和法律制度的整体跃迁。经济法的正当程序机制在基本理念上强调公共选择的民主参与对话协商,在基本结构和主要制度建设方面要与立法程序、执法程序和裁判程序协调统一。

最后,如果本研究成果能够为学界和实务部门所认同,将对经济法的理论研究和法律实践有些许助益。在理论研究和学科建设方面,将经济法与传统法治的理论和实践、历史与现实、功能与结构进行总体研究,通过对传统法治理论范式和具体制度的反思,实现法律世界观和法学方法论的转换,明确了经济法的现代性特征,坚定经济法运行正当程序机制的理论基础。在现实的制度建构方面,坚守法治的根本任务,降低社会事务复杂性,提升社会选择和公共决策确定性和预测性,在法律与社会生活互动背景下考察经济法的实质化特征和制度应对,确立程序主义的法治模式,将传统法治的形式正义与现实社会生活的实质要求结合起来,对实现经济法的"法治化"和国家干预的规范化具有很好的现实参考价值。

目　　录

绪　论

经济法超越与回归的程序法路径

　　20世纪以来,由于市场失灵的突显和国家干预的扩张,经济法理论和实践命题成为社会主义国家还是资本主义国家共同的法治议题,其核心是国家干预市场的"正当性"与"合法化"问题。一方面,经济法理论以鲜明的回应性、[①]创新性和整体主义的方法论,全面超越和改造了传统法治的个体主义的理论范式,引发了传统法治理论的危机;另一方面,由于经济法律制度的原则性、模糊性、开放性、商谈性等实质化特征,与传统法治的确定性、规则性、封闭性、自治性等要求之间形成了鲜明的对比,出现了所谓"政策化"或"去法律化"现象,法律品味大打折扣。易言之,作为一门新型的法律现象和法学理论,经济法经受传统法治"合法性"理论的考验和自身运行规范化要求的双重挑战。面对理性思考的普遍化和合理性问题的不断追问,经济法在适应社会经济发展的需要,确认和规范国家干预经济的过程中,必须冲破法治理论的"明

---

　　①　回应性法理论是美国学者诺内特和塞尔兹尼克运用类型学的原理,对人类社会的法律制度进行分析考查而得出的三种类型之一。他们认为,根据规定法的基本形态的变量,如目的、合法性、规则、推理、裁量、强制、道德、政治、服从期待、参与等与法的不同对应关系,可以将社会上存在的法律现象分为三种类型:"压制型法"、"自治型法"和"回应型法"。参见[美]诺内特、塞尔兹尼克:《转变中的社会与法律:迈向回应型法》,张志铭译,中国政法大学出版社2004年版,第81—87页。国内学者刘普生借用回应型法的原理,分析了经济法回应性的表现、原因及其理论和实践意义。参见刘普生:《论经济法的回应性》,《法商研究》1999年第2期。

希豪森困境",①解决理论上的"正当性"问题和制度运行的"法律化"
要求。

经济法与传统法治在理论范式和制度运行方面的鲜明对比,不仅
反映了经济法对传统法治的超越,而且也折射出经济法在确认和规范
国家干预过程中所面临的理论困境和实践难题。为此,有必要对现代
法治理论范式转化及制度模式进行整体理解,重新梳理以正当程序机
制为内核的程序法的价值和功能,建立以民主协商为基础的程序主义
法治模式,用以弥合传统实体立法和静态规范的不足,化解经济法制度
的实质性与自治性之间的矛盾,实现国家干预的"法治化",以及经济法
自身的超越与回归。

一、经济法的理论超越与实践困惑

(一) 经济法理论对传统法治理论的挑战

现代经济法产生和发展的基础是国家对社会经济的干预。当资本
主义社会进入到垄断阶段后,市场自律机制严重"失灵",经济危机全面
爆发,为了弥补市场"失灵",作为"守夜人"的国家不得不改变其单纯的
政治角色,担当起维护国民经济总量平衡和市场竞争秩序的任务。经
济法以社会整体利益最大化为价值目标,确认和规范国家对市场机制
的积极干预和协调,是对当国家的"有形之手"对市场的自律机制进行
干预成为一种现实的积极回应。

经济法理论突破了传统法治关于政治国家与市民社会互不干涉的

---

① "明希豪森困境"是德国当代批判理性主义法哲学家汉斯·阿尔伯特(Hans Albert)
在批判传统哲学时所引用的一个《明希豪森男爵的奇遇》中的故事,其大意是明希豪森在一次
行游时,不幸掉进一个泥潭,四周旁无所依,于是他用力抓住自己的头发把自己从泥潭中拉了
出来。其中之意是任何科学的命题很可能遇到"为什么"之无穷追问的挑战;也就是说,任何命
题都不能自我证明。参见舒国滢:《走出希豪森困境》(代译序),罗伯特·阿列克西:《法律论证
理论——作为法律证立理论的理性论辩理论》,舒国滢译,中国法制出版社 2002 年版,第 1 页的

理论假设,在制度设计上背叛了"法治"封闭和自治的要求,表现出强烈的开放性和实质化特征。按照马克斯·韦伯的法律类型学观点,以民商法为代表的传统法治是典型的以立法为中心的形式理性法治,而"勃兴"于现代社会的经济法是以执法为中心的实质理性法治。传统法治以个人利益为核心,以市民社会和政治国家的分立、市民社会封闭且自治为逻辑起点,以民商法等实体立法为载体、以司法裁判的消极救济为主要运行模式。基于个体主义的理论范式,传统法治认为,法律是立法者对上帝意志、人类共同意志、民族精神或统治阶级意志的发现、体现或复写,作为社会和法律主体的个人、组织、社会团体只是法治机器上的一个零件,只能被动、消极地遵守和适用法律。经济法则以社会整体利益为基本价值导向,最大限度地保护个人和社会的整体利益;它打破了对政治国家与市民社会、法律制度与现实生活、公法与私法的机械划分;它肯定公共政策对民商法基本价值观念,如所有权无限、契约自由和过错责任的限制,强调对基本人权和自由的保护,支持参与性经济民主,突出行政立法和行政司法的积极功能,强化法律对国家和市场主体经济活动的过程性规范和救济。

　　经济法的转型表现出对传统法治的强烈反叛和超越,它"强调机构潜在的弹性和开放性。它不顾及权威,而是接受挑战和无序状况。这种态度反对把'法律'与'秩序'相提并论;它对这样一种事实很敏感,即,法律富有特色地维持着一种特定类型的秩序,这种秩序表现为众所公认的道德法典的身份体系和权力模式。……法律被评价为一种批判的手段和变化的工具,因此,存在着一种不言而喻的信念,即权威体系可以更好地维护它自身,如果它愿意接受改造,而这种改造又是以那些被统治者如何领悟他们的权利和如何重新评定他们的道德义务为依据,那就更是如此。现行社会要想具有回应性,就应该愿意接受许多方面的挑战,应该鼓励参与,并期待那些新的社会利益以令人烦恼的方式使自己为人们所知。政治上的不服从应该得到宽容，应该待之以协商确立新的权威基础的意愿。法律和政治之间的界限由此变得模糊不清，至少在辩护和法律判断论及有争议的公共政策问题的地方是如此。这是一种风险大的法律和秩序观点。"①与之相适应，在理论研究方面，"经济法学已显示出视野开阔、方法多元综合、研究框架创新、符合现代潮流等优势。"②

现代国家对社会经济生活的积极干预这一不可回避的现实，以及以经济法为代表的实质理性法的产生，对传统法治理论体系提出了严峻的挑战，这种挑战被西方学者称为"西方法律传统的危机"③和"后自由主义社会中法治的解体"。④ 这些危机和挑战概括起来主要表现为："权威被侵蚀，其正统性受到普遍怀疑；缺少合意削弱了众所公认的道德的有效性；公众舆论和集体行为对可容忍的混乱强加了一种觉察得

---

① ［美］诺内特、塞尔兹尼克：《转变中的社会与法律：迈向回应型法》，张志铭译，中国政法大学出版社 2004 年版，第 7 页。

② 这是王全兴教授在第八届全国经济法理论研究会上对经济法及经济法学发展的前景所作的概括性发言，转引自管斌：《第八届全国经济法理论研讨会综述》，《法商研究》2001年第 2 期。

③ 伯尔曼认为，"西方法律传统的危机不仅仅是法哲学的危机，而且是法律本身的危机。关于法律是基于理性和道德还是仅仅是政治统治者的意志这个问题，法哲学家们一直争论不休，并可以推定，他们将继续争论下去。我们无需为了得出以下结论去解决这种争论，作为历史的事实，所有继承西方法律传统的国家的法律制度都一直根源于某些信仰和假设：即这些法律制度本身一直以这些信仰的有效性为先决条件。这些信仰和假设——诸如法律结构上的完整性、法律的不断发展、它的宗教根基和它的超越性等——不仅正在从法哲学家、立法者、法官、律师、法律教师和法律职业的其他成员的头脑中消失，而且正在从作为整个人民的绝大多数公民的意识中消失；此外，也正在从法律本身中消失。法律正在变得更加零碎、主观、更加接近权术和远离道德，更多关心直接后果而更少关心一致性和连续性。因此，在20 世纪，西方法律传统的历史土壤正在受到侵蚀，这种传统本身正在面临崩溃的威胁。"参见［美］伯尔曼：《法律与革命：西方法律传统的形成》，贺卫方等译，法律出版社 2008 年版，第38—48 页。

④ ［美］昂格尔：《现代社会中的法律》，吴玉章、周汉华译，中国政法大学出版社 2004 年版，第 180—225 页。

到的界限;巨大的社会分裂使得单一正义体系的生命力成为问题;异化现象如此普遍,以至于人们觉得法律权威是建立在一种过分狭隘的参与和合意的基础之上。"①

(二)国家干预"法治化"的理论困境和制度障碍

经济法的实质化或回应性特征暴露了传统法治理论的局限性,提出了对法治功能进行深层次、全方位发掘的必要性和可能性。然而,由于"市场失灵"的客观性,传统法治理论虽然肯定了国家干预的必要性,但是却不能为国家干预的合理性或正当性提供有力的伦理支持和法理解释。传统法治理论认为,法律的权威性主要来自于"法律"的自治性和"形式合理性",而不是其外在的国家强制性。法律权威的合理性基础是市民社会自治和人类的自由意志,法律通过民选的议会代表按照科学理性的方法所发现或复写,法律规范是"上帝的意志"或"人类共同的理性"的表现形式,法律的实施只不过是对立法概念和精神的自然展开,是与现实社会生活的逻辑对接。但是,由于市场情况瞬息万变,"市场失灵"的表现形式多样且又不具有明显的规律可循,民选的立法机关不可能通过事先制定精确的实体法,对国家干预市场的行为进行统一明确的规定,只能授予政府相机行事的概括性自由裁量权。经济法授予国家或政府宽泛的自由裁量权,在形式上不再具有严格的实体法控制的"合法性"依据,在内容上割断了与民意的直接联系,因此也就缺乏民主和自治的合理性支持。经济法的内容和具体实施带有明显的"家长主义"色彩,所以,寻找经济法运行的合理性基础是解决国家干预法治化的重要理论难题。

同时,由于经济法内容的模糊性和不确定性、经济法运行的开放性

---

① ［美］诺内特、塞尔兹尼克:《转变中的社会与法律:迈向回应型法》,张志铭译,中国政法大学出版社 2004 年版,第 8 页。

和个体差异性，以及经济法诉讼监督机制的缺位等等，经济法的法律品味受到了极大的损害。法律的确定性是它的生命力基础，这是讨论法治问题时必须坚守的信条。经济法作为一种法律制度，也应当而且肯定具有某些使它区别于其他社会规则的独特属性，就是对一般社会生活的简约化处理并与之保持相对的隔离，或者说是通过其特有的技术化规则，使人们对自身行为和相互关系具有可预测性。即"各种权利要求必须通过限定的渠道加以申辩，而不管这些渠道可能多么有缺陷。法律的变更要通过政治程序来实现，而不应通过法律机构响应党派要求行使自由裁量权去达到。法律和政治应该分离，法律的缺陷必须坚定地加以克服。"① 如果把法律概念认同于强权（"扩大了的匪徒命令"），② 或者把它融入宽泛的社会控制概念，③ 那么它就会失去焦点。"虽然其他控制渊源是重要的，但是不可能依靠它们使社会免于恣意、非理性、恐吓或更糟的东西。"④

所以，与历史上其他的法律制度一样，经济法面临着从一般的社会制度和经济政策向法律正式制度的跨越，或者说是必要的格式化和正

---

① ［美］诺内特、塞尔兹尼克：《转变中的社会与法律：迈向回应型法》，张志铭译，中国政法大学出版社 2004 年版，第 6 页。

② H. L A. Hart, The Concept of Law (Oxford: Clarendon Press, 1961), p. 80.

③ 把法律观念融入宽泛的社会控制概念的倾向，在社会学和人类学文献中很普遍。参见，Bronislaw Malinowski, Crime and Custom in Savage Society(Peterson, N J Littlefield, Admas, 1959), pp. 55-59; and Henri Levy-Bruhl, Sociologie du droit (Paris Presses Universitaires de France, 1961), pp. 21-22. 虽然大多数作者反对把法律正式界定为社会控制，但是关注"活的法"(living law)以及放开法律现象的界限的努力实际上趋向于混淆任何区别。Lon L. Fuller 的某些新近的作品也有类似的导向。如他的"Human Interaction and the Law," American Journal of Jurisprudence 14(1969): 1。转引自［美］诺内特、塞尔兹尼克：《转变中的社会与法律：迈向回应型法》，张志铭译，中国政法大学出版社 2004 年版，第 10 页，注 11。

④ ［美］诺内特、塞尔兹尼克：《转变中的社会与法律：迈向回应型法》，张志铭译，中国政法大学出版社 2004 年版，第 6 页。

统化的问题。在此过程中,经济法必须有效解决一系列实践矛盾和理论难题:法律制度运行的封闭性与其内容对社会生活开放性之间的协调;法律制度经过社会成员同意和认可而获得的自愿遵守与为了维护整体利益而校正个别行为的国家强制之间的统一;法律内容的确定性、固定性要求与现实社会事务的动态性、非常规性之间的对应;法律效力的普遍性与具体案件个别差异性之间的衔接等。这些问题和冲突不可能通过现有的制度模式予以解决,也不可能凭借理想的主观想象得以化解,所以探寻一种既能回应现实经济生活的需要,又能实现传统法治理论和制度模式的变迁,包容形式法治和实质法治的新型法治模式是经济法研究的当务之急。

二、经济法学界的应对和不足

(一) 相关的理论研究

福利国家的产生以及国家干预的普遍化,不仅催生了经济法的产生,同时也激发了学界对传统法治理论范式和运行模式进行深刻反思与全面革新的热情,越来越多的研究者从方法论和运行机制方面对经济法理论进行了整体探讨。

日本学者福光家庆通过比较分析了经济法和传统民商法的基本理论和具体制度,他认为,如果把传统民商法看成是"现代性所有权"的现代法的话,经济法则属于一种作为"社会性所有权"的后现代法。① 金泽良雄则认为,经济法和民商法"两者之间并不存在完全的对立,而是一方面承认现代法是构成现代'经济之法'的基本法,另一方面又认为经济法就是除了具有后现代的性质外,还摆脱了现代法的框框,并在这

---

① ［日］福光家庆:《经济法的概念》,《神户法学杂志》,第三卷第二号。转引自金泽良雄:《经济法概论》,满达人译,甘肃人民出版社1985年版,第15—16页。

一基础上累积起来一层'经济之法'。"①经济法"在经济上,表现为从总资本——国民经济的立场出发的国家政策,以致达到了要求国家为推行这一政策,而实施对经济干预之法的地步。"②这些理论成果不仅深刻透析了经济法的本质,而且也清晰地表明了经济法对传统民商法以概念推理和严格的逻辑演化为基础的现代形式理性的超越,体现出对现实社会生活,尤其是国民经济政策的包容性和回应性。

国内学者们继承了国外学者对传统法治理论反思的相关成果,对经济法的本质和特征也进行了比较系统的分析研究。刘普生教授参照诺内特、塞尔兹尼克《转变中的法律与社会:迈向回应性法》的基本思路,对经济法的回应性及其表现、原因、实践和理论意义进行了概括和总结。③ 朱崇实和贺绍奇教授则通过对经济法和行政法的对比后认为,"从法律方法论上来看,经济法是回应性法,它扬弃了形式理性,采用了实质理性,在法律推理技术上采取的是利益平衡,目标导向的推理技术,鼓励能动积极的行政;行政法属于自治性的法,对行政权的解释它坚持了严格的形式推理,而不是目标推理,严格要求依法行政。"④同时,张世民也认为,尽管韦伯"没有能在经济法学勃然兴起的年代对经济法留下相关的论述,但经济法的产生确实可以借用他的'形式合理性法律'与'实质合理性法律'的概念加以概括。""如果借用马克斯·韦伯的术语,经济法在民法、商法等调整经济关系的传统法律部门中独立出来,是'形式合理性'法到'实质合理性'法律的转变。"⑤此外,叶明博士"从法律类型学的研究视角出发,将经济法放置在世界法制史发展的大

---

① ［日］金泽良雄:《经济法概论》,满达人译,甘肃人民出版社1985年版,第15—16页。

② 同上书,第26—27页。

③ 刘普生:《论经济法的回应性》,《法商研究》1999年第2期。

④ 朱崇实、贺绍奇:《"市场失效"与"政府失效":经济法与行政生存依据》,李昌麒:《中国经济法的反思与前瞻》,法律出版社2001年版,第88页。

⑤ 张世明:《经济法学理论演变研究》,中国民主法制出版社2009年版,第248—249页。

背景中进行考查。以现代法律发展的反形式主义趋势为主线,在反思民法、行政法等传统法律模式的基础上,从法律内容、法律推理、法律职业、法律机构几个方面展现了经济法不同于传统法律模式的新的法律特质。"他认为,"经济法是一种马克斯·韦伯所称的实质理性法,或者如诺内特、塞尔兹尼克所说的回应性法,而非传统法律模式所体现的形式理性法或自治型法。""经济法是现代社会中涌现出来的一种新的法律类型或法律形态,代表了新型的法律模式,其产生、发展对我们既有的法律概念、法律技术和法律知识等都产生了巨大的冲击。面对经济法对传统法律模式和法学理论体系的挑战,我们只有摆脱法律形式主义的束缚,突破传统法律模式设置的思维限制,才能更好地认识经济法,更好地促进经济法和我国市场经济法制建设的发展。"①

　　经济法的核心任务是防范国家干预走向独裁专制,但是,经济法的回应性和实质化倾向却消解了传统法治所要求的确定性和自治性,增大了国家干预的风险。对此,学者们提出了各种应对措施,如加强对政府干预行为的司法监督或公益诉讼,规范和限制国家经济权力的运用,确保国家经济职权符合社会公共利益最大化的目的;②建立新型的权力控制机制,即通过"充分发挥第三部门的作用","积极建立和发展独立的国家干预机构",以及"注重经济法的非强制性"来规范国家经济职权的实施,进而实现国家干预的"法治化"。③ 也有学者从反垄断法的角度,对法律规则的不确定性进行理论和实证分析后,提出通过"强化法律解释的目的性论证"、"积极发挥经济管理机构和法院的作用"、"推

① 叶明:《经济法的实质化研究》内容摘要,法律出版社2005年版。
② 韩志红、阮大强:《新型诉讼——经济公益诉讼的理论与实践》,法律出版社1999年版;颜运秋:《公益诉讼理念研究》,中国检察出版社2002年版;何莉:《经济法与司法审查制度研究——一种完善我国司法审查制度的进路思考》(西南政法大学2005年博士学位论文)。
③ 叶明:《经济法的实质化研究》内容摘要,法律出版社2005年版。

行法律制定和实施中的经济分析"等,克服经济法规则的不确定性。①
同时,也有学者开始从经济法与传统民商法和行政法的"总体性"分歧
这一现实出发,提出了克服经济法不确定性和前瞻性难题的程序主义
思路,并对经济法的程序理性、程序理性的功能、程序理性的价值、程序
理性的实现等进行了初步的论述,确立了经济法制度构建的基本模式
和路径。②

(二) 现有研究的不足和缺陷

学术界对经济法律制度及其理论根据的认识,虽然已经从最初的
政治反叛和一度简单化的概念转译,向深层次、多角度、全方位的理论
反思和制度建构发展,但是,根据现实社会经济发展和国家干预法治化
的需要,结合国家法律体系整体协调运行的要求,经济法的理论研究和
制度建构还存在以下缺陷和不足:

首先,现有的研究没有与对传统法治和社会经济模式的整体性反
思结合起来,只是从经济法律制度本身进行自我观察和静态描述,孤立
地研究经济法的理论变迁和制度创新,使经济法理论的制度建构都缺
乏足够的理论支持和现实依托。如上所述,日本学者只是简单地将以
形式主义为特征的传统民商法视为"现代法",将在制度规模和学说研
究上晚于传统民商法的经济法视为是"后现代法",而没有对"现代法"
和"后现代法"的社会经济背景,以及法学方法论基础进行深层次理论
分析和整体阐述。另外,将经济法归入回应性法或实质性法的范畴,虽
然在理论上比简单套用"现代法"和"后现代法"的模糊概念来说明经济
法的本质特征深刻了许多,但并没有真正说明经济法实质性或回应性
特征的客观经济原因和主观认识论基础。因为"一种旨在认识法律现

---

① 沈敏荣:《法律的不确定性——反垄断法规则分析》,法律出版社 2001 年版。
② 吕忠梅、鄢斌:《论经济法的程序理性》,《法律科学》2003 年第 1 期。

象——而不是停留在一种静止的对可能的体系中的逻辑关系的概略描述上——的法律理论必须研究规范体系在其社会现实中的实际存在。不考虑社会现实——它与规范的存在主义方面相对应——的法律科学是不可思议的。""法律科学的任务就是要通过了解法律行为和法律规范之间的规范——逻辑联系与它们作为社会现实（即作为实证法）之间的规范——逻辑关系来理解法律的充满活力的性质。"所以，"法学家也必须回答有关法律的社会存在、它在社会中的活动方式以及法律和社会之间的关系等问题。"①

　　从历史和现实的角度看，不单是法律制度，所有的社会制度都必须具有实质性或回应性，"因为，人们很快就会理解到，法律秩序既对现有经济制度有影响，又受现有经济制度的影响。"②在古代社会，法律的实质性和回应性表现十分突出，除了内部的"诸法合体，刑民不分"外，法律与现实社会生活以及其他社会规则的协同和互动非常普遍。近代社会以来，由于科学主义的张扬和理性思维的发达，以科学假设和自然法公理为基础，概念主义和形式逻辑推理占据了包括法律实践和法学研究在内的所有的自然科学和社会科学阵地，成为意识形态化的世界观和方法论，实质性和回应性乃至不确定性被视为科学研究和制度创建的"毒瘤"，遭到无情的排斥和剿杀。后来，由于极端的科学主义导致了物质世界的异化，绝对自由主义加剧了市场的失灵，个体主义否定了人类的主体性，实质性问题在社会制度及其理论研究中重新得到重视，以福利国家为代表的国家干预引发的经济法从幕后走到台前，并表现出鲜明的实质性和回应性，从而拉开了一场社会科学革命的新序曲。

---

　　① ［奥］魏因贝格尔：《作为思想和作为现实的规范》，［英］麦考密克、［奥］魏因贝格尔：《制度法论》，周叶谦译，中国政法大学出版社 2004 年版，第 56、53、57 页。

　　② ［法］阿莱可西·雅克曼、居伊·施朗斯：《经济法》，宇泉译，商务印书馆 1997 年版，第 1 页。

换句话说,经济法的回应性和实质性并不是孤立发生的,它是社会政治经济一体化、政治国家与市民社会一元化、人类社会的世界观和方法论从个体主义向整体主义转变的集中表现。所以,只有从人类社会历史的大背景出发,结合人类认识自然、社会和自我的基本立场和方法,对传统法治理论赖以产生和发展的主客观原因进行全面反思,对经济法的实质性或回应性进行系统研究,才能对传统法治理论和实践进行扬弃(而不是简单地抛弃),也才能创建既具有历史传承性,又具有时代创新性的经济法律体系及其运行机制。

其次,在具体的制度设计上,由于基于狭隘的概念主义和部门法本位主义,对经济法与相关部门法的关系和互动机制过于敏感,甚至回避,从而导致经济法的法律资源十分匮乏,并出现了严重的"非法律化现象"。这不仅使经济法与民商、行政等法律制度之间产生了明显的反叛与断裂,而且破坏了法律体系本身的统一性和协调性。如按照福光加庆的观点,经济法律是对民商法等追求内容确定、形式平等、普遍适用、封闭运行的"现代法"的否定与反叛,是崇尚内容模糊、实质平等、个别适用、开放运行的"后现代法";民商法中既有的法律规则和运行模式不仅不能对经济法提供有益的借鉴,而且应当予以抛弃。这样,势必会加剧经济法和传统民商法之间的冲突和不和谐,法律制度对社会经济生活调解和促导的整体绩效也会大大受损。另外,有学者虽然提出经济法的"实质化"趋势,并进行了系统的理论研究和有益的制度尝试,但受传统"主客二元论"研究范式的束缚,对传统法治的理论反思不够全面和深刻,对现实社会经济发展的考查只是停留在抽象的理论概括和静态的概念描述上,不能真正揭示法律现象和法律实体之间的关系。受传统部门法调整对象和调整方法固有思路的限制,对于国家干预法治化的问题,要么沿袭传统法治形式理性法的老路,建立严格的实体法限制和事后的司法审查,如"加强立法对政府自由裁量权的限制"、"完善和健全法院对政府行为的司法监督职能"等;要么索性走向法律的背面,依托于非法律的手段和方法,如"充分发挥第三部门的作用"、"积极建立和发展独立的国家干预机构"等。其实,完全依靠议会或立法机关事先的实体立法和事后的司法监督,控制政府干预经济,既不合理,也不可能。显然,授予政府为克服市场失灵对市场机制进行适度干预的自由裁量权,是现实社会经济整体良性运行的必要条件,但是,由于自身的机构特点、组织原则、活动方式以及信息成本等方面的原因,立法机关不可能对政府经济职权在实体法上做出明确细致的规定。与之相应,司法监督以政府经济行为的合法性为审查对象,是以实体法的确定性规范为前提条件,对政府经济裁量权进行司法审查,如果没有直接的实体法律依据,也就不具有现实操作性。反之,如采取政治、道德和其他社会控制的方法,只能导致法律的消亡。

总之,按照形式理性法治要求,国家干预法治化存在明显的制度二难困境,实体法的严格规则主义要么不可能,要么导致取消国家干预;相反,寄希望于非法律的方法和人们的道德自律,则会有使经济法混同于政治、经济或者道德的危险。①

三、经济法超越与回归的程序法路径

国家干预法治化选择的困惑或者悖论,根本原因是研究者的思维模式依然受困于传统法治理论的"主客二元对立论"理论范式,对政治国家与市场社会、社会生活与法律制度、法律内容与法律形式,以及部门法之间的关系进行片面、静止、孤立的理解和形而上学的阐释,忽略了它们之间的辩证统一关系。破解经济法的"二难"困境的方法是跳出

---

① 季卫东:《"应然"与"实然"的制度性结合》代译序,[英]麦考密克、[奥]魏因贝格尔:《制度法论》,周叶谦译,中国政法大学出版社2004年版,第2页。

既有的法治思维模式,放眼广阔的理论视野,对传统法治理论进行整体反思和动态考察,统筹法治理论范式与(经济)法的实质性,全面整理法律制度资源,根据民主自治和平等对话理念要求,构建经济法运行的正当程序机制。

(一)经济法理论范式的转换

对比分析传统法治和经济法理论范式,寻找各自的制度模式和运行机制及其方法论基础和认识论根源,是认识经济法的本质,进行相应的制度创建和运行机制转换的前提条件。

从法制史、法律思想史以及人类社会的整体发展来看,经济法的产生有其深刻的社会政治、经济、法律、思想等方面的根源。[①] 经济法的制度建构要遵循法律与社会经济生活积极互动、法学认识论与具体规则辩证统一的基本观念。从方法论的角度看,经济法不单纯是针对国家干预的简单制度应对,也不是经济法学者的主观创造和理论求新,它是在新的社会历史条件下,回应社会基本矛盾和人类思维模式总体变化的客观需要。在现代社会,正如哈耶克所说,尽管经济学、法学、政治学、社会学和伦理学都在从不同的角度研究某种适当的社会秩序问题,但唯有将其作为一个整体才能有所成就。[②] 要破解经济法理论困惑和实践矛盾,就应当超越传统法治的"主客二元"理论范式和方法论,按照经济生活立体化和社会化的要求,树立整体主义的"主客一元论"方法论和世界观;摒弃传统法学固有的法学研究立场和方法[③],将经济法研究放在人类社会总体变迁的框架中,运用多学科的方法,注重研究法律

---

① 邱本:《自由竞争与秩序调控》,中国政法大学出版社 2001 年版,第 52—239 页。

② Hayek, Law Legislation & Liberty (Vol I, II, III Rules and Order), London & Henley: out ledge Kegan & Paul, 1973, p. 4.

③ 长期以来,在法学研究中占有垄断地位的是自然法学和概念法学,其基本方法是将法学研究禁锢于以自然法无可争议的正当合理性为基本条件和神圣假设的实证法的有限范围内,进行从概念到概念的纯逻辑的文字符号转换。

与人类思维方式和世界观的有机关联和协同作用，整体把握经济法的理论范式和制度创新。借用美国科学哲学史家托马斯·库恩创立的"范式"理论①，以及学术界关于范式理论的基本观点，②我们认为，由于经济法和民商法产生的时代背景、现实依据的差异，二者理论范式，包括法律本体论、认识论、方法论、价值观和道德观几个方面都具有明显的差异。概括起来，传统法治的理论范式是个体主义的"主客二元论"，经济法的理论范式是整体主义的"主客一元论"。

传统法治的"主客二元论"理论范式表明，法律是不以人的主观意志为转移的客观存在，主体和客体相互分离，市民社会和政治国家、个人和社会、公法和私法、权利和义务也相互分离；法律家的任务是像自然科学家一样去发现和复写法律，或者像圣徒一样去传播作为上帝意志的法律，作为法律主体的一般社会民众，无论是个人还是组织都只能消极地认识、理解和适用法律；法律所调整的社会关系包括人身关系和财产关系都是处于孤立状态的、静止不动的个体之间的关系，司法诉讼以个人之间的直接利益冲突和权利争执为必要；法律的终极价值目标是保护个体权利不受非法侵犯，并以此实现个人利益和社会利益的最

①　库恩认为，历史上每个科学研究领域在形成一门真正的学科过程中，都会经历一个从前科学到科学的过渡，而一门学科发展为科学的"成熟标志"就是"范式"的形成。"有了一种范式，……这是任何一个科学部门达到成熟的标志。"参见[美]托马斯·库恩：《科学革命的结构》，李宝恒、纪树立译，上海科学技术出版社1980年版，第9—16页。

②　"范式"理论被广泛地应用于说明科学研究中，基于同一学科和理论而形成的学术团体或共同体成员对特定的研究对象所信奉的共同的世界观、认识论、方法论、价值观、道德观，以及基本认同的理论背景和理论框架。而理论范式则主要强调某一学科理论的基本世界观和方法论。[美]托马斯·库恩：《科学革命的结构》，李宝恒、纪树立译，上海科学技术出版社1980年版，第9—16页；托马斯·库恩：《必要的张力》，纪树立、范岱年等译，福建人民出版社1981年版，第291页；苏力：《也许正在发生：转型中的法学》，法律出版社2004年版，第16页、注释[37]；张文显、于宁：《当代中国法哲学研究范式的转换：从阶级斗争范式到权利本位范式》，张文显：《新视野新思维新概念：法学理论前沿论坛》，吉林大学出版社2001版；梁治平：《法律史的视界：方法、旨趣与范式》，《中国文化》第19、20期。

大化;法律的运行以个人利益为基本价值尺度。

经济法的"主客一元论"法律范式理论认为,法律制度不同于自然科学知识,不是外在于人类社会的客观存在和自我存在,而是人们在不断地认识社会经济规律,总结历史经验的基础上,通过理性思维和实践摸索而创立的,是随着人类实践能力和自我控制水平的提高而不断更新和发展的一系列行为规范。法律调整的"社会关系"不是处于对立状态的绝对原子化的个人之间的物质利益关系,而是处于社会整体中的人与人、人与物、人与自然之间的连带关系;法律的任务不单纯是对主体权利、义务作静态的确认和保护,更主要的是对权利义务进行总体上的调整和适当的二次分配,以实现权利义务的和谐统一;法律运作各个环节是相互关联而非机械分割,是根据社会经济的现实需要,从宏观、中观和微观层面上进行系统调整和整体规范。法律的内容既有国家的宏观调控,还有中观的政府指导,又有微观的市场规制,法治活动既有事先的立法规划,也有事中的执法协调,更有事后的司法救济。①

(二) 程序主义法律模式与经济法的回归

经济法律规范的"回应性"或"实质化"现象,既是它超越进步的标志,也是它幼稚和不成熟的表现。经济法的理论研究和实践,既不能对传统法治的实体立法模式简单模仿,消除其不确定性,也不能无视传统法治形式化、规范化的要求,背离"法治",走向"非法律化"。应该肯定的是,经济法理论和实践所面临的法治二难选择并不是孤立现象,它也反映了以民商法为代表的传统形式法治模式和以经济法为代表的现代

---

①　虽然国内外经济法学者在有关经济法的基本原则和经济法的特征的论述中,对经济法不同于传统民商法的立论基础和制度表现已经做了全面而深入的论述,但是没有应用范式理论进行概括和提炼。应该肯定地说,经济法的理念和原则以及制度特征是经济法的社会经济基础和理论范式不同于传统法治的内在要求和外部表现。

实质法治模式的"冲突",①也是传统法治理论在现代社会的"悖论"和"明希豪森困境"。但是,面对困境,固守传统法治理论的学者们"或者仅仅是伟人们留下的遗产的看管人,或者虽然希望独立,但由于对成功缺乏信心,只能将抱负大大压缩,并开始以技术上的熟练在狭小的争议地区内进行耕耘"。②　如果我们不能从更高层次上理解和认识经济法的社会背景和历史基础,一味地从传统民商法的角度去进行一些细枝末节的技术雕琢,其结果只能是放弃或微缩我们的历史使命。因为"悖论"的本意就是"超越成见",③而"明希豪森困境"的解救方案也在他自己。经济法追求的是能够兼顾形式法治的技术性优势和实质法治的回应性要求的制度模式,其根本出路首先在于重新整理社会理论的"历史包袱"④。毋庸置疑,法律的回应性是法的生命载体,规范的确定性、独立运行、普遍适用是法律制度不同于其他社会制度的本质所在,是法律得以有效运行的技术支撑,但是,传统法治追求和强调静态的、个体的、形式的、实体法和司法意义上的确定、独立和平等自治,是不全面的,其极端的形式化追求和封闭运行隔绝了法律与社会现实之间的沟通和交流,抹杀了法律的生命力。为了适应社会经济整体发展的制度需求,基于整体主义理论范式,经济法制度应当追求动态的、整体的、实质的、程序和原创意义上的确定、独立和平等,建立超越自由主义形式法治和福利国家实质法治的制度模式。

---

① 齐建辉:《经济法的理论困惑与程序法整合》,李昌麒主编:《经济法论坛》(第4卷),群众出版社2007年;齐建辉:《经济法的程序机制初论》,漆多俊主编:《经济法论丛》(第12卷),中国方正出版社2007年。

② [美]昂格尔:《现代社会中的法律》,吴玉章、周汉华译,中国政法大学出版社2001年版,第180—225页。

③ [英]约翰·巴罗:《不论——科学的极限与极限的科学》,李新洲等译,上海科学技术出版社2000年版,第17页。

④ W. Jackson Bate, The Burden of the Past and the English Poet (New York, Norton, 1972), pp. 3-11.

对此,哈贝马斯的理论研究给了我们很好的启示。哈贝马斯以交往行为理论为基础,从法律理论、法社会学、法律史、道德论和社会理论的视角,运用多元化的方法论,对法律的事实性和有效性、正当性和确定性进行了全面的解构,考察了复杂社会中对权力循环进行立宪调节的各种条件,从合法化的角度讨论民主理论,把法律理论的思考与社会理论的思考结合起来,形成了一个解决"法治国"危机的程序主义法律模式或法治观。① 另外,卢曼的正当程序机制理论、②图依布纳的"反思型法"和法律的自生成理论,③以及许多致力于诉讼程序法的理论成果,对国家干预的"法治化"的现代命题提供了不少有益的理论支撑和制度借鉴。所有这些可以归结为程序主义的法律理论认为,法律与社会经济之间是系统与环境的关系,法律系统在形式上表现为确定、封闭、自治和可预期,但是其内容却对它的环境,即社会生活开放,也是积极回应和不断变化的;法律的封闭与开放、自治与回应、确定与变化要求不可能完全通过实体立法来实现,实体法只能满足法律形式化的要求,而实质化、变化性及与现实社会生活的沟通性要求,只有通过形式确定、过程中立、结论非预设、对话论证的程序法来满足。当然,从传统法治的形式主义要求来看,哈贝马斯的交往沟通理论和程序主义法律模式无疑带有很强的理想主义色彩,但是,这种理想和创新不仅从理论上全面解构了传统法治的理论基础和制度模式,而且从人类法制史的基本情况来看,各国在不同时期的法制稳定和法律发展无一不是在程序法的佑护下得以实现的,程序法在法律的形式化要求与其内容的实质化现实之间扮演了桥梁和纽带的角色,所以程序主义法律模式也是

① 参见[德]哈贝马斯:《在事实与规范之间:关于法律和民主国家的商谈理论》,童世俊译,三联书店 2014 年版。

② Niklas Luhmann. A sociological Theory of La (A London: Routledge and keganpaul. 1985),p.45.

③ 参见[德]贡塔·托依布纳:《法律:一个自创生系统》,张琪译,北京大学出版社 2004年版。

经济法实现超越与回归的可靠的制度路径。

经济法治重树和回归程序主义法律模式,在理论上有必要反思和校正中国学者对法律程序的起源、内涵、功能和价值的诸多理论误解。程序源于人的存在和交往,程序正义不限于法律领域,更不限于诉讼法领域,它是一种多学科的社会理论,有根深蒂固的民主和宪政思想渊源。程序主义也经历了一个历史变迁过程,就法律程序而言,其主题从关注法治的形式性转换到关注民主和人权的主体性和经济效益上,从对程序的普遍遵守转换到利害关系人对争议的参加、论证和同意上。① 根据现代市场经济和"主客一元论"的理论范式要求,经济法运行所依托的程序主义法律模式不单纯是诉讼法意义上的审判程序,也不是作为行为过程意义上的时间"顺序",而是作为社会民主自治机制外在表现形式的法律制度,是用以解决复杂社会问题,尤其是重大公共选择问题的主体间的交往沟通程序,是人类公共行为或集体行为方式在时间和空间上的展开。② 与实体法相比,以正当程序为核心的程序法是母法,是基础法,它在整个法律体系中的核心地位不仅具有深厚的历史渊源,而且也有广泛的哲学认识论基础和伦理学人性论背景。③ 程序法

---

① 于立深:《程序的多重视角》,《法律与社会发展》,2003 年第 2 期。

② 季卫东:《法律程序的意义——对中国法制建设的另一种思考》,《中国社会科学》1997 年第 1 期。

③ 在世纪之交,国内学者对程序正义的理论进行了深入广泛的研究,主要有季卫东:《法律程序的意义》,《中国社会科学》1993 年第 1 期,《比较法研究》1993 年第 1 期;孙笑侠:《两种程序法类型的纵向比较——兼论程序公正的要义》,《法学》1992 年第 8 期,《法律程序剖析》《法律科学》1993 年第 6 期;左卫民:《公正程序的法哲学探讨》,《学习与探索》1993 年第 4 期;杨刘湘:《刑事再审程序的价值判断与选择》,《法学》1993 年第 11 期;张卫平:《程序公正实现中的冲突与衡平》,成都出版社 1993 年;张令杰:《程序法的几个基本问题》,《法学研究》1994 年第 5 期;陈桂明:《诉讼公正与程序保障——民事诉讼程序之优化》,中国法制出版社 1996 年版;陈瑞华:《程序价值理论的四个模式》,《中外法学》1996 年第 2 期;刘荣军:《程序保障的理论视角》,法律出版社 1999 年版;陈小文:《程序正义的哲学基础》,《比较法研究》2003 年第 1 期;陈瑞华:《程序正义的理论基础:评马修的"尊严价值理论"》,《中国法学》2000 年第 3 期;谢晖:《法律程序的实践价值》,《北京行政学院学报》2005 年第 1 期等。

的历史渊源、哲学内涵和伦理基础①表明,程序法并非不具有自身独立价值和只是作为实体法的"助法"而存在,它是人类社会行为法律化的"元制度",是将各种社会价值观念和实践经验集中或个别转化为具有普遍意义和使用价值的行为模式和基本通道,是各种实体法律规则正确适用于现实社会生活的助推剂和校正器。

从功能主义的角度出发,只有以程序为中心的经济法律模式及其制度建构,才能够化解传统法治"悖论"和现代法治困惑,最终实现"国家干预法治化"。经济法正当程序价值的理论反思,必须超越法律程序工具主义价值理论和本位价值的诉讼法理论局限和相互争执,②以人的主观需求为标准,以法律程序的价值功能和价值要素为对象,以社会整体利益最大化为目标,从满足法律主体的物质需求和人格尊严方面提示经济法律程序的消极预防功能和积极实现价值。经济学理论认为,任何需求的满足都不是无条件的,法律也不是免费的午餐,法律主体通过法律程序保护自己的合法权利,无论是消极预防还是积极进攻都要支付一定的成本和代价。法律适用中程序正义与实体正义的冲突,其根本原因不在制度本身,而在于不同法律主体对不同价值的偏好和支付能力,所以,二者的优劣顺次不可能由法律事先进行统一安排和取舍,只能由法律主体根据主观需求进行判断和自愿选择。以人的主观需求为判断标准的统一法律程序价值理论,不仅能够化解法律程序工具价值与本位价值的矛盾,以及由此引发的制度选择难题,也能提升制度运行的内部和谐与外部统一。经济法程序是整个法律程序的有机组成部分,它的价值主要表现在实现国家干预正当化、提高整体经济效率和强化经济民主化等方面。

---

① 徐亚文:《程序正义论》,山东人民出版社 2004 年版;章剑生:《行政程序法基本理论》,法律出版社 2003 年版。

② 陈瑞华:《程序价值理论的四个模式》,《中外法学》1996 年第 2 期。

四、结语

通过程序主义法律模式的重塑和建构,实现经济法超越与回归是一场深刻的法律理论变革,也是一项伟大的系统工程,它有赖于正当法律程序机制的基本理念、基本原则的重新发现和牢固树立,也需要具体制度的科学设计和良性运转。经济法正当程序机制的基本理念是以民主自治为核心的对话、谈判、协商、妥协、自主、自决;①经济法正当程序机制的基本原则是公开、公正和条件优势;经济法律程序的基本制度包括主体制度、资讯和证据制度、听证制度和裁决制度。

在构建经济法律程序制度时,要打破部门法以及实体法、程序法划分的思想桎梏,树立整体主义和功能主义的思想观念。无论是在法学研究还是法律实践中,各个部门法之间的许多资源、规则和运行机制都可以互相通用或者借鉴。② 例如,通过程序法的建构和完善来实现政府行为的法治化,是行政法不同于民商法的规则特征,程序法对公权力的限制和规范功能也可以用于解决政府经济职权行为的制度化问题。相比较而言,由于国家经济行为的政策性更强,程序法控制比实体法控制更具有技术性和可行性,所以在具体的制度设计中,行政程序法,尤其是英美法系国家的行政程序法的理论和实践经验,是经济法程序建构的很好的蓝本。总之,经济法只有顺应社会发展的根本要求,积极回应社会经济发展的重大问题,才能具有长久的生命力;同时,经济法也要遵循一般法律的基本规范和运行规则,与其他相关法律制度一起,有效规范和协调现实经济社会。在法学思维模式和法律范式的转换基础上,通过超越传统形式理性法治和实质理性法治的程序主义法治路径,

---

① 张曙光:《论妥协》,《读书》1995 年第 3 期。
② 李昌麒、岳彩申、叶明:《论民法、行政法、经济法的互动机制》,《法学》2001 年第 5 期。

不仅能够解决经济法治的理论"悖论"与制度困境,还能实现经济法运行机制与传统法治的资源共享和功能互补。总之,实现经济法的回归,即"国家干预的法治化,"除了进一步加强经济实体法的规范和系统化外,以参与式民主为核心的,贯穿整个法治,沟通立法、执法和司法,以正当程序机制为基础的程序法律制度的建构和完善是经济法的最佳制度选择。

第一章　经济法理论范式的变迁

第一节　范式理论概述

理论研究表明,经济法不仅意味着一个新型法律部门的产生,而且预示着在新的社会历史条件下,法律模式或法律理论范式的转换。基于经济法与传统法治之间的"总体性分歧",以美国科学哲学家托马斯·库恩所创立的"范式"理论作为分析工具和方法,从法律本体论、认识论、方法论、价值论和道德论几个方面,对传统法治与经济法理论范式进行"总体性分析"或者"总体性反思",有助于更好地理解和认识经济法的理论基础和制度特征,进而实现经济法对现实社会的回应和与传统法治的契合。

一、范式理论的内涵

1962 年,美国著名科学哲学家托马斯·库恩在其著作《科学革命的结构》中提出了科学革命结构理论,并创立了范式(Paradigm)理论。库恩从科学的整体性出发,借用"范式"概念用以说明从事同一个特殊领域研究的学者所持有的共同信念、传统、理论和方法,或某一"科学共同体"在某一专业或学科中所普遍接受的共同的"规范"、"假说"或"规则"。"范式"是从科学史研究中获得的科学发展中某种规律性的模式和体系。历史上每个科学研究领域在形成一门真正学科的过程中,都会经历一个从前科学到科学的过渡，而"有了一种范式，……这是任何一个科学部门达到成熟的标志。"①根据库恩描述的学科发展过程，在新的研究范式确立其主导地位之前称为"前科学时期"，也是该学科经历的一段不稳定发展时期，此时各种研究方法、理论框架和学派相互竞争，这种无序状态往往呼吁具有凝聚力的新的概念、范畴和理论框架。当形成或出现相对统一的研究范式后，该学科的发展就会进入"常规科学时期"，此时科学共同体对共同范式深信不疑，犹如宗教信徒对其教义坚信不疑一样。同时，共同的研究范式也会促进形成共同的学术传统、学术风格、基本观点和基本方法，当然也限制了共同的研究范围。随着新情况、新问题的出现，如果共同的研究范式限制了该学科共同体的进一步认识和研究活动，就会形成该学科的"反常和危机时期"；这种现象发展到一定程度，会要求新的研究范式产生，导致"科学革命时期"；当新的相对统一的研究范式成熟后，该学科又会进入"新的常规科学时期"。②

范式概念是库恩整个科学哲学观的中心，他试图以此来概括和描述多个领域的现实科学，因而从不同方面、不同层次和不同角度，对范式概念作出多重界定和说明。英国学者玛格丽特·玛斯特曼在系统考察了库恩的范式理论后，列举了库恩在其《科学革命的结构》中所使用的范式概念的 21 种含义，诸如为科学共同体提供典型问题和解答的"普遍承认的科学成就"，被迷信的科学"神话"，"一幅可以从两种角度观看的'格式塔图形'"，科学上的"完整的传统"，启迪智慧的"哲学"，"一本教科学或经典著作"，"形而上学思辨"，"可以指引知觉本身的有条理的原理"，"一个普遍的认识论观点"，"一种新的观察方式"等等。

---

① ［美］托马斯·库恩：《科学革命的结构》，李宝恒、纪树立译，上海科学技术出版社 1980 年版，第 9—16 页。

② 李光、任定成：《交叉科学导论》，湖北人民出版社 1989 年版，第 82—84 页。

这些不同的含义可以概括为三种类型或三个方面：一是作为一种信念、一种形而上学思辨，它是哲学范式或元范式；二是作为一种科学习惯、一种学术传统、一个具体的科学成就，它是社会学范式；三是作为一种依靠本身成功示范的工具、一个解决疑难的方法、一个用来类比的图像，它是人工范式或构造范式。[①]

　　虽然范式的首要含义在哲学方面，这也是库恩范式理论的基本组成部分，但是范式理论的创见和独到之处则主要在于它的社会学含义和构造功能。目前，范式理论已经超过库恩的原意和适用领域，被广泛应用于包括社会科学在内的多种学科研究，并且被赋予了多种含义。近年来，中国法学界在讨论法治、中国法律传统以及法律现代化的过程中也广泛采用了"范式理论。苏力教授在讨论中国法学时，对"范式"概念给出了如下的说明，"所谓范式"，大致可以说是指获得了一批坚定拥护者的'学术共同体'，同时又为某个领域提供了比较稳定且有待解决的一组核心问题、解决问题的基本进路、共享规则的研究成果。"显而易见，这种范式所强调的乃是这样两点：一是"学术发展并不是累积性发展的"，二是"学术发展的社会因素，例如学术共同体，典范研究及这种研究提供的基本问题和研究进路，以及对典范研究的'迷信'等"。[②] 梁治平教授在《法律史的视界：方法、旨趣与范式》一文中指出，"本文使用的'范式'概念，并不假定历史知识与（自然）科学知识具有同样的性质，其发展、改变循同样之途径，但却保留这一概念的若干基本内涵。具体言之，我以范式概念指历史家自觉或不自觉引以为据的一套不容置疑的理论或信念，这套理论或者信念支配了历史家的工作，决定了他们提问的方式、范围乃至最后的结论。服膺于同一套理论或者信念的历史

---

①　[英]伊雷姆·拉卡托斯、艾兰·马斯格雷夫：《批判与知识的增长——1965 年伦敦国际科学哲学会议论文汇编》，周寄中译，华夏出版社 1991 年版，第 36 页。

②　苏力：《也许正在发生：转型中的法学》，法律出版社 2004 年版，第 16 页、注释37。

家形成某种学术共同体,范式正是一个学术共同体成员所共有的东西。根据这样的界定,则范式不仅包含方法,也可能包含意识形态因素;范式存在于特定时空、特定人群之中,有其制度化的表现形式;范式可以有层次上的差别,其内容可能部分地重叠,而不同范式可以并存。"①同时,张文显教授也在讨论其法学基本命题——"权利本位论"时,从法的本体论、法的基本范畴、法哲学视野、审视、批判和重构法的思想武器、法的理论背景和理论框架五个方面,对"权利本位论"是一种法哲学研究范式的问题进行了全面地论证,指出"对于这样一个有多重属性和意义的权利本位论如何表征,曾引起法学界的苦苦思索。在大家仍处于模糊和朦胧状态的时候,库恩的'范式'给大家提供了现成的概念,一些学者对这个概念的引进使大家'眼睛顿时一亮'。于是,有了把权利本位概括为法哲学研究范式的论证,有了'权利本位范式'的明确说法。"②

概括而言,范式表示某一学科共同体,即该学科的专家学者所组成的集团所共有的信念、传统、价值标准、基本理论观念和研究方法,包括世界观、认识论、方法论、价值观、道德观、理论背景和理论框架,也是他们研究、讨论特定问题的共同规范和指导思想。具体而言,范式的概念及其理论包括如下几个方面的内容:一是在一定时期内科学共同体"看问题的方式",是对研究对象的本体论、本质和规律的解释系统,包括世界观、方法论、信念和价值标准等;二是科学共同体一致接受的本学科的基本理论和取得的重大科学成就,包括构成学术研究基础的概念系统、基础范畴和核心理论在内的理论框架;三是科学共同体公认的研究方法;四是范例,即根据公认的科学成就做出的典型的具体的"题解",

---

①　梁治平:《法律史的视界:方法、旨趣与范式》,《中国文化》第19、20期。

②　张文显、于宁:《当代中国法哲学研究范式的转换:从阶级斗争范式到权利本位范式》,《中国法学》2001年第1期。

科学共同体成员通过范例的学习,掌握范式,学会解决同类问题的方法。[①]

二、范式理论的基本功能

范式的主要功能和意义是形成学科研究的内聚力,促进学科研究的常规化、系统化和群体化,通过新旧范式的更替实现科学理论的变革和学科的革命化,标志一门学科成为独立科学的"必要条件"或"成熟标志"。[②] 范式在常规科学中的巨大作用就在于,它规定常规科学的本质,是形成科学共同体的内聚力,同时,它能在科学活动中判定重大事实,使理论同事实相配合,说明理论;最后,它还是发现问题,解决问题,指出问题的手段。科学革命化的实质是新范式代替旧范式的过程,或者说是科学共同体重新概念化的过程,科学理论的变革通过范式的替换最终实现。范式的更替意味着基础范畴、理论体系、理论背景、研究方法的全方位更新或跨越时空的创新。同时,科学的群体化和科学共同体的形成构筑了学术合力,消解了科学研究中的私人化色彩,增强了对话交流的共同语境,从而使科学研究的人力资源得以最有效的组合和配置。库恩认为,一套实际的科学习惯和科学传统对于有效的科学工作是非常必要和非常重要的,它不仅是一个科学共同体团结一致、协同探索的纽带,而且是其进一步研究和开拓的基础,它不仅能赋予任何一门新学科以自己的特色,而且决定着它的未来和发展。范式理论不

[①] 蔡守秋:《论法学研究范式的革新——以环境资源法学为视角》,《法商研究》2003 年第 3 期。

[②] 参见[美]托马斯·库恩:《科学革命的结构》,李宝恒、纪树立译,上海科学技术出版社 1980 年版,第 9—16 页、91—92 页;李光、任定成:《交叉科学导论》,湖北人民出版社 1989 年版,第 82—84 页;王黎明:《区域可持续发展》,中国经济出版社 1998 年版,第 14—15 页;张文显、于宁:《当代中国法哲学研究范式的转换:从阶级斗争范式到权利本位范式》,《中国法学》2001 年第 1 期。

仅使常规科学排解疑难的活动得以完成,从而成为开启新学科的契机和手段,而且在应用模型和形而上学之间建立起一种新的相互关系,解决了从一般哲学理论转向实际科学理论的途径问题。在《必要的张力》一文中,库恩指出,"'范式'一词无论实际上还是逻辑上,都很接近于'科学共同体'这个词。一个范式、也仅仅是科学共同体成员所共有的东西。反过来说,也正由于他们掌握了共有的范式才组成了这个科学共同体,尽管这些成员在其他方面并无任何共同之处。"①

　　库恩的"范式"理论虽然在具体细节上过于混沌而受到许多后来者的批判,但它为我们理解经济法或经济法学②这样的新型学科和理论研究、制度创新,以及如何才能获得健康独立的发展提供了有益的启迪:第一,范式理论认为,不能仅从法律本身或法律学科内部的逻辑结构,尤其是仅从调整对象和研究方法去界定该法律部门或学科独立存在、发展的主客观根据,而同时应当从该法律部门及该学科所追求和遵循的学术传统、共同的理论背景与价值观念和从业人员有无组成自觉共同体等方面找寻依据,这种界定方式将会使我们对该学科及其研究对象的理解更立体、更具历史感;第二,每一门独立法律现象和法律学科的发展都有其相对独立的规范化的特质,它体现为该法律部门和该学科的从业人员所特有的共同的信念、共同的世界观和方法论、基本的价值观和道德观,能够以共同的学术或技术规范将从业者维系在一起,构成自觉有序的职业或学术自治体;第三,应将法律制度和法律学科放在生动的历史境遇中综合考量,充分考虑法律制度、学科本身与历史现

---

　　①　[美]托马斯·库恩:《必要的张力》,纪树立、范岱年等译,福建人民出版社 1981 年版,第 291 页。转引自夏基松:《现代西方哲学教程》,上海人民出版社 1985 年版,第 507—508 页。

　　②　特定部门法与之相对的理论学科的粘连不清甚至混淆的事实和理论状况,在时下的各种理论研究中普遍存在,这涉及法律制度的主观意志和客观表现之间的辩证关系,限于论文的主题和篇幅,在此不做过多的讨论。

实的互动关系,使具体的制度规范和学科内容富有生命力,免于概念化、符号化,以致造成法律基本理论与具体制度的严重脱节,危及实践领域中理论和制度的应用成效。

第二节　传统法治的基本理论范式

法治理论博大精深,它萌芽于古希腊亚里士多德"良法之治"思想,经历了黑暗中世纪的神学掩盖和零星论述,成型于近代法典化运动的普及和制度化构建。在当今社会,"法治"不仅成为与专断独行的"人治"相对立的国家和社会治理模式,同时也逐步演化成了人们观察、思考以及研究法律现象的思维模式和方法论基础。为了更加清楚地认识和把握经济法理论和制度模式的基本特征,在此有必要对自近代以来形成的,以欧洲大陆为主要发祥地,以科学主义为指导思想,以民法法系为主要代表的"传统法治范式"的思想、理论、方法、传统、制度运行模式进行总结和概括。

传统法治思想和理论肇端于13、14世纪欧洲文艺复兴时期的科学主义和人文主义的张扬,成熟于18、19世纪以法国民法典为代表的法典化运动,广泛应用于20世纪30年代以前的自由资本主义社会,曾一度被认为是人类社会的理想模型而为世界各国所效仿。传统法治理论以近代自然科学的重大理论成果为支撑,以科学主义为指导思想,以现代主义的定式化思维、主客二分对立的方法、理性至上和理性万能为基本方法,其理论的基本范式是典型的"主、客二元论"或"主客二元对立论"。以培根1605年发表的《学术的进展》和1620年出版的《新工具》、笛卡尔1644年发表的《哲学原理》等为代表的学说和理论,奠定了近现代自然科学乃至社会科学的"主、客二元论"范式。该理论范式的基本理念包括:(1)自然与人是完全不同的两类东西,人是自然界的旁观者;

（2）自然界只有物质和运动，一切感性事物均由物质的运动造成；（3）所有运动本质上都是机械位移运动；（4）宏观的感性事物由微观的物质微粒构成；（5）自然界一切物体包括人体都是某种机械；（6）自然界这部大机器是上帝制造的，而且一旦造好并给予第一推动就不再干预。①

在法学领域，康德的法学思想是笛卡尔、牛顿的"主、客二元论"的翻版。与笛卡尔的"我思故我在"、牛顿把物理世界视为一个受永恒不变的因果关系法则支配的实体观点相对应，康德认为法律这个术语乃意味着一组不变的原则。② 从资产阶级第一次工业革命至 20 世纪初的 200 年间，是法学家特别是概念法学家的一个黄金时代。其间，欧洲大陆兴起了法典化运动，产生了包括法国民法典在内的各种法典；崇尚理性思维和抽象思辨的德国人创造了博大精深的德国民法学和《德国民法典》。这时，不论就法律事件的解决或法学理论的阐述，法学家都对他们以"概念法学"为核心的研究范式深信不疑。他们坚信，法学研究方法较之其他学问的研究方法毫不逊色，法学像其他学科一样拥有无可挑剔的方法，法学是一门逻辑严谨、推理严密的学问。这门"逻辑严谨、推理严密的学问"的主要代表就是被后来的德国法学家耶林命名的概念法学（Beg rifts jurisprudent），这是一种民法学"法治"③的研究

––––––––––––––

① 吴国盛：《科学的历程》，湖南科学技术出版社 2013 年版，第 405 页。

② ［美］博登海默：《法理学：法律哲学与法律方法》，邓正来译，中国政法大学出版社 2004 年版，第 84 页，注 10。

③ 我国学者在研究法的形式理性问题时认为，概念法学所反映的实际上是 18、19 世纪以来的自由主义"法治"观念，参见黄金荣：《法的形式理性论——以法之确定性问题为中心》，《比较法研究》2000 年第 2 期。同时以民法为代表的"私法自治"理念也恰当地反映了韦伯所谓的法的"形式理性"。这种自治理念是从理性经济人的假设出发的，相信每个人会做出最有利于自己的决定，而经由自由交易，有限资源即可在最低成本下产生最大效益，整体的公共福祉也自然达成。国家扮演的角色，不是公共利益的界定者，也不是市场参与者，而只是单纯财产权的界定者及市场秩序的维护者。参见苏永钦：《私法自治中的国家强制——从功能法的角度看民事规范的类型与立法释法方向》，《中外法学》2001 年第 1 期。

范式,它的基本内容主要表现在以下几个方面:

一、传统法治的法律本体论

针对法和法律的本质,传统法治认为法和法治是不以人的主观意志为转移的客观存在。二元论思想主张人与自然、人与物、主体与客体、思维与物质的二元分离和对立;世界是二元的,存在的本原不是一个,而是两个,即物质实体和精神实体、客观世界和主观世界。传统法治理论强调人与物、主观世界和客观世界的本质区别,人及其主观世界完全独立于自然界和客观世界;个人以外的自然世界以及包括法律在内的社会制度都是客体,是人类认识、观察和学习的对象。客观世界没有目的性、主动性、积极性和创造性,是不以人的主观意志为转移的客观存在。它否认人与自然的相互联系、相互作用,认为主体和客体双方不是一种平等的关系,而是"主动和被动"、"认识和被认识"、"学习和被学习"的关系;人与物的关系是"以我为主"、"以人为主","以物为对象"、"以物为客体"的关系。与之相应的法治二元论思想则强调,作为法治基础的政治国家和市民社会的分离,作为客观存在的法律(自然法)与法律主体的人的分离,公法和私法的分离、权利和义务的分离,强调市民社会的本位价值和政治国家对它的绝对服从,自然法的神圣统一和实在法对它的复制与实现,私法的高度自治和公法的救济与保障,个人权利的终极价值和义务的消极与服务。

从哲学意义上讲,"主客二元论"范式的最大特点是将作为主体的人与客体的法相分离,作为"人类精神"、"民族传统"、"上帝的意志"、"统治阶级意志"等的法律都是客体,作为主体的人的生命的意义就在于揭示独立于主体的外部世界的客观规律,有效地把握外部世界。基于此,法治作为理性的思维方式,就是把法和法律作为一种外在于人类主体的认识对象,人首先要学习法律、了解法律,尔后才能掌握法律、运用法律。法学界和法律界一度广泛开展的法的阶级性、社会性、客观性问题的讨论,尽管在讨论方法上存在许多重大区别,但是在实质内容上没有本质的分歧,即都是把人看作是法律之外的观察者和分析者,都是从外在于人的某种客观存在中寻找法的本质,都是以主体与客体、主观方面和客观方面、应有和实有的二元对立为认识和研究前提。法律不仅能够体现和反映某种统治阶级的或者公共的、上帝的"意志",或者正确揭示某种自然法的精神或客观规律,而且自身也必然存在着某种确定的有待把握和认识的客观内容;在法律实践领域,人们同样相信,通过人类自身的理性能力去理解和发现客观的法律,可以为社会提供一整套充满预见性和确定性的、符合人类理想的完美的法律制度,也可以创造一个保证法律正确实施的制度结构,还可以建设一支能够正确实施法律的专业法律群体。

二、传统法治的法律认识论

在法律的产生方式方面,传统法治理论主张消极的反映论和知识还原主义。法或法律是什么,法律是如何产生的,法律的内容由谁决定等一系列问题都是法治的基本命题,也是所有的法学理论必须解决的基本问题。传统法治理论由于受社会历史条件和自然科学研究范式的影响,虽然各个学派基于各自的研究重点和研究视角,对上述问题做出了不同的阐释,但是无论是自然法学派还是历史法学派、纯粹法学派、分析法学派都将法律视为是独立于它的主体——人的客观存在,法学家和立法者的任务就是通过理性的认识活动,借用制定法或者判例法去消极地反映和还原"自然法的真谛"、"民族的精神"、"人类共同的意志"、或者"主权者的命令"、"统治阶级的意志"、或者"人类的理性";同理,作为执法者的行政官员和司法法官的任务就是最大限度地理解和解释立法者的意图,通过严密地逻辑推理来将"客观法"的精神正确适用于具体案件；而作为法律主体的社会民众只能是被动地遵守法律，对于他们来说，法律虽然是经他们民主选举的代表"制定"的，但是其内容却是"客观"的，也是陌生的，他们只能消极被动地学习和认识。由此可见，在传统法治理论中，无论立法、执法还是司法，都有一个非常重要的问题需要解决，那就是法律的正确性问题。对此，传统法治把世界预设为一台没有生命、思想和精神的机器，人只有把事物还原为它的各个部件，将社会关系简化为权利义务的不同排列组合，只有分别地认识这些部件和权利义务，对世界和人类社会的认识才是可能的。格雷在1909年《法律的性质与来源》批评了这种以知识还原论为基础的传统法治理论的代表历史学派，认为历史学派不过是一种版本的宣告理论，即法官的任务是发现事先已存在的法律（民族精神），然而法律和法官创造的法律之间有真正的间隔，法规的解释仍是法庭的事情。①

三、传统法治的法学方法论②

在法治理论及其相应的制度建构上，传统法治理论坚持个体主义的方法论，主要采用分析主义的方法，也就是经典物理学和数学中的形而上学的方法或者解剖学的方法。个体主义方法论（亦称方法论的个人主义），是指对"社会现象包括集体，应按照个体及其活动与关系来加

---

①　John C. Gray, The Nature and sources of the Law, 2nd ed., Boston, 1963; Gray, The Rule Against Perpetuities, 1st ed., 1886; Gray, Select Cases and Other Authorities on the Law of Property, Vol. 1-6, pp. 1888-1892.

②　在此需要说明的是，方法论和方法是两个不同的概念，简单地讲，方法论与世界观相联，是证明、解释特定问题或对象的基本立场和主观态度，是运用具体方法进行解释和说明的出发点和最终归宿，它具有明显的价值倾向，一般有个体主义和整体主义之分；而方法则是解释和说明特定问题时所采用的具体手段和工具，它种类繁多，而且以客观中立为特征，没有主观价值倾向。

以分析"。[①] 由于个体主义方法论往往与自由主义关于社会的观念相联系,故有学者将它称为正统的自由主义,其社会理论根据的核心内容是把个人看作分析和规范化的基础,社会则被认为是各个追求自身利益的个人的总和,相应地,国家或社会便成为个人得以通过它而追求自身利益的一种机构。个体主义方法论的内容被路德维希·冯·米塞斯概括为三条:其一,任何行为都是由一些个人做出来的,集体的作为或行动,总是由一个人的行为或行动表现出来。一个行为的性质,取决于行为的个人和受该行为影响的其他个人对这一行为所赋予的意义。其二,人是社会的动物,但社会过程却是由单个人相互作用的过程。个人行为的复杂性和变动不居,决定了社会是无规律性的进展,除掉个人行为,也就没有社会基础。第三,集体或社会是无法具体化的,集体(整体)、社会被认识,总是由于那些行为的个人赋予它的意义。[②]

分析主义方法是西方自然科学的基本方法,是一种将复杂的事物进行简单化和形式逻辑处理的方法,它通过发现和确立一个基本的,或者最核心的概念或元素来建立其理论大厦和制度体系。它的基本思路是把整个事物分割为局部,再把局部进行分割,直到分子、原子、基本粒子;认为事物的整体是由部分决定的,部分的性质决定整体,只要认识了事物的各个部分,找出了主要矛盾,一切问题就可以迎刃而解;在处理问题时,总是要求以某个基本元素或者概念为中心来确立解决具体问题的基本思路和基本方法。正如笛卡尔所说:"从最简单最一般的(规定)开始,让我们发现的每一条真理作为帮助我们寻找其他真理的规则。"

---

① ［英］卡尔·波普尔:《猜想与反驳》,傅季重等译,上海译文出版社 2001 年版,第486—487 页。
② 张宇燕:《经济发展与制度选择——对制度的经济分析》,中国人民大学出版社 1992 年版,第 34—35 页。

在传统法治的理论研究方面,分析主义的方法首先将法律分为"自然法和制定法",其中对自然法的发现是法治的中心;其次,又将制定法分为"公法和私法",其中法治的核心是对国家及公共行为的严格规则和对以个人的自主、自由和自治为核心的"私法法治"或"民法法治"的褒扬;其三,将法律的内容分解为法律主体的"权利和义务",其中权利是法律制度的根本要素,义务是以权利为服务对象的,法律责任是对权利的救济和保障;最后,分析主义方法将法律制度的运行分解为立法、执法和司法三个环节,其中立法是对自然法或者客观法的发现和理性认识,是对个人权利的确认,是法治的中心,执法和司法都是对立法内容简单、机械地实现,是对个人权利的保护和救济,是立法的辅助。也就是说,运用分析主义的方法,传统法治可以简约为一个个人权利的产生和实现体系,作为整体的社会及其相应的利益则被简单化为个人权利的总和,社会矛盾和冲突也都等同和表现为个人矛盾和冲突。所以,法律制度只需关注个人权利的确认、保护和救济,其他的制度安排,尤其是公法建设都是以个人的权利实现为服务对象和唯一目标。当然,与自然科学的数学化倾向和要求相一致,传统法治下的个人也不是处于特定社会历史环境中的具体个人,而是一个抽象、概念化和符号化的个人,唯此才能满足个人及其权利作为法律制度的基础概念和逻辑起点的分析要求;个人权利也是被高度概念了的一个逻辑假设,在现实中几乎没有相应的具体制度对应。

四、传统法治的法律价值论

在法治的价值论或利益观方面,传统法治只承认个人的价值和主观利益,不承认社会整体的利益以及自然界的价值。利益是法治的核心概念,利益冲突和利益分配是法律制度存在的社会经济基础,法律是

调整特定社会利益关系的行为规范。美国著名法学家和社会学家庞德
在论述法律的任务时认为,"一个法律制度通过下面一系列办法来达
到,或无论如何力图达到法律秩序的目的:承认某些利益;由司法过程
(今天还要加上行政过程)按照一种权威性技术所发展和适用的各种法
令来确定在什么限度内承认与实现那些利益;以及努力保障在确定的
限度内被承认的利益。"①也有学者将对物质利益的保护与对正义的追
求几乎等同起来,认为正义是虚无的,只有利益才是现实的,如纯粹法
学派的代表人物凯尔森在论述法的目的时指出,"人们通常都认为,确
实存在着像正义这样的东西,只是不能明确地予以定义;显而易见,这
种主张本身就是一种矛盾。对人的意志和行动而言,无论正义多么必
要,它都是无从认识的。从理性认识的观点看,所存在的只是利益以及
因此而产生的利益冲突。②著名作家狄更斯在《禁止通行》一文中说到
英国人时更是以讽刺的口吻写到:"崇拜他们的法律,这些法律把正义
的永恒原则同英镑、先令以及便士的永恒结合起来;它们把这一成果适
用于所有的民事妨害案件上面,从对一个人的名誉的毁坏到对一个鼻
子的伤害。你们毁了我的女儿——用英镑、先令和便士来补偿。你给
了我当头一棒——用金镑、先令和便士来补偿。"③。凡此种种,都足以
说明利益,尤其是物质利益在构建法律制度中的重要作用和核心地位。
但是,利益在现实社会中是一个多元的复合体,按照庞德的社会学法理
学理论,法律所发现、确定和保护的利益大致可以分为三类,即个人利

---

① ［美］罗斯科·庞德:《通过法律的社会控制》,沈宗灵、董世忠译,商务印书馆 2010 年
版,第 35 页。
② 转引自［美］博登海默:《法理学:法律哲学与法律方法》,邓正来译,中国政法大学出
版社 2004 年版,第 121—122 页。
③ 转引自同①书,第 123 页。

益、公共利益和社会利益。① "法律发现这些利益迫切要求获得保障。它就把它们加以分类并或多或少地加以承认。它确定在什么样的限度内要竭力保障这样被选定的一些利益,同时也考虑到其他已被承认的利益和通过司法与行政过程来有效地保障它们的可能性。"②

　　在不同的社会历史条件和法治模式下,基于不同的法律理念和范式,法律对各种利益不是一视同仁地予以确认和保护,而是有所选择和有所侧重的。在以民商法为主导的传统法治条件下,法律只承认个人的利益,只保护个人的人身利益和财产利益,而且这些个人也必须具有特定身份和条件,如传统民法在主体制度的设计上主要具备"完全理性"和"有财产"的自然人为基础,没有达到法定年龄、无财产或不能自我控制、具有不良习惯,以及特定种族、性别的"人",在法律上是没有人格或者不具有完全人格。同理,社会组织以及国家都被视为是基于个人利益的实现而创制的法律上的拟制人格,不承认他们有独立的利益需求和法律人格。至于人类社会以外的自然和生物及其利益更不可能被法律所承认和保护的,它们只是为了实现个人的利益而需要加以控制和支配的客体。现实中,各国民法中所确立的合伙制度、法人制度都不是从终极意义和实体意义上对合伙、公司等社会组织的法律人格的承认,只是以自然人和个人利益为标本和参照,有条件地认可它们的工具性独立地位,在具体的权利、义务和责任安排上,又根据个人在上述组织中的利益相关性和实际的控制支配能力,将它们的责任形式分为有限责任、无限责任和混合责任,体现了法律对个人利益本位的一种变相关注。

---

　　①　[美]罗斯科·庞德:《通过法律的社会控制》,沈宗灵、董世忠译,商务印书馆 2010 年版,第 37 页。

　　②　同上书,第 36 页。

五、传统法治的道德观

在思想道德观方面,传统法治主张个人主义或个体主义,反对社会整体以及国家对私人生活的干预。发端于文艺复兴时期,完成于启蒙运动时期的现代精神以个人主义为中心,强调个人在整个社会生活中的中心地位,坚信"人是万物的尺度","个人是价值的基础和评价一切的惟一标准"。个人主义表示,一切价值以个人为中心,即一切价值不一定是由人创造的,但都是由个人体验的;个人本身就是目的,具有最高价值,其他社会组织、国家机关和团体只是达到和实现个人目的的手段;一切个人从某种意义上说,在道义上是平等的,即任何个人都不可被他人作为谋利的手段。按照《简明大英百科全书》(台湾中华书局1988 年版)的释义,个人主义是"政治和社会哲学,它高度重视个人自由,广泛强调自我支配,自我控制,不受外在事物约束的个人和自我。"格里芬指出,"几乎所有现代性的解释者都强调个人主义的中心地位。从哲学上说,个人主义意味着否认人本身与其他事物有内在的关系。即是说,个人主义否认个体主要由他与其他人的关系,与自然、历史抑或是神圣的造物主之间的关系所构成。笛卡尔对实体(人的灵魂是实体一个首要样态)所作的定义最简洁地表达了这种个人主义思想。按照他的定义,实体乃是无须凭借任何事物只需凭借自身就成为自己的东西。"①在法哲学领域内,法治的个人主义道德观主要表现为"个人权利至上"理论,以及蕴含于其间的有着个人和个人权利的正当性乃是先定的道德假设。正如国外学者诺齐克所言,"个人拥有权利。……这些权利如此强有力和广泛,以致引出了国家及其官员能做些什么事情的

---

① 〔美〕大卫·雷·格里芬:《后现代精神》,王成兵译,中央编译出版社 2011 年版,第4 页。

问题";诺齐克进而在这一理论假设的基础上最终确立了国家的正当性原则,即正义的国家乃是最少干预个人事务、最能保障个人权利充分实现的国家,即所谓"最小国家"原则。从逻辑上讲,在"个人权利至上"和"最小国家"原则之下,个人行为所应当且唯一能够遵循的道德准则,也只能是"个人权利至上"这一道德原则。①

以此为基础,传统法治的个人主义道德观主要表现为:(1)以机械论为其哲学基础,将经过机械分解而得出的抽象的孤立的个人作为法律制度安排的逻辑起点,对整个法律制度进行从部分到整体的机械安装;在具体的法律制度中个人是最具代表性的法律主体,个人的权利是法律上确认和保护的终极权利,个人的义务或者说个人的直接义务才能成为法律强制的对象,相应地,个人责任也就成了唯一的法律责任,比如刑法中的法人犯罪以及民法中的公司责任都是在新的法律理论支撑下才得以发展起来。(2)在法律关系的确认上,强调个人之间的关系,强调个人独立于他人、组织、团体的重要性,忽略和无视团体的关系,以至于将法人组织和社会团体、国家机关的法律地位和对外产生的社会关系与个人间的社会关系等量齐观,而对组织作为法律关系主体的特殊性以及其内容关系的复杂性重视不够。个人主义的法律观强调个人具有最高价值,个人自由、个人意志的自主性和创造性,个人利益的不可侵犯性;个人主义虽然不能等同于利己主义,但它以个人为中心,默认人的自私性和相互利益的冲突性,支持通过竞争达到个人的价值目标,并将此作为世界上的最高价值;它强调个人的欲望和自身的行

---

① 　具体而言,诺齐克的"个人权利至上"原则包括三个最基本的要求:一是"获取的正义原则",即任何人都必须通过其自身的能力和劳动去获取财产;二是"转让的正义原则",即任何财产的转让都必须立基于个人的自愿且不得以任何方式侵害个人的权利;三是"矫正的正义原则",即以正义的方式矫正分配过程中发生的一切侵害个人权利的行为和后果。参见[英]罗伯特·诺齐克:《政府、国家与乌托邦》,何怀宏等译,中国社会科学出版社2008年版,第156—159页。

为的正当性,鼓励追求个人利益和享乐主义的满足,甚至肯定以他人的不可持续性为代价实现自己的可持续性。①(3)在人与自然的关系上,只承认以个人为中心的主观价值,人与自然的关系只是作为主体的人对作为客体的物和生物界的支配和控制,鼓励人对自然的掠夺,它以自然环境的不可持续性为代价实现人的可持续性。西方社会以个人利益为惟一目标,以此为理论背景的法治倡导基于个人主义的自由竞争,确认、稳固和发展了掠夺式的生产方式、消费主义和享乐主义的生活方式,造成了整体经济运行的无序和人类整体利益的缺失,造成了宏观经济失调、周期性的经济危机、环境污染和生态破坏等全球性的经济和环境资源问题。

第三节　经济法的基本理论范式

经济法的理论范式是基于对以机械唯物主义为基础的笛卡尔、牛顿"主客二元"论范式的反思,在全面审视现实社会经济生活的基础上,不断改造和完善,以辩证唯物主义为基本指导思想和理论基础的"主客一元论"范式。这种理论范式的基本观点是,人类的主观世界和客观世界不是截然两分的,也不是决定与被决定的关系,而是相互作用、相互制约,你中有我,我中有你的互动关系;法律不是外在于人类社会的客观存在和自在的科学知识,而是人们在不断认识社会经济规律和总结历史经验的基础上,通过理性思维和实践摸索而创立的,随着人类实践能力和自我控制水平的提高而不断更新和发展的一系列行为规范;法律所要调整的"关系"不限于处于对立状态的绝对原子化的个人之间的

---

① 应当明确的一点是,传统法治的基本态度是国家对个人的社会经济生活持消极的不干预态度,所以对个人间的竞争也没有一个主观的评价,也就是说,在传统法治理论中是没有正当竞争和不正当竞争之分的,这一点也集中体现了它的个人本位观和个人主义道德观。

物质利益关系,而是处于整体中的人与人、人与物、人与自然之间的相互作用、相互制约的关系;法律的任务不单纯是对主体的权利、义务作静态的确认和保护,更主要的是对权利义务进行总体调整和适当的二次分配,最终实现权利义务的和谐统一;法律的运作并不是将处于相互关联的各个环节进行机械的分割,而是根据社会经济的现实需要,从宏观、中观和微观层面上进行系统调整和整体规范;法律内容上既有国家的宏观调控,还有中观的政府指导,又有微观的市场规制,既有事先的立法规划,也有事中的执法协调,更有事后的司法救济。

具体而言,经济法的整体主义"主客一体化"或"主客一元论"理论范式主要体现在法律本体论、法律认识论、法律方法论、法律价值观和法律道德观几方面。

一、经济法理论的法律本体论

在法律的本源即本体论方面,经济法理论主张主体和客体的统一而不是分割,强调主体和客体、客观规律和主观创造、个人利益和社会公益的协调统一。经济法理论具有强烈的理性建构色彩,主张法律并非天外来客,而是人类社会自身经济活动的产物。在回答什么是法律、法律的本质、法律的来源、法律的产生、法律的内容、法律的实施等问题时,传统法治理论虽然将法律从神学的阴影下解放了出来,但是它用客观理性、自然法精神、民族意志等抽象的假设和形式化概念,压制了现实社会中活生生的、具体的人的主观意志和实践能力,用"客观理性神话"代替了"宗教神话"。相对而言,经济法理论对国家干预行为的确认和规范,既体现了人类对客观经济规律的认知,也反映了人类通过国家等正式和非正式、政治和经济的组织,进行自我组织、自我控制、自我调节的主观能动性,法律是人类文明的体现,是人们进行社会控制的基本手段。① 经济法理论在探索法的根源和法的本质时,没有将作为行为规则的法律与作为行为主体的人割裂开,而是综合主观和客观、个人和社会以及个人利益和社会整体利益,从人类自身的生产经营活动中,对认识与实践辩证关系进行整体性考查,寻找法的依据和法的渊源。

首先,经济法理论表明,经济法的国家干预既是一种客观需要,也是一种主观设计。经济法既确认国家基于"市场失灵"而进行干预的必要性,同时也防范由于人类理性本身的缺陷、技术手段和经济成本限制等原因导致的"国家失灵",经济法的基本任务是规范和限制国家干预。所以,经济法的调整对象具有跨越平行主体之间的民事关系和国家与市场主体之间的纵向管理关系的双重特征,打破了市民社会和政治国家、社会整体利益和个人利益的机械分割,以及政治国家和团体利益虚设的理论假设,超越了公法和私法二元对立的"法治"模式。②

其次,在法律规范的内容上,经济法理论范式突破了传统法治权利义务二元对立的结构模式。经济法的基础和逻辑前提是市场与国家的双重失灵,根本目的是实现市场自治与国家干预的和谐统一。在整体

---

① 美国著名学者庞德认为,迄今为止,人们是在三种意义使用"法律",一是法学家们所称的法律秩序——即通过有系统地、有秩序地使用政治组织社会的强力来调整关系和安排行为的制度。二是一批据以作出司法或行政决定的权威性资料、根据或指示。三是卡多佐法官中肯地所称的司法过程和行政过程,即为了维护法律秩序,依照权威性的资料和指示以决定案件和争端的过程。这三种法律的意义用社会控制的观念来统一就是,它是依照一批在司法和行政过程中使用的权威性法令来实施的高度专门形式的社会控制。[美]罗斯科·庞德:《通过法律的社会控制》,沈宗灵、董世忠译,商务印书馆2010年版,第19—32页。

② 经济法调整对象的复杂化、整体性、立体性以及缺乏民商法和行政法调整对象那样的单纯性和明确性,这成为学术界以法的调整对象为依据来划分法律部门而否认经济法的独立性和部门法属性的理论依据。在此,暂且不论以调整对象划分法律部门理论的科学性和合理性,但是因为不能准确认定经济法的调整对象,或者缺乏对社会关系的立体式把握,而以简单、静止、片面的个人之间的物质关系为标准来简化,甚至否认复杂的、多元的社会关系的存在,进而无视经济的现实性本身是值得商榷的。有关经济法律关系的复杂性和特殊性的分析参见刘水林、李永宁:《经济法调整对象的法哲学及经济学考察》,《法律科学》2000年第2期。

制度安排和具体的规范设计中,经济法律主体的权利和义务边界开始变得模糊,权利对义务的绝对支配和义务对权利的消极服务观念已经淡化,诸如"权限"、"权能"、"职责"、"职能"等既具权利内容,又有义务限定的新型概念大量出现在法律规范和相关理论表述中。在传统法治理论中,因为否认组织、团体和社会国家的终极人格和独立利益,以金融税收为代表的国家经济职权行为,被人为地抽掉了经济内容,所以只是纯粹的国家政治行为而不具有法律意义。同理,国家和政府虽然具有法律主体资格,但是相对于市场社会和公民个人只有义务没有权利,这不仅造成了国家和政府行为的利益空缺和权利虚置,而且也形成了国家政府行为动力不足的理论误区,进而导致对政府经济行为进行法律控制和责任约束的空白。① 经济法理论坚持权利义务统一的一元论观点,一方面肯定国家政府经济职权的权利属性,一方面也赋予其明确的法律义务,并通过相应的司法审查制度和国家赔偿制度落实国家政府的经济责任,使得法律规范具有了很强的制度性和技术性。

其三,在整体化一元论基本理论范式指导下,经济法律责任的内容突出和强化了公众责任。传统民商法及行政法奉行自我责任制度,强调个人利益和自我责任的基本理念,经济法律制度则在个体责任、自我责任的基础之上强化了个人与团体之间的有机联系,将公益责任和社会责任提到了法律的前台,如环境责任消费者权益保护中的惩罚性赔偿责任等。

其四,在法律运行上,经济法模糊了立法、执法和司法的界限。经济法的实施主体主要是从传统行政机关中延伸出来,担负经济管制和经济规划职能的政府第四部门,其职权及运行明显超越了传统法治的

---

① 在传统法治理论中,基于政治国家和市民社会二元分割理论,只有行政机关的具体行政行为才受到司法的有限审查,而大量的抽象行政行为,尤其是经济决策行为都被认为是政治行为,排除在行政复议和行政诉讼之外而不能追究其组织和个人的法律责任。

一个最基本的理论假设——分权原则,而是兼具立法、执法和司法三种权力①。

二、经济法理论的法律认识论

在法律认识论方面,经济法理论主张积极的制度发现与理性建构实践相结合。法学的认识论源于哲学认识论。由于不同的世界观和方法论,不同的哲学流派对主体与客体、物质和意识的关系等基本命题持有不同的观点。辩证唯物主义认为,主体与客体、主观与客观的关系是相对的,是一种辩证关系。当说到人对自然、个人对社会的作用时,人是主体,自然、社会是客体;但是自然、社会不是任个人随意摆布的,它们对人和个人有反作用;当人和个人作为自然、社会的反作用对象时,人和个人又成为客体,而自然、社会成了主体。在现实生活中,主体和客体相互作用、相互决定。一方面,客体的存在决定主体的认识和活动,自然环境和社会环境尤其是制度环境决定并创造人,表现出客体及客观对主体和主观的制约性,是人的自然化和社会化;另一方面,主体的认识和实践活动又改造着客体和客观环境,人通过自己的认识和理解活动创造人化的自然、人为的社会环境,实现自然和社会的人化。正

---

① 虽然国内学者在翻译英文中的"administrative law"时,习惯地将它译为"行政法",但是其真正的含义似乎与我们所讲的行政即执法(executive law)的含义有区别。从其内容来看,美国"行政法"的主要任务是确认和规范政府专门的管制机构(agency)和独立委员会,如联邦贸易委员会等机构基于对市场竞争秩序和社会公共利益的维护而进行的管制行为(regulation),这部分内容远远超出了传统法治下行政法的制度框架,而属于"经济法"的范畴。当然,英美法系不像大陆法系那样对现行法律进行严格的、概念化的部门法律划分,它们采用的完全是实用主义的立场,概念的使用与其内涵之间不一定完全对应。所以,英美法系国家及其理论中没有民法概念,更不会有"经济法"概念,但是这并不影响其法律制度方面变革的事实和在法治理念上更新的要求,美国国内的学者对此已经做出了积极的反应。〔日〕金泽良雄:《经济法概论》,满达人译,甘肃人民出版社1985年版,第4页;〔美〕理查德·B.斯图尔特:《美国行政法的重构》,沈岿译,商务印书馆2011年版,第8页。

如罗尔斯顿指出,"我们对自然的反应是基于生态的。我们由一种抽象的、还原式的和分析性的知识,转向了一种参与式的、整体的和综合的对自然中的人的解释。我们的自我不再是与客观自然相对立的一极,不是处于二极对立的关系中,而是被其环境所包围,从而评价(认识)环境的活动是在与环境的交流中进行的","作为评价者的'我',本身是被包围在一个'场景'之中。'我'的整个评价活动,包括此评价的开放性,是一种自然事件。约翰·杜威曾说,'经验不但是在自然中进行的经验,也是对自然的经验。'我要说,评价不但是对自然的评价,也是在自然中进行的评价。这看起来是一种辩证关系,实际上却是一种生态关系","辩证的关系指假定主体成对立两极的关系;生态的关系则指假定主体置身于生态系中,与生态系统这一总体系统的关系"。① 这种整体化和生态化的理论最具代表意义的是英国化学家拉弗罗克(J. Lovelock)和美国微生物学家马古利斯(L. Margulias),他于 1972 年正式提出的以生命观和运动观来代替笛卡尔机械论,被理论界评价为"一种天才之举"的、有机论的、整体主义的"盖娅假说"。②

　　经济法的认识论是"主客一元论"理论范式在法学领域中的具体体现。以经济法为代表的现代法治法理论认为,人类对法律的认识活动是认识主体与认识对象相互作用、相互渗透的过程,它包涵了客观经济规律主观化内容,也充满了主观意图客观化色彩。从个体和静态意义上看,人类认识法律的活动是主体个人对外在于自己的法律客体的认

　　① 余谋昌:《生态哲学》,陕西人民教育出版社 2000 年版,第 101—102 页。

　　② 拉弗罗克于 1965 年承担美国国家宇航局有关火星生命探讨的科研课题,在研究中形成了地球表面是生命调节系统的概念,盖娅是希腊神话中的大地女神,而地球作为活的系统被称为"盖娅"。盖娅假说认为,生物圈作为适应的调节系统,能够自动维持地球的平衡状态;世界是一个生命机体,人们只是其中的一部分,而不是它的拥有者,甚至不是那种纯粹比喻中的地球飞船的乘客。参见[美]埃里克·詹奇:《自组织的宇宙观》,曾国屏等译,中国社会科学出版社 1992 年版,第 131 页。

识,是主体对客体化的法律知识的单方面反应,人是认识的主体,法律制度则是被认识的对象和客体;但是从整体和动态意义上看,个人对法律制度的了解、掌握和运用等活动,既不是在主、客对立中进行的,也不是完全独立于认识对象和从外部对先验的法律制度进行的客观观测,法律主体是作为整体行为中的分子,在主、客相互联系、相互作用中,更确切地说是在参与法律运行的实践活动中进行的。

　　经济法是国家干预之法,其运行不是一个纯粹的知识理性活动,而是具有很强建构色彩的实践过程。以反垄断法的实践为例,经济法的具体规则和制度运行不是人们对先验的法律知识的简单应用,而是在特定的程序规则的指引下,主体之间经过充分论证和民主协商,最终达到主客观结合、认识和实践统一的过程。经济活动及其"客观"规律不完全由一个外在于人类的"客观"力量决定和支配,它包含了人们在追求主观利益和相互交往中的整体需求,经济法的制定和实施是人们对经济运行规律的主观发现和理性描述。虽然经济规律及其在法律上的表现不是某个个人的主观创造,也不可能通过个人的力量任意更改,但它是参与经济活动的众多个人和集团共同作用的结果,是众多个人和集团经过多次博弈和协商最终达成的某种"共识"。[①] 人类认识法律的过程是一个理性思维和实践创造相混同的过程,国家政府对市场有意识的、主动干预,既是市场经济整体运行秩序和可持续发展的客观需要,也是人类集体理性对个体理性活动离心力和破坏性进行的自我控制,是人类文明整体进步的标志。作为主体的人与作为认识对象的客

————————

　　① 阿莱可西·雅克曼和居伊·施朗斯在论述空想社会主义者蒲鲁东的经济法思想时总结到,"经济法应该是在参加经济活动的各集团之间达成协议之初形成的。其目的在于维护社会正义。""同样,参加经济活动的各集团之间达成的协议和章程,显然预示着构成今日经济法特征的'协商'经济的出现。"[法]阿莱可西·雅克曼、居伊·施朗斯:《经济法》,宁泉译,商务印书馆1997年版,第3页。

观经济规律要求的法律之间没有绝对的、不可逾越的鸿沟，法律规范既要强调人的主体性和主动性，也要注意客观经济规律对人类经济行为的制约。总之，以经济法理论的"主客一元论"认识论既主张客观经济规律对法律内容的决定性作用，也肯定法律主体通过集体的理性思维和社会实践对客观经济规律达成的"共识"，从而创造出自我组织、自我控制、自我调节的主观化的法律制度。

三、经济法理论的法律方法论

在法律方法论方面，经济法理论坚持整体主义的辩证法。[①] 如前文所述，传统法治的方法论是直接沿袭了自然科学的分析方法"主客二元论"，即将自然物质世界简化为基本要素原子的排列组合，将人类社会还原为个人关系的简单相加，将法律制度理解为以个人权利为基础的规范体系，法治运行是对立法概念的形式逻辑推理。个体主义方法论为纯粹的理论思维和科学实验提供了非常有效的理论工具，在一定的社会历史时期促进了科学研究和与之相应的传统法治社会理想模型的形成和发展。但是，随着以经典物理学为代表的近代自然科学向以相对论为标志的现代自然科学的发展，以个体利益和私人自治为基础的市场经济功能的完全释放并出现异化现象，自然科学的分析方法和形式逻辑手段已经不能应对自然科学和社会经济活动中的不确定性、模糊性、宏观性和整体性问题。根据亚里士多德的观点，当作为推理基础的前提清楚明白、众所周知或不言自明的时候，人们通过演绎推理即可获得明确的必然真理；但是，当在两个或两个以上可能存在的前提或基本原则间进行选择成为必要时，那种认为解决问题只有一种正确答案的观点一定会产生疑问，因为选择任何一方都会获得强有力的论据

---

① 　齐建辉：《经济法基础理论的辩证法解读》，《西北师大学报》2005 年第 5 期。

的支持。这种解决推理中的选择冲突的方法和手段就是辩证推理（dialectical reasoning），它是寻求"一种答案，以对两种相互矛盾的陈述中应当接受何者的问题做出回答"。① 从而在社会科学研究中也就需要一种不同于个体主义的整体主义方法论。

总体性是经济法理论的整体主义方法论的核心，其基本内涵可以概括为四个方面：第一，强调整体对部分的统辖原则，要求探究社会及其发展，必须从整体作为主导地位这个角度着眼，而每一部分（或个体）从属于历史与思想的统一体。② 第二，社会是主、客体的互动过程，而不是纯粹客观性过程，主、客体及其关系的概念不是自然主义的、非价值化的概念，而是包含主体价值评价及主体性意义的范畴。第三，总体性表现为一个历史过程，这个过程是以主体为纽带的主客体相互作用的历史过程。③ 第四，社会关系的有机性。即不论是处于同一社会中的个体之间，还是个体与社会肌体之间的关系不仅具有相互依赖性，还有不依主体意志而设定的自然存在性。在此基础上，我们把整体主义方法论概括为，视点的整体主导性，思维的辩证性，视域的历史成长连续性和整体结构的有机性。需要补充的是，这种方法论虽然强调整体，但在整体中个体并没有被抹煞，而被保存着。④

---

① Aristotle，"Analytical Priora"，in Organom，transl. H. Tredennick（Loeb Classical Library ed，1949），Vol. I，Bk. ii. 24a. 1. 转引自［美］E. 博登海默：《法理学：法律哲学与法律方法》，邓正来译，中国政法大学出版社 2004 年版，第 497 页。

② 这就是说，把握社会和人类整体自不待言，即使认识个人也必须从社会历史的整体中把握，就像卡西尔所言："人类不应当用人来说明，而是人应当用人类来说明。这个问题必须重新阐述重新考察，必须被安置在更为宽广更为记坚实的基础上。这样的基础我们已经在社会学和历史学的思想中发现了。"卡西尔：《人论》，甘阳译，上海世纪出版集团 2003 年版，第 101 页。

③ ［匈］卢卡奇：《历史与阶级意识》，杜辛智译，商务印书馆 1999 年版，第 47—76 页，305—343 页。

④ 杜辛智：《历史与阶级意识》（代译序），［匈］卢卡奇：《历史与阶级意识》，杜辛智译，商务印书馆 1999 年版，第 3 页。

经济法的基本问题是,为了实现宏观经济的可持续发展和社会公共利益的最大化目标,人们必须适时地在市场自发机制和国家积极干预之间进行理性选择。经济法的根本任务是确定国家干预的范围和方式,它的方法论吸收自然科学中交叉学科和边缘学科的综合性研究方法,是以辩证推理为主的整体主义的方法论。与传统法学个人主义方法论相对立,整体主义方法论的基本观点是,"社会科学研究社会整体如集团、民族、阶级、社会、文明世界等等的行为。这些社会整体被认为是经验对象,社会学用生物学研究动植物的那种方式来研究它们"。①由于经济法鲜明的整体主义方法论特征,以至国外早期的有些经济法学者甚至认为经济法本质是一种方法论,是法学研究的社会学方法(整体主义的,而不是个体主义的方法)适用于经济生活的表现。② 具体而言,经济法理论的整体主义方法论主要表现在以下几个方面:

首先,经济法理论表明,在人类社会发展的历史进程中,市民社会和政治国家是相互制约、相互作用的对立统一体,法律既不能单纯地以市民社会为基础和保护对象,构建以民商法为基本内容的"私法法治",也不能片面地从规范和约束政治国家的角度,建设单一的"公法法治",将市民社会和政治国家相互作用、相互渗透的社会现实遗忘和疏漏。经济法的调整对象既不是原子式的个人之间的私人经济关系,也不是单一的公共团体(主要是国家和政府)与私人之间的行政关系;经济法视野中的个人不是孤立的个人,社会组织、国家政府也不是抽象的虚无

---

① [美]卡尔·波普尔:《猜想与反驳》,傅季重等译,上海译文出版社 2001 年版,第 486 页。

② 如德国学者伦布就认为,以对法律争议地区中经济的客观实际部分所作的法学上的全面探讨,理解为经济法的研究,企图从这一论点出发,来建立综合民法和商法的经济法基础,并使这样的私人经济法与公共甚至国家经济法既对立,又在整个法学体系中使二者处于统一综合的地位。此外,卡伊拉也认为经济法无非是在有关经济生活的法律争议地区,适用法学研究的社会学方法而已。参见[日]金泽良雄:《经济法概论》,满达人译,甘肃人民出版社 1985 年版,第 8 页。

的政治团体,个人是处于特定组织中的个人,他们之间既有平等的契约式财产关系,也有受制于特定组织和整体利益的非平等的"身份关系",经济法调整的是个人在社会生活中形成的立体式社会关系。

其次,经济法的制度安排和具体规范没有将权利和义务进行分割,没有偏向"权利本位"或者"义务本位",而是将权利义务结合起来,进行整体和动态的安排。经济法理论立足于对国家经济行为的确认和规范,坚持法律行为主义和功能主义立场,从人的行为的社会性,即超越直接利害关系人的社会整体利益和经济秩序角度,整体上评判国家行为和个人行为的正当性、合法性。经济法律制度的内容趋向于原则和抽象,其权利义务边界模糊甚至重叠,权利义务不再绝对,个人权利和公共义务相连,个人义务是享有社会权利的基础,具有很强的时空特征。①

最后,经济法律运行的整体化和统一性加强,法律实施的手段和方法日趋综合。在经济法的运行中,以各国的反垄断法的实施为例,不再是以立法机关——议会为中心,行政机关被动执行,司法机关消极救济的线性运行方式,而是成立专门委员会,行使综合的立法、执法和司法职能,进行整体规制和全程监控。同时,经济法也没有专注于创制出类似于民法、行政法和刑法等传统法律部门"专属"于自己的独特法律手段和方法,而是综合应用"所谓"民事、行政、刑事的方法,整体调整社会关系和经济行为。② 另外,经济法的实施没有固守传统法律部门的分析方法和严格的形式逻辑推理,以及强调法律的封闭性和自治性,而是

---

① 在现行的法律文件中,经济法规范的原则性和不确定性非常明显,参见《中华人民共和国反垄断法》、《中国人民银行法》、《中小企业促进法》等。

② 经济法方法的综合性一度成为传统法律部门学者否定经济法独立性的重要"依据"。有关法律部门的独立性问题及其标准历来是学术界争论的重大议题之一,本文无意重复,在此笔者只想说明的是,经济法的社会历史背景是个体利益多元化和社会整体利益本位化的时代,用历史的眼光和一种所谓正统的标准对复杂的现实社会关系和制度现状进行肢解和排他式评判,是片面、静止和孤立形而上学的,带有明显的独断和墨守成规之嫌。

以实现个人利益与整体利益、抽象正义与具体正义的平衡和协调为价值目标,大量引用和采纳其他社会科学尤其是经济学的理论方法,对特定的法律事实和经济裁判和决策行为进行全方位、多角度的实践论证。

四、经济法理论的法律价值观

在法律价值观方面,经济法理论主张以社会公共利益为核心,追求个人利益和社会利益的协调统一。德国著名学者拉德布鲁赫认为,"从私法观察角度出发所看到的经济关系,不过是两个私人之间以互相平等为前提的关系。这种观点忽视了第三者,即在任何经济关系中都是最大的利害关系人:公众。""经济法产生于立法者不再满足于从公平调停经济参与人纠纷的角度考虑和处理经济关系,而侧重于从经济的共同利益,经济生产率,即从经济方面的观察角度调整经济关系的时候。"[1]由此可见,经济法产生的社会经济基础是私法对"公众"利益的忽视而引起的社会冲突,经济法的价值目标就是弥补私法对个人利益的终极关怀和对"公众"利益疏漏,其价值观表现出明显的对社会公众利益的优先维护,对个人利益和社会整体利益的协调统一。当然"经济法并不是不关心个体利益,而是试图限制根本上与整体利益冲突的个体利益,鼓励、支持与整体利益一致的个体利益,以追求个体利益与整体利益的协调。"[2]

经济法的整体价值观首先体现在它的价值目标之中。国内学者对经济法的价值目标的探索和理论主要有:[3]一元论说,即唯一能够代表

---

①　[德]拉德布鲁赫:《法学导论》,米健译,法律出版社 2012 年版,第 77 页。

②　王全兴、管斌:《民商法与经济法关系论纲》,《法商研究》2000 年第 5 期。

③　吕忠梅、陈虹:《论经济法的工具性价值与目的性价值》,《法商研究》2000 年第 6 期。

经济法根本特点与基本精神的价值目标是"整体效益",[①]或者"权力与权利交融的系统化秩序";[②]二元论说,即经济法具有相辅相成的双重价值目标,它们是"社会整体效益、公平"[③]或者"社会公平、经济民主"[④]或者是"公平、效率";[⑤]多元论说,认为经济法的价值目标应当足以适应经济法规范和制度日趋复杂化和多元化的发展要求,从而也应当是多元的,它们或者是"发展、公平、安全",[⑥]或者是"存在价值、法权价值、资源价值、社会价值",[⑦]或者是"实质正义、社会效益、经济民主与经济秩序的统一"。[⑧]上述研究结论虽然表述各异,内容不同,甚至存在明显的分歧,但都是从社会整体和"公众"利益的角度进行总结和概括的。诸如"社会整体效率"、"整体效益"、"经济安全"、"社会价值"以及"可持续发展"等,从不同的角度体现了"经济法所调整的经济管理关系的本质特征在于社会公共性,""经济法是社会整体调节机制的法。"[⑨]这与传统法律部门以个人利益或个人权利为本位的价值观有明显不同。

　　概括起来,经济法的价值追求是包含经济自由、经济民主和经济秩序的社会公共利益。经济法倡导的经济自由是指所有社会成员的自由,而不是民商法个人主义价值观下的少数"强者"的自由。1938年罗斯福在"就限制垄断和经济力量的集中向国会提出的建议"中指出,"我

　　① 欧阳明程:《整体效益:市场经济条件下经济法的主导价值取向》,《法商研究》1997年第1期。

　　② 李金泽、丁作提:《经济法定位理念的批判与超越》,《法商研究》1996年第5期。

　　③ 莫俊:《现代经济法的价值取向》,《甘肃政法学院学报》1998年第3期。

　　④ 李昌麒、鲁篱:《经济法现代化的若干思考》,《法学研究》1999年第3期。

　　⑤ 徐士英等:《经济法的价值问题》,漆多俊:《经济法论丛》(第1卷),方正出版社1999年版,第33—38页。

　　⑥ 程信和:《发展、公平、安全三位一体》,《华东政法学院学报》1999年第1期。

　　⑦ 史际春、邓峰:《经济法总论》,法律出版社1999年版,第152—158页。

　　⑧ 单飞跃:《经济法的法律价值范畴研究》,《现代法学》2000年第2期。

　　⑨ 王保树:《市场经济与经济法的发展机遇》,《法学研究》1993年第2期。

们奉行的生活方式要求政治民主和以营利为目的的私人自由经营应该互相服务、互相保护——以保证全体而不是少数人的最大限度的自由。"①经济法的经济民主突出表现在两个方面,即禁止冲击较小竞争者的垄断行为的反垄断法和为实现宏观经济平衡协调与可持续发展的国家宏观政策法。经济秩序则体现在经济法弥补和校正自由市场秩序的自发性、脆弱性、分割性、动荡性的宏观调控法中。总之,经济法价值观基础的社会公共利益是一种整体利益、公众利益、公平利益和社会福利。②

同时,经济法的整体利益价值观还表现在经济法作用的两大机制——宏观调控和微观规制上。在具体制度构成方面,经济法的整体利益观首先是在民商法的边缘处超越单纯关注个体利益,从公平角度侧重对整体利益赖以生存的市场秩序和消费者权益的保护。随着市场经济的不断发展和个人权利、个人利益的极端化,个体之间以及个体与整体间的冲突日益加剧,通过当事人的意思自治和契约自由实现市场的有序竞争的神话被打破,反不正当竞争法作为民法的"特别法"和校正法应运而生。反不正当竞争法虽然是民法诚实信用原则的制度化表现,但是它的原则和基本理念的整体性、秩序性要求却与民法的个体权利本位观念和"规范化"要求不同。同时,个体经济不断膨胀导致的垄断行为对竞争秩序的破坏要求国家必须从外部对私人经济行为进行强制性的干预,反垄断法和宏观经济调控法的产生标志着纯粹自由竞争经济的结束,也预示着一种新的法律制度的产生。反垄断法和反不正当竞争法虽然是从微观角度对个体经济行为的规制,但是它们反映了对个体利益本位的宏观约束,其目的是促进有利于整个社会经济发展

---

① ［美］富兰克林·德·罗斯福:《罗斯福选集》,关在汉编译,商务印书馆 1982 年版,第188—189 页。

② 王保树、邱本:《经济法与社会公共性论纲》,《法律科学》2000 年第 3 期。

的有效竞争,总体维护市场机制和市场秩序,从终极意义上最大限度地保护作为社会本体的消费者(实际是全体社会成员)利益。在此基础上,针对周期性的经济危机对国民经济及至全球经济的冲击,国家从宏观层面上独立或联合对社会经济的整体和长远发展进行积极干预也成为必要,以国民经济计划、财政金融、信贷税收、产业政策等为基本内容的宏观调控法构成了现代经济法的核心内容。至此,现代经济法已经完全突破了个体利益本位观和国家消极角色的传统理论束缚,确立了国家作为社会利益的代表,从微观和宏观两个方面对个体利益和社会整体利益进行全面的规划和整合。

另外,经济法的整体价值观也反映在经济法规范对权利义务的不对等安排上。在具体的权利义务安排上,无论是对个人基本权利的整体保护,还是对自然生态系统价值的重新确立,经济法都冲破了传统民商法所尊崇的抽象的形式平等和机会均等,追求实质正义,针对不同的社会关系中的特定双方当事人,在权利义务上做了不对等的安排。比如,在民商法中,市场交易关系中的生产者、销售者和消费者是平等的契约关系,各方的权利义务是对应平等的,法律不应该对任何一方有偏袒倾斜性;但是经济法基于整体利益和市场秩序的维护,对消费者的权利作了扩大,对生产者和销售者的义务作了严格的规定。这种权利义务的形式不平等和特殊化分配,不单是对处于市场交易中弱者的消费者的简单保护,而是对整体市场秩序和交易环境的规范,也是从终极意义上对全体社会成员根本利益的保护。

五、经济法理论的法律道德观

在法律道德观方面,经济法理论强调以社会共同的价值观作为评判和衡量特定行为的价值尺度。经济法理论主张从"小我"走向"大我",从自然的人走向社会的人,从抽象的人走向特定环境中的特定的人,从个体主义走向整体主义,走向社会、人类整体主义,乃至"人——社会——自然"整体主义。整体主义认为,在"个人——社会——自然"复合的社会生态系统中,个人只是系统的一部分,把个人孤立出来并提到最高价值的高度,并允许其为追求自我利益而为所欲为,是不符合社会现实要求的,也不符合社会经济发展的潮流。个体性与整体性不是对立的而是互补的,个人和社会是矛盾关系的两个方面,不是绝对对立或者简单混同的关系,正如马克思讲的,"人的本质并不是单个人所固有的抽象物,在其现实性上,它是一切社会关系的总和。"①而"社会——不管其形式如何——究竟是什么呢? 是人们作用的产物。"②英国公法学者马丁·洛克林在其名著《公法与政治理论》一书中也明确指出,"人类是一种社会性的动物,我们无法以自由主义理论所提供的方式将其从一种特定的社会和历史背景中剥离出来。"③个体具有无限的复杂性、多样性和差异性,这是创造性力量的源泉。但是没有任何个人可以脱离社会、脱离自然而单独存在,没有任何人可以脱离与他人的合作能实现自己的价值。整体主义主张"最大化的自我实现"、"普遍的共生"、"活着,让他人也活着!"(live and let live)、"只有把个人融入集体,才能体现完整的自我价值"。这种"自我实现"是人的潜能的发展过程,包括:从本我(ego)到社会的自我(self);从社会的自我到形而上学的自我(Self),即"大我";从"大我"到"生态自我"(Ecological Self)。④只有当个人达到社会自我或者"生态自我"时,才能在所有的社会关系中乃至自然存在物中看到自我,并在自我中看到他人、社会以及所有其

---

① 《马克思恩格斯选集》(第1卷),人民出版社1972年版,第18页。

② 《马克思恩格斯选集》(第4卷),人民出版社1972年版,第320页。

③ [英]马丁·洛克林:《公法与政治理论》,郑戈译,商务印书馆2013年版,第135页。

④ 蔡守秋:《论法学研究范式的革新——以环境资源法学为视角》,《法商研究》2003年第3期。

他的存在物。这种自我发现和自我实现是通过发掘人内心的自我感知和友善去实现人与人之间，人与社会整体之间，人与自然之间的认同，因而能够引导人们自觉地遵从社会公德、保护环境、维护生态，实现个人与社会、人类与自然的和谐共处和可持续发展。

经济法理论继承了这种辩证唯物主义和生态学的整体主义社会道德观，重新审视了个人之间、个人与社会整体之间、当代人与前代人和后代人之间以及人类社会与自然环境之间的关系，确立了以整体利益和可持续发展为导向的新的利益观和发展观，制定了以促进有效竞争、维护市场秩序和最大限度地保护消费者利益的行为规范，形成了以执法为核心的立法、执法和司法整体配合的法律运行机制，以及以客观责任和公共责任为主导的新的责任机制。

第二章　经济法的实质化及其整合

第一节　经济法的实质化[①]

随着社会经济与法律制度相互作用、相互渗透日益加深,传统法治所要求的概念清晰、规则明确、结构严谨、体系完整、适用精确的法律制度,越来越不能适应不断发展变化的社会经济生活的需要,以国家干预为基本内容的经济法制度表现出了明显的反形式化或实质化特征。[②]法律实质化或实质理性法是马克斯·韦伯的法律理想类型之一,是与形式理性法相对应的另外一种法治模式或法律类型。按照韦伯的观点,形式理性法无论其产生还是实施,都是以既有的法律规定或法律概念为起点,根据法律规则本身确定的范例和规定,如古代的具有神学色彩的形式主义和近现代的形式逻辑的合理性来进行推理;实质理性法则是在法律运行中,不仅考虑法律的具体规定,而且综合考虑政治、经济、社会伦理、公众舆论、文化风俗等法外因素,法律的运行已经超出了法律自身的限制和形式,注重其他社会规则和要求对特定案件的直接

[①]　关于经济法的实质化问题,学界已经有人从理论和实务上作了专门系统的论述,参见叶明:《经济法实质化研究》,法律出版社 2005 年版。本文无意于刻意地创新和主观超越,只是对有关的理论进行简单地梳理,从而寻求实质理性代表的经济法在理论基础和制度框架,实现对传统法治的超越与回归。

[②]　[德]马克斯·韦伯:《经济与社会中的法律》,张乃根译,中国大百科全书出版社 1998 年版,第 310 页。

影响。从法律与社会生活的关系角度讲,法律的实质化反映的是法律现实主义者对法条主义形式法治的扬弃,它主张扩大"法律相关因素的范围",要求建立"一种回应性的、负责任的法律秩序",即"能够对社会环境中的各种变化作出积极回应的法律秩序",以"更多地回应社会需要",[①]以便使法律推理能够包含对官方行为所处的社会场合及其社会效果的认识。诺内特、塞尔兹尼克通过对与古代社会的"压制型法"、近现代欧洲大陆的"自治型法"相对的"回应型法"的阐释,对这种法律模式及其特征也进行了全面系统的论述。[②]

随着市场缺陷的日益暴露和人类社会主观价值需求的多元化,一方面,在以形式理性为支撑的民商法和行政法的边缘处,出现了以道德原则、一般或纯粹的商业标准和模糊性的授权性规定为特征的反形式化或社会化[③]倾向;另一方面,经济法则从根本上扬弃了传统法治的理论范式和制度模式,坚持主客一体化思想,坚持整体主义的方法论,要求法律与现实社会经济生活的积极互动。"在立法、行政及审判中,迅速地扩张使用无固定内容的标准和一般性条款","从形式主义向目的性或政策导向的法律推理转变,从关注形式公正向关心程序或实质公

---

① James Willard Hurst, "Problems of Legitimacy in the Contemporary Legal Order," Oklahoma Law Review 24(1971): 224, 225, 229; Jerome Frank, "Mr. Justice Homes and Non-Euclidian Thinking", Cornell Law Quarterly 17 (1932): p. 568, 586; Lon L. Fuller, "American Legal Realism,"University of Pennsylvania Law Review 82(1934):pp.429,434. 转引自[美]诺内特、塞尔兹尼克:《转变中的社会与法律:迈向回应型法》,张志铭译,中国政法大学出版社 2004 年版,第 81 页,注释[1]、[2]。

② [美]诺内特、塞尔兹尼克:《转变中的社会与法律:迈向回应型法》,张志铭译,中国政法大学出版社 2004 年版,第 81 页以下。

③ 法律的社会化是 20 世纪以后出现的,法以社会为本位的趋势以及私法的公法化等,它是法律实质化和回应性要求的制度背景。参见张文显:《二十世纪西方法哲学思潮研究》,法律出版社 2006 年版,第 114 页。美国社会学法理学的代表人物庞德在其著作《普通法的精神》中,将美国法律制度中的社会化趋势概括为八个方面。详见[美]庞德:《普通法的精神》,唐前宏等译,法律出版社 2010 年版,第 130—135 页。

正转变。"①由于国家干预从一开始就具有一种不同于市场机制稳定性、恒常性特征的创新性和灵活性要求,②所以经济法在具体制度和实际运作中,就必然要背离传统民商法所信奉的,以明确的法律概念和实体法规则为基础、以封闭的形式化的逻辑推理为主要方法、以司法自治和独立活动为中心的形式主义,趋向于关注现实经济生活、具体的社会伦理观念和公共利益,以特定的社会经济政策和共同的价值观为依据,采取多种手段和方法,对现实社会经济生活进行总体规划和整合,表现出强烈的回应性或实质化倾向。③ 概括而言,经济法的实质化特征主要表现在以下几个方面:

一、经济法规范的模糊性和不确定性

经济法与传统民商法不同,不仅确立了基于整体经济秩序和社会公共利益,国家代表社会对市场失灵进行积极干预这一基本思想观念,

①　[美]昂格尔:《现代社会中的法律》,吴玉章、周汉华译,中国政法大学出版社2001年版,第181页。

②　李昌麒:《经济法——国家干预经济的基本法律形式》,四川人民出版社1999年版,第208—209页。

③　法的回应性是法律现实主义、社会法学派对现代回应型法的特征的概括,它指法律的产生和运行不以"自治"为目的,而是"能够对社会环境中的各种变化作出积极回应"参见James Willard Hurst," Problems of Legitimacy in the Contemporary Legal Order," Oklahoma Law Review 24(1971):pp.224,225,229. 扩大"法律相关因素的范围"以便法律推理能够包含对官方行为所处社会场合及其社会效果的认识。(Lon L. Fuller,"American Legal Realism,"University of Pennsylvania Law Review 82(1934):pp.429,434.)"更完全、更理智地考虑那些法律必须从它们出发并且将被运用于它们的社会事实"(Roscoe Pound, Jurisprudence(St. Paul,Minn.:West Publishing,1959),I,p.350.转引自[美]诺内特、塞尔兹尼克:《转变中的社会与法律:迈向回应型法》,张志铭译,中国政法大学出版社2004年版,第81—82页。法的实质化亦即马克斯·韦伯在对法律进行类型化划分时所讲的"法的实质理性",它是指法律制定者或者适用者在制定或者适用法律时必须自觉地遵循某种一般的原则。这些原则可能是宗教原则,或者伦理思想的体系,或理性的观念,或清晰的政策,而不是法律本身。参见[德]马克斯·韦伯:《经济与社会中的法律》,张乃根译,中国大百科全书出版社1998年版,第23、25页。

而且其法律规范也不再一味追求传统法治如民商法、刑法、行政法等所要求的精准和确定，而主要表现为授予政府对市场经济进行适度干预的自由裁量权等原则性规定。例如，作为现代经济法鼻祖的美国《谢尔曼法》只有简单的 8 个原则性条文组成，其具体适用主要是以复杂的行政或司法裁判为依托，作为经济法主体的宏观调控法则更是由大量的模糊性和原则性规定构成，如德国的《经济稳定与增长促进法》中，大量使用了如"尽一切可能"、"应当提出必要的措施"、"应采取进一步必要的措施"、"应该采取适当的措施""应该按照急迫程度"、"应适用于发展情况"、"应达到规定的目的"、"应考虑特殊情况"等裁量性、概括性、模糊性的规定。① 这些原则性、裁量性的规定在我国的《价格法》、《中国人民银行法》、《反垄断法》等法律文件中也是随处可见。也就是说，在法律规范的具体内容上，传统民商法主要是由明确、精准的规则性规范组成，而经济法主要是由模糊的、不确定的原则性或标准性规范组成。正如有些学者所抱怨的，"什么都不如匆匆忙忙、没有好好起草的经济法条文的技术性缺陷那样令人失望，因为文体臃肿、质量很差的条文在很大程度上使经济法丧失了威信。"②

自近代以来，以科学理性为指导的传统法治以其法律规则的确定性和精确性区别于其他社会规范，占据了社会控制的统治性地位，而模糊性、原则性的标准化规范在传统法治理想中被视为是"形式理性体系之上的毒瘤"③，否认其存在的现实意义。随着社会经济的发展和国家对市场经济干预的普遍化，法律规范中的标准性规定在以经济法为代

---

　　①　参见(联邦德国)《经济稳定与增长促进法》，谢怀拭译，《法学译丛》1989 年第 1 期。

　　②　[法]阿莱可西·雅克曼、居伊·施朗斯：《经济法》，宇泉译，商务印书馆 1997 年版，第 87 页。

　　③　[美]昂格尔：《现代社会中的法律》，吴玉章、周汉华译，中国政法大学出版社 2001 年版，第 190 页。

表的新型法律制度中不断增加,而且成为其主体。对此,美国法律经济学的代表人之一波斯纳对传统法治中的法律规则和经济法中法律标准及区别作了经典论述。他认为,规则性规范或规范性规则指的是"若X,那么Y,这里Y代表一个具体的法律结果,而X代表的是……能够机械地或至少是很容易确定的单个事实情况。而'标准'指的是这样一个规则:这个规则中,要确定X,必须权衡数个非定量化因素,可以其他方式做出一种判断的定性的评价。"①在评论美国反垄断法的术语时,波斯纳进一步指出:"这些并不是说明性的术语。它们所表示的是规则与标准之间的区别,法律上的根本区别。规则是挑出一个或几个事实,让它们在法律上起决定作用。标准则允许进行更为开放的调查。"②经济法规范的模糊性和原则性与传统法治要求的概念化精确表述之间的区别,也就是法学理论上所讨论的法律规范的规则和标准的差异,即"所谓'规则'是指以简单明了的方式区别合法行为和非法行为的法律规范,而'标准'则是一般性的法律原则,不够明了,比较模糊,在实际运用时需要辅之以复杂的司法判断。"③

应该说,在微观领域和静态意义上,法律规则相对于法律标准在减少不确定性、降低信息成本、限制官员自由裁量权等方面具有明显的优势④,且具有明显的微观指导性、可操作性、确定性和可预测性的优点和特别功能⑤,同时它还可以提高司法裁判的效率、减少腐败和有助于

---

① [美]波斯纳:《联邦法院:挑战与改革》,邓海平译,中国政法大学出版社2002年版,第393页。

② [美]波斯纳:《反托拉斯法》,孙秋宁译,中国政法大学出版社2003年版,第44页。

③ [德]沙弗尔:《"规则"与"标准"在发展中国家的运用——迈向法治征途中的一个重大现实问题》,李成钢译,《法学评论》2001年第2期。

④ [美]波斯纳:《法理学问题》,苏力译,中国政法大学出版社2002年版,第54—56页。

⑤ 张文显:《法学基本范畴研究》,中国政法大学出版社1993年版,第55页。

人力资本的集中使用①。但是,在宏观经济层面和社会发展的动态意义上,规则的确定性和可预测性优势不仅荡然无存,而且固守它还会对现实社会经济的发展造成巨大的阻碍。因为,在法学家和法律人看来,法律规则是一种决疑的艺术,它"既表明权威的极限,也表明权威的能力。如果规则要想获得准确地适用,那么对各种事件的分类也必须准确。在发生问题和出现模糊时,法官必须拿出一些有权威的解决办法。"②经济法"背叛"了传统法治的法律规则中心主义,采用大量的标准性规范,同时把灵活性和开放性导入法律判断,不是为了刻意标榜它与传统法治的区别,其根本原因是经济法所面对的社会问题的模糊性、变动性、非常态性,人们预测国家干预市场行为的理性能力的有限性,以及经济法目的和任务的特殊性。

首先,社会经济生活本身的不确定和时空变动性是经济法规范模糊和不确定的客观经济原因。传统民商法基于对个体利益冲突的公力救济与国家角色的消极性假设,主要调整市场主体在日常民事生活和经济活动中形成的常态性社会关系,其形成、发展和消灭都是受当事人的意思自治支配,它所规范的民商事活动的具体内容是长期社会生活的沉淀,具有明显的历史继承性和内部统一性,所以在法律规范的选择上主要表现为重复性较强的规则性规范。经济法的调整对象是针对市场失灵而进行的国家干预行为,具有明显的偶然性、个别差异性和非常规性。国家干预的手段和措施并不是常备的,③尤其是在宏观调控领

　　①　[德]沙弗尔:《"规则"与"标准"在发展中国家的运用——迈向法治征途中的一个重大现实问题》,李成钢译,《法学评论》2001年第2期。

　　②　[美]诺内特、塞尔兹尼克:《转变中的社会与法律:迈向回应型法》,张志铭译,中国政法大学出版社2004年版,第89页。

　　③　朱崇实、贺绍奇:《"市场失效"与"政府失效":经济法与行政法生存的依据》,李昌麒:《中国经济法治的反思与前瞻——2001年全国经济法理论研讨会论文精选》,法律出版社2001年版,第81—88页。

域,国家干预一般都是针对突发性很强的社会经济问题的"应急处理",①具有很强的相机抉择特征,所以只能选择原则性、灵活性较强的标准性规范。②

其次,在经济法立法过程中,立法者对未来经济事务有限的预见能力是经济法规范模糊和不确定的主观原因。经济法维护的是整体经济秩序和社会公共利益,调整的是个体利益与整体利益的平衡和协调关系,具有很强的个体差异性、时空性和前瞻性。国家对整体经济秩序和社会公共利益的调整,不可能像市场主体对私人经营活动和自我利益那样具有实践经验和技术优势,作为民选代表的立法者在这方面的专业知识、信息手段和时间也极其有限。所以,经济法不可能像民商法那样,可以通过历史考查和实践经验的总结而制定精确、明细的规则性规范,而只能做出原则性、裁量性的标准性规定。正如格伦斯基指出的,随着经济目的更具中心主义,"国家强制作为保证社会主义法律规范实现的一种工具的重要性稳步减少。"因为,如果"一个人正在应付的是一些典型的、再发的情况,而且这些情况在将来还会出现",那么一种集中的、以规则为中心的法律是便利的。但是,"如果摆在社会面前的是一项新任务,如果必须组织人们进行那种以前从未进行过,而且将来产生类似的任务时也不会简单重复的活动……那么,由中央直接规定为完成多种多样任务的每一项所必须采取的或不得采取的具体行动,就变得更加困难。"因此,法律必须"从一整套指派给不同的国家机关的工作中摆脱出来,"给他们留下"更广泛得多的领域以显示它们在选择方法

① 刘剑文、杨君佐:《关于宏观调控的经济法问题》,《法制与社会发展》2000年第4期。

② 经济学的研究表明,"相机抉择政策最一般的形式是可变的或者策略性的,即从一开始就表明政府在下一个时期会采取不同的行动。业已证明,在不确定的情况下,这种可变规则总比固定规则优越。"[意]尼古拉·阿克塞拉:《经济决策原理:价值与技术》,郭庆旺,刘茜译,中国人民大学出版社2001年版,第469页。

和手段方面的首创精神,"并强调它们"能动的组织作用"和争取"公众参与法律规范实施"的责任①。

其三,经济法的特殊目的和任务决定了其法律规范的概括性和不确定性。传统法治基于人性恶的基本理论假设,无论是作为私法的民商法还是公法的行政法和刑法,它们的目的和任务都是通过对公权力的限制和私人自治空间的设定来保护个人利益,②它所采用的法律技术是否定性的,也就是从法律主体行为的外围来划定其边界。在传统法治的社会背景下,法律行为的空间或边界可以通过对历史传统的总结而予以确定,在技术上可以做到立法内容的明确精细和司法中"自动取款机"式的适用。③ 但是,随着社会经济的发展,政府职能从传统法治的维护"个人自由"的"初级职能",逐步发展到对本国经济发展进行有效的策略性选择与结构化调整和导航的"高级职能"④。经济法的目的和基本任务是为了实现国民经济的持续、稳定和协调发展,确认和规范政府对市场经济进行适当的干预,其基本内容已经不再是传统法治下对政府行为的严格限制,主要是授予政府对经济进行适度干预的自

---

① 转引自[美]诺内特、塞尔兹尼克:《转变中的社会与法律:迈向回应型法》,张志铭译,中国政法大学出版社 2004 年版,第 112 页。

② 关于传统法治的功能和作用法学界的相关论述可谓汗牛充栋,但其主旨都是通过制定明确具体的"规则"来限制公私权力的滥用,对此博登海默作了经典性的总结,"法律的基本作用之一乃是约束和限制权力,而不论这种权力是私人权力还是政府权力。在法律统治的地方,权力的自由行使受到了规则的阻碍,这些规则迫使掌权者按一定的行为方式行事。"[美]博登海默:《法理学:法律哲学和法律方法》,邓正来译,中国政法大学出版社 2004 年版,第 358 页。

③ 马克斯·韦伯将以民商法为代表的形式主义司法称为"法律自动机器","人们从上面放进事实和费用,以便让它从底下吐出判决和说明理由。"[德]马克斯·韦伯:《经济与社会》(下卷),林荣远译,商务印书馆 1997 年版,第 206 页。

④ 参见杨冠琼:《政府治理体系创新》,经济管理出版社 2000 版,第 122—125 页。

由裁量权,所以经济法首先是授权法[①],其次才是限权法。[②] 因为经济法肯定和确认了政府在新的社会历史条件下的高级职能,以及政府在公共领域和克服市场失灵方面的相对优势,所以在法律规范的内容和权力的具体运用上就不可能,也没有必要对政府职权行为的内容做出就事论事的、精确详细的规则性规定,而只能制定和颁布一些对未来行动进行目的性指导的行为标准。

二、经济法实务的非职业化和社会参与性

传统法治概念的严整性、规则的精准性和法律规范的确定性要求表明,法律的运行超越于一般人的常识性思维和实践活动,必须要有一个深谙法律知识和法律技术的法律家职业团体与之相配套,法律职业的专业化或者自治是法治的基本条件之一。法治在现实意义上是法官、律师等“法律人之治”,是“一个由其活动、特权和训练所确定的特殊集团,即法律职业集团操纵规则、充实法律机构及参加争诉的实践。”[③]或如伯尔曼所说,“在西方法律传统中,法律的执行被委托给一群特别的人们,他们或多或少在专职的职业基础上从事法律活动,”他们“都在一种具有高级学问的独立的机构中接受专门的培训,这种学问被认为是法律学问,这种机构具有自己的职业文献作品,具有自己的职业学校或其他的培训场所。”[④]但是,法律活动的职业化、专业化和独立化是以

---

① 朱崇实、贺绍奇:《“市场失效”与“政府失效”:经济法与行政法生存的依据》,李昌麒主编:《中国经济法治的反思与前瞻——2001 年全国经济法理论研讨会论文精选》,法律出版社 2001 年版,第 81—88 页。

② 我国在学者认为经济法是政府干预与干预政府相结合的法,并且在很大程度上首先是干预政府,所以是限权法。参见邱本、董进宇:《论经济法的宗旨》,《法制与社会发展》1996年第 4 期,第 22—28 页。

③ [美]昂格尔:《现代社会中的法律》,吴玉章、周汉华译,中国政法大学出版社 2001 年版,第 47 页。

④ [美]伯尔曼:《法律与革命》,贺卫方等译,中国大百科全书出版社 2008 年版,第 9 页。

传统法治的理论假设,即法律知识的客观自足和法律实务的封闭自治为基础的。法律知识的客观性表现为法律是不以人的主观意志为转移的客观存在,个人只是法律消极被动的接受主体。例如,在各国法律实践中,法治的基本要求之一"法律面前人人平等"都被界定为"适用法律"的平等。当然,这在理论上并不意味着公民在立法上是不平等的,而是表明法律的创制已是超出了个人主观意志的范畴。法律是先验的客观存在,其内容也是完备的和自足的知识系统,法律实践只需要职业化的科学研究和技术应用,根本不需要"非法律化"的实质性论证和常识性推理。

法律实务的封闭性和自治性要求,法律问题只能在法律系统内,由"法律人"以确定的法律规则为大前提,以法律事实为小前提,以司法判决为结论的形式逻辑推理予以解决,非法律人被视为是"外行人",在法律实务中不具有发言权,非法律机构以及其他社会组织对法律的解释也因违背"合法性"要求而无效。这种以确定的、概念化的"法律规则"为基础,以法官和律师为代表的"法律人"为依托的法律运行,实际上表明了一般社会成员与法律的隔离和"法律人"对法律的垄断。波斯纳借用1608年英格兰首席大法官科克与国王詹姆斯一世的一次"历史性会晤"[①],对法律实务的职业性特征作了经典性的总结。波斯纳认为,科克的回答"浓缩了正统法律家法律观的三个要素,即法律是理性而不是命令;法律是一种特殊的理性而不只是常识、道德哲学的运用或政策分析;以及与此有关的,只有法律人懂得法律"。[②]

经济法的规制对象是关系到市场经济秩序和宏观经济平衡的整体

---

① 关于科克法官与詹姆斯一世在1608年的历史性会晤的经典对白,参见[美]诺内特、塞尔兹尼克:《转变中的社会与法律:迈向回应型法》,张志铭译,中国政法大学出版社2004年版,第69页。

② [美]波斯纳:《法理学问题》,朱苏力译,中国政法大学出版社2002年版,第13页。

性问题，它调整的是个体利益与整体利益的冲突关系，它不仅涉及存量利益的调整和救济，而且关系到增量利益的分配和规划。[①] 这种社会关系的规制和调停，仅靠传统法治下"法律人"纯粹的法律知识和以形式逻辑为主要手段和工具的"专业化"技能已经远远不够，必须辅之以"法律职业技术"之外的数学、经济学和管理学等其他学科和专业的理论工具和技术手段，并进行大量的市场调查和相关的统计数据分析。同时，经济法的法律文件中充满了诸如竞争、限制竞争、不正当竞争、垄断、经济平衡、通货膨胀等跨学科和跨专业的名词和术语，正如学者所言，"没有一个部门法像现代竞争法这样，使用了如此之多的、令人眼花缭乱的概念。"[②]易言之，经济法律实务已不再是仅具备特定法律知识和受过专门法律训练的"法律人"的职业活动，而是法律人和经济学人以及其他社会活动家共同协商与对话，并最终达成某种共识的活动。"经济学和法律科学的分离，是与两者的内容不相协调的。不论是制定经济法，还是实施经济法，都应该有一些法学家小组和经济学家小组密切合作，共同为我们这个时代所需要的经济法出力。"[③]在现实中，许多国家的经济法实务都是由非法律职业化的国家行政机关、具有综合职能的特别委员会和非法律专业人员操纵，而不是由职业化的法官和律师完成。比如，美国的公平竞争法和反垄断法则由被称为第四部门的联邦贸易委员会和反托拉斯局实施，我国的反不正当竞争法由国家工商行政管理局具体实施，宏观调控则由计划、金融、财政、税收、产业政

[①] 有学者认为，经济法与民商法的本质区别在于，民商法调整的是存量利益关系，而经济法调整的是增量利益的生产、分配和再分配关系。参见陈乃新：《经济法是增量利益生产和分配法——对经济法本质的另一种理解》，《法商研究》2000年第2期。

[②] 中国国家工商行政管理局条法司：《现代竞争法的理论与实践》，法律出版社1993年版，第15页。

[③] 法国法学家萨瓦蒂埃语，转引自[法]阿莱可西·雅克曼、居伊·施朗斯：《经济法》，宇泉译，商务印书馆1997版，第111页。

策等主管部门来具体实施。这些机构中的工作人员除了具备良好的法律技能外,还必须掌握扎实的经济学知识和其他社会科学的专业知识与实践技能。

伴随着经济法实务知识和技能的混合与综合化趋势,经济法实务也打破了由所谓职业化的"法律人"垄断的局面,表现出与传统法治的封闭性要求相悖的开放性特征。在经济法实务中,一些曾经被视为是"外行人"——"法律人"之外的其他相关学科的专家、学者以及专门技术人员,甚至普通的社会民众开始普遍地参与进来,"法律人"和"外行人"进行合作成了有效处理复杂多变的经济法实务的常规手段。而且,"法律参与有了新的含义:它不仅变得不那么被动和依从,而且还扩大到法律政策的制定和解释。"①经济法立法涉及到重大的社会公共利益的确定,要求有广泛的利益代表,要通过开放的、公开的渠道直接反映和表达他们的意见和建议,经济执法则是公共利益和个体利益在特定场合的比较和取舍,仅靠"法律人"抽象的、概念化和职业化的逻辑推理无法胜任,必须向社会经济生活和大众化知识体系开放。经济法问题的经济性和社会化在知识上超出了"法律人"独立自主的专业领域,经济法活动的技能和具体内容也应该打破所谓职业"法律人"的垄断,实现法律实务由"法律人"的自治向由"法律人"、"经济人"乃至一般社会民众自治的转变。同时,"政府'第四部门'的出现表明了政治法律体系的一种新模型,这一模型反映了一种有目的的回应型法的许多愿望和问题。在这种模型中,法律权威被广泛授予;为数众多的各种具有特殊目的的机构都是法律责任的重要载体和法律发展的渊源;它们拥有广泛的自由裁量权,更多涉及的是谋取合作而非决定行为;每一个机构的

---

① [美]诺内特、塞尔兹尼克:《转变中的社会与法律:迈向回应型法》,张志铭译,中国政法大学出版社2004年版,第106页。

动作与它自身的参与团体关系密切。"①

经济法职业和知识技能的混合性与经济法实务广泛的参与性特征,并不否认法律职业化技术运行和传统法治的制度价值,只是从一个方面表明了经济法在其作用领域和调整对象上的特殊性,表明了经济法是一个不同于传统民商法和行政法的法律类型,它的运行机制和"职业"要求必须与其功能和目的相适应,应当是开放和社会化的,而不应固守传统法治的封闭式运行和"法律人"垄断的职业要求。

三、经济法机构的复合性与权力划分的相对化

法律知识和法律规则的客观性是传统法治的一个基本假设,法治的根本目的是消除个人的主观臆断,限制国家权力的滥用,保证法律运行的连贯性和内部的统一性,以保护市民社会的高度自治。同时,传统法治以人性恶为基础,其主要任务是扬善抑恶;在法治视野中,每个人基于自我利益最大化的考虑,时时都有侵犯他人权利和公共利益的可能性,法治的基本手段就是防范和限制。所以,传统法治的形式理性特征要求在法律机构的配置上应当是专业性的,各个机构的权力也应当严格划分。对此,法国思想家孟德斯鸠的经典论述已经是妇孺皆知:

> "人,作为一个'物理的存在物',是和其他物体一样,受不变的规律支配。作为一个'智能的存在物'来说,人是不断地违背上帝所制定的规律的,并且更改自己所制定的规律。他应该自己处理自己的事,但是他是一个有局限的存在物;他和一切'有局限性的智灵'一样,不能免于无知与错误;他甚至于连自己微薄的知识也

---

① [美]诺内特、塞尔兹尼克:《转变中的社会与法律:迈向回应型法》,张志铭译,中国政法大学出版社 2004 年版,第 116 页。

失掉了。作为有感觉的动物,他受千百种的情欲的支配。这样的一个存在物,就能够随时把它的创造者忘掉;上帝通过宗教的规律让他记起上帝来。这样的一个存在物,物质文化生活能够随时让他忘掉他自己;哲学家们通过道德的规律劝告了他。他生来就是要过社会的生活的;但是他在社会里却可能把其他人忘掉;立法者通过政治的和民事的法律使他们尽他们的责任。"

及"政治自由只有在宽和的政府里存在。不过它并不是经常存在于政治宽和的国家里,它只在那样的国家权力不被滥用的时候才存在。一切有权力的人容易滥用权力,这是万古不易的一条经验。有权力的人们使用权力直到遇到有界限的地方方才休止。"①

基于上述理念,传统法治除了对社会进行严格的概念化的规则控制外,还要求具有精熟的法律知识和技能的专业人才操控法律,要求"法律人"必须排除主观杂念和感情因素,客观公正地实现"客观法"的客观目的。与之相配套,在组织机构上要有分工明确、等级森严、职能固定的官僚体制的建构,即所谓的立法、执法、司法三权分立,相互制衡的宪政法治。法律主要是作为诉讼的规则和私人冲突的补救措施,所以法院及其司法活动就成了法律的主要实施机构和实现方式。

专业化分工、职能分离、各自独立、相互制衡的法律机构设置,虽然曾经被视为是法治的"核心",但是经济法规范的实质化、经济法实务的混合性,以及经济法工作的非职业化要求已非法治所能包容。自20世纪30年代以来,资本主义社会所奉行的三权分立思想首先在国家机构的设置上被冲破。为了适应国家对社会经济生活进行适度干预的需

---

① [法]孟德斯鸠:《论法的精神》,张雁深译,商务印书馆2002年版,第3、154页。

要,为了维护社会公共利益而对复杂多变的社会经济事务进行必要的管制,各国都先后成立了各种独立的管制机构、特别委员会和专门委员会。这些机构和委员会虽然在形式上属于行政部门,但是它们不再恪守传统法治有关国家机关的专业化分工和官僚化建制的要求,拥有传统三权分立宪政体制下的立法机关、执法机关和司法机关分别享有的立法、执法和司法三项混合职能;这些机构在配备职员方面也享有很大的自由裁量权,它可以聘用拥有完成特定管制任务所必需的各种综合性知识、技术和经验的工作人员,以及各种除法律之外的专业知识和技能的专家学者。① 由于这些机构一般都拥有行政执法权、准立法权与准司法权,在机构职能上处于一种混合状态,难以直接归属于传统的行政、立法和司法序列,因此常常被称为"无头的第四部门"。② 从功能角度看,经济法是典型的调整法而不是裁判法,它是精心设计和及时修正那些为实现法律目的所需要的政策的过程,是一种阐明公共利益的机制③。在这种新型模式中,"诉讼的主题不是个人之间就个人权利的争议,而是对公共政策实施的不满……正如传统观念所反映并关系到各种社会经济安排在其中被推行于自治的个人行为的那种体系一样,这种新型模型反映并关系到这些安排在其中作为实在法令的产物的一种调整体系。这种调整体系中,法律的实施和适用必定是对调整政策的贯彻。"④

---

①　Ernest Gellhorn and Ronald M. Levin. Administrative Law and Process, West Group 2001,pp.1-2.

②　王名扬:《美国行政法》(上册),中国法制出版社 2005 年版,第 173 页。

③　[美]诺内特、塞尔兹尼克:《转变法律与社会:迈向回应型法》,张志铭译,中国政法大学出版社 2004 年版,第 122—123 页。

④　Chayes,"The Rule of the Judge in Public Law Litigation,"Harvard Law Review 89 (1976):pp.1307-1309. 转引自[美]诺内特、塞尔兹尼克:《转变法律与社会:迈向回应型法》,张志铭译,中国政法大学出版社 2004 年版,第 122 页,注释[76]。

　　根据法治的基本原理,立法是对各种社会利益和价值目标进行交涉并进行取舍的政治协商过程,议会的代议制和多数人表决制是这种政治活动的主要制度保障,执法则是严格地按照立法者的意图和宪法所赋予政府的公共管理职能和消极救济职能而进行的机械式的法律适用过程。这种法律适用,广义上包括执法和司法活动,更准确地说是法律"套用"。经济法的运行,无论是立法、执法和司法机关的活动都混合了"严格法治"下立法活动的政治交涉、执法的事实调查和司法的纠纷解决三重职能。由于国家干预经济的活动具有内容上的模糊性和不确定性,手段方法上的综合性、多样性以及时间上的紧迫性和不可逆性特征,所以经济法的机构设置不可能是传统法治下基于对权力的限制而尊奉的严格的三权分立和职能独立。权力划分的相对性和职能的混合性既是经济法的一个特点,也是经济法正常运行的特殊要求。例如,在通常的经济立法中,议会只能做出原则性和政策性的规定,主管机构或专门委员会的经济法活动是主体,作为传统法治核心的普通法院则基本上不介入经济法实务。经济法实务中的许多冲突和争执都是带有很强政治性的公共选择问题,只能通过宪法法院和政治途径得以解决。① 经济法理论认为,传统的机构划分、权能清晰的分权机制,有碍于法律整体做出有效行动所需的资源配置,而且"暴政或非正义的危险隐藏于不受制约的权力之中,而非隐藏于混合的权力之中",对权力行使中专横武断的危险,应该用促进而不是阻碍机构扩大能力

---

　　① 我国在 20 世纪末期做出撤销经济庭的决定时,曾在经济法理论界引起过广泛的争论,有些学者甚至将法院经济庭的存废提到了关乎经济法是否独立的高度。但是,时至今日,随着经济法理论研究的不断深入和进一步成熟,从实践的角度,即经济法实务对司法机关的需求和国家法律资源有效配置方面来看,经济庭的撤销并非是少数人的一时冲动,而是有一定的理论和实践依据的。因为经济法纠纷一般都涉及到事关宏观经济利益调整和分配问题,依靠原有的经济司法机制难以解决。

的方式加以控制。① 所以,经济法的司法功能已经让位于它的社会控制功能,正如哈特所说,"法律作为一种社会控制手段的重要作用,不是在私人诉讼或公诉中见到的,这些活动虽然重要,却始终是补救法律失败的辅助措施。法律存在于法院之外被用以控制指导和计划生活的各种方式中。"②

四、经济法实施的实践论证和非逻辑化推理

法律推理是法律从抽象文本向具体实践转化的重要环节和主要方法,采用形式逻辑的推理方法不仅是传统法治的主要运行工具和手段,是实现法治目的和根本任务的基本路径,也是以法治为标志和基础的资本主义社会赖以产生和迅速发展的根本原因。资本主义社会之所以能够创造比以往社会的总和还多的物质文明和精神文明,一方面是因为科学技术在社会生产领域得到了最为普遍的应用,解决了物质生产活动中最基本和最一般的方法和手段问题,使无论是单个生产还是组织化的团队生产都在生产资料和人力资本方面做到了价值的最大化和成本的最小化;另一方面,在社会关系的调整和人类主观能动性的开发和释放方面,资本主义法律制度选择了以科学技术为模型的理性思维模式,不仅对人的潜能进行了更深层次的挖掘和最大限度的释放,同时也节约了人们因相互讨论和路径选择而产生的"交易费用",对社会资源进行了有效的整合。

法治理念首先确立了最普遍的行为规则,指导、评价、保护和校正个体行为的有序与社会关系的顺畅,从而降低了因个体冲突及为解决

----

① Kenneth C. Davis, Administrative Law Text(St. Paul, Minn.: West Publishing, 1959),p.30;[美]诺内特、塞尔兹尼克:《转变法律与社会:迈向回应型法》,张志铭译,中国政法大学出版社 2004 年版,第 124 页。

② [美]哈特:《法律的概念》,张文显等译,中国大百科全书出版社 1996 年版,第 42 页。

冲突而导致的社会效益的损失;其次是法治的职业化要求和机构之间的专业化分工,使法律实务和法律运行与纷繁复杂的社会事务和政治行为相隔离,极大地节约了信息成本和法律资源;另外,法律从抽象的文本向具体社会生活的转化采取"技术"性很强的逻辑推理,方法的单一性和简单化使得法律实现的路径大大缩短,极大地提高了法治及其所规范的社会生活的效率。法律的形式逻辑推理方法在法治实现过程中乃至资本主义社会中的地位和作用是无与伦比的,其优势主要表现在对静态的、普遍的、常规性的社会关系的调整和社会行为的规范,在具有很强的文化沉淀性、历史传承性且结构稳定的民事生活领域,以及价值目标单一、操作技术相对统一又重复性极高的商事领域具有明显的优势。然而,逻辑仅仅是对复杂多变的社会生活事务共性的一种主观抽象,它与社会生活之间并不是简单的一一对应关系。也就是说,逻辑方法虽然简单易行、极富效率,但是它对特殊的、个性化的社会问题的解释力和调整能力不仅大大降低,而且几乎是无能为力,或者说,逻辑方法并不能解决所有的现实经济问题,它也不是所有的法律运行必须遵循的基本方法。

针对市场失灵的国家干预行为,是不具有普遍性的特殊的社会行为和社会关系,市场失灵的产生原因复杂多样,而且在不同的国家地区和不同的时间又有不同的表现,具有很强的时空性和个体(或国别)差异性[①]。"市场失灵"在市场经济的低级阶段,在市场机制作用还没有充分发挥的时候是不可能完全暴露的,就目前人类的知识系统和理性能力而言,还不能完全抽象概括出它们的一般规律、表现方式,以及可能运用的治理手段和具体措施。人类理性的不完整和信息的有限性决定了经济立法只能对一般性的经济政策目标和社会整体利益进行法律

---

① 李昌麒、黄茂钦:《经济法的时空性》,《现代法学》2002 年第 5 期。

确认,不可能制定出明确具体的"规则性法律规范",以供执法和司法直接适用,这也决定了经济法规范的模糊性和不确定性,以及在预测性、指引性和规范性方面的有限性。换句话说,国家干预所要解决的每一个微观和宏观经济问题,以及由此引发的社会利益冲突的重新调整都是特定时空点上发生的特殊问题,经济法的每一次实践都是对一个新社会问题的法律讨论。因为既没有现成的、明确的、可以作为大前提的"规则性法律规范",且作为小前提的法律事实本身也是非经验性的,所以经济法的适用不可能像民商法那样,直接采用形式逻辑的演绎推理,得出"客观的"裁决。经济法律实践首先要对适用于特殊经济案件和争端的"标准性法律规范"进行论证或实践推理,确定具体含义和特殊要求,然后才能进行逻辑化的法律推理。相比较而言,民商法的适用过程是一个纯粹的法律推理活动,而经济法的实践则是一个法律论证过程,二者虽然在语义上有许多相似之处和密切关联,但是在内涵和外延上存在明显的区别。法律推理是在法律规则体系内,按照严格的形式逻辑思维,形成执法和司法裁决的过程;而法律论证则包涵了论证法律思维及其结论的正确性和正当性,不限于法律推理活动的形式逻辑规范和严整,对法律命题本身也要进行实践的合理性论证,涉及到诸多非法律的政治、经济和文化问题;法律推理是封闭的、自治的和纯形式化的,是法律通过司法活动自我运行的基本方式,它的根本要求是合逻辑性,法律论证则是开放的、非自治和实质化的,它体现了法律与社会经济生活的互动,也是以经济法为代表的实质法运行的基本方式。[①]

　　经济法的实践体现了法学理论对法律的主观性和客观性关系认识

---

　　① 关于法律推理和法律论证的比较,参见[德]乌尔弗里德·诺伊曼:《法律逻辑学》,[德]阿图尔·考夫曼、温弗里德·哈斯默尔:《当代法哲学和法律理论导论》,郑永流译,法律出版社 2013 年版,第 316 页。

的转变。传统的法律认识论是客观主义的知识还原论,它建立在主客观分离的基础上。经济法的认识论则是主客统一的实践建构论,它认为,人们认识和实现法律的过程不可能是纯粹客观的,必然夹杂着个人的主观因素;不存在静止不动的等待人们去认识的法律,法律的实现也不可能是人们被动、消极和机械地适用法律,法律的认识和实现是一个不断被再发现和再创造的过程,也是人们的主观需要和"客观"秩序经过交流、协商达成妥协或者共识的过程。在经济法中,以个人利益为考查标准的微观效率和以社会利益为参照的公共利益相结合的整体效率观代替了传统的抽象的公平、正义观,利益的现实性和时空性要求法律实现的实践性论证取代单纯的抽象推理。同时,对整体经济秩序和社会发展的持续稳定要求决定了公共经济行为在社会中的地位和角色必须提高,法律活动的政策性和政治化色彩也必然加重,主体间的交流和协商在法治运行的各个环节成为主要的方式和手段,而不是意识形态化的、强制的、格式化的推理。正因如此,相对于传统法治自我封闭式的运行方式,经济法的开放式和实践性论证就具有了明显的后现代思潮的解构主义倾向和实质化特征。"后现代也意指一种警示:我们不要受技术唯理性驱使得太远,我们这个社会的法律化是技术唯理性的一部分,以致忘记了人类和人类的基本关怀。"[①]

第二节　经济法实质化的"理论"冲突

从经济法理论范式的整体化倾向和制度运行的实质化特征看出,经济法的确是一种新型的法律类型,它对传统法治理论和法治实践的

---

①　参见[德]阿图尔·考夫曼:《法哲学、法律理论和法律教义学》,[德]阿图尔·考夫曼、温弗里德·哈斯默尔:《当代法哲学和法律理论导论》,郑永流译,法律出版社2013年版,第23页。

"超越"是不言而喻的。此在,我们借用高鸿钧教授对现代法治困境的概括予以总结,以经济法为代表的实质法治"试图通过对绝对财产权的限制和对弱势群体的特殊关照,抑制功利主义效率所导致的实际不公平后果;通过对绝对契约自由原则加以限制和干预,防止强者利用形式自由的契约压迫甚至变相奴役弱者;通过对特殊情况给予特殊关照,避免适用普遍、一般规则可能造成的具体不公正结果;通过对市场以及市民社会的私域进行适度干预,维护公平的竞争秩序和遏止消极自由所产生的种种弊端;通过对影响法律存在与发展的政治、经济、道德等要素的重新考量,纠正恪守法条的法律实证主义过分封闭的倾向;通过对非正式解决纠纷机制的再度重视,纠正过分拘泥于形式与形式所带来的实质不合理。"①尽管经济法理论范式的转换和实质化曾在西方学术界引起了"契约的死亡"的感叹,②一些学者甚至宣称这是现代法治的解体,③但是经济法并没有彻底否定传统法治,也不可能完全背叛传统法治的具体制度而进行所谓的创新,而是在传统法治的基础之上,进行理论改造和制度完善。在实现传统法治与经济法的实质化的对接和统一的过程中,经济法将面临一系列理论冲突和实践困惑。

一、经济法的模糊性与法治确定性的冲突

从哲学上的本体论,神学上的神本论,到科学上的客观真理论,社会科学尤其是法学理论对精确细致规则的追求都表明人类对客观性和确定性的至爱。确定性是构成法治理论和具体制度运行的核心。传统法治的经典理论认为,"自然法则表达确定性","只要给定了初始条件,

---

①　高鸿钧:《现代法治的困境及其出路》,《法学研究》2003 年第 2 期。

②　G. Gilmore, The Death of Contract, Ohio State University Press, 1974.

③　[美]昂格尔:《现代社会中的法律》,吴玉章、周汉华译,中国政法大学出版社 2001 年版,第 180—187 页。

我们就能够用确定性来预言未来,或'溯言'过去。"①这种科学主义和理性主义的认识论在社会科学领域中的具体体现是,"通过经验总结与理性的反思,人们能够发现社会秩序的构造原理与运行规律,从而能够提炼出普遍适用的、确定的规则;根据这些规则治理社会制度,就能解决一切社会问题。"②

在法律或法学领域,欧洲大陆法典编纂运动便是确定性理念和思想的产物,其中最典型的是1794年的《普鲁士通用法典》。此后,1804年的《法国民法典》更是以概念明确、语言通俗、体系严谨为特色,它试图以确定的规则为人们的行为提供指导。19世纪中后期,作为英美法系主要国家的英国和美国相继确立了"遵循先例"原则,也体现了寻求法律确定性的主旨。与之相关的法律实证主义和法律形式主义认为,只要确立一整套确定的规则,法官通过形式主义的逻辑推理忠实地适用这些规则,就能像投币于自动售货机而得到预想的货物一样,得到预想的判决结果。由此形成了传统法治的形式理性特征和确定性的哲学思想。

但是,绝对的确定性的理想并没有在现实中得到完全实现。最新的自然科学研究成果从根本上动摇了确定性理论的基础,宇宙大爆炸理论从宏观上揭示了不确定性,③量子物理学的波粒二像性理论从微观上反映了不确定性,④以精确著称的数学的最新理论也宣告了"确定

---

① ［美］伊利亚·普利高津:《确定性的终结——时间、混沌与自然法则》,湛敏译,上海科技教育出版社1998年版,第3页。

② 高鸿钧:《现代法治的困境及其出路》,《法学研究》2003年第2期。

③ 作为宇宙起源的主要理论之一,在爆炸理论已经广为人知,但是大爆炸之前的宇宙状态和大爆炸的原因却是不确定的。参见［英］约翰·格里宾:《大爆炸探究——量子物理与宇宙学》,卢炬甫译,上海世纪出版集团2012年版。

④ 同上书,第194、209页。

性的丧失"①。同时,随着社会经济的不断发展,市场社会和政治国家、个人利益和社会整体利益、经济基础和上层建筑之间的关系日益混沌不清,不再是主客二元论下的泾渭分明,社会生活也不能仅靠个人的理性予以事先预测和规划。以经济法为代表的法律社会化、实质化则宣告了传统法治精确性和预测性理想的破灭,出现了明显的模糊性,其具体表现是:

(一) 经济法调整对象的动态性

经济法的调整对象在理论上一度难以统一②,并成为法学界否定经济法独立的证据之一。经济法并不是没有自己的调整对象,而是其调整对象具有很强的变动性,其内涵和外延具有明显的不确定性。③经济法所调整的社会关系不是静止不变的、作为市场主体的自然人、法人及其他组织间正常的商品经济关系,而是需要国家干预市场而产生的非常规性的特殊经济关系。正如有些学者所言,"经济法不是调整所有的经济关系,而仅仅是调整需要由国家干预的那些经济关系",而且"国家需要干预的经济关系的范围并不是固定不变的","需要国家干预"是"一个模糊的字眼"。④

(二) 经济法法域归属的交叉性

经济法法域归属的交叉性是指经济法兼具公法与私法的特征,集中体现了现代法律的公法私法化和私法公法化的趋势。经济法与传统

①　[美]M.克莱因:《数学:确定性的丧失》,李宏魁译:湖南科学技术出版社 2000 年版,第 4 页。

②　虽然学界在"经济法是确认和规范国家干预经济之法"这一点上没有太大的分歧,但是有关经济法的具体调整对象上却各有侧重,如"国家经济管理关系说",漆多俊:《经济法基础理论》,中国政法大学出版社 1996 年版;"经营管理关系和经营协调关系说",潘静成、刘文华:《中国经济法教程》,中国人民大学出版社 1996 年版。

③　张传兵等:《评我国经济法学新诸论》,《法学评论》1995 年第 4 期。

④　李昌麒:《经济法学》,中国政法大学出版社 1994 年版,第 32 页。

民商法和行政法之间没有明确的界限,三个法律部门的边缘处具有明显的相互重叠和相互交叉现象,它们的调整对象、调整方法和表现形式都具有很明显的相互交叉、重叠甚至融合。比如,在传统法治中归属于民事主体的企业,在现代法治条件下就由三个部门法同时调整,就连美国这样的自由市场经济国家,也将体现国家干预的竞争法领域扩展到了纯属企业自主行为的"收购",并由此而修改了公司法。[①]

(三) 经济法主体身份的模糊性和重叠性

经济法主体的模糊性主要是指在经济法关系中,国家机关和政府机构的身份是多元重叠的,它们兼具公共管理者与国家所有者的双重身份。国家既要作为公共管理者从外部对市场进行干预,又要以所有者的身份行使国家所有权,参与到市场经营活动中去。同时,作为民商法主体的市场经营者在涉及到竞争关系的宏观经济调控关系时,则又成为经济法的主体。在国内诸多的经济法学者给经济法下定义时,大多都采用了干预、管理、协调、参与等重叠交叉的概念,其实质都是经济法主体身份的多元性和经济法关系立体化的外在反映。[②]

(四) 经济法调整方法的综合性

经济法调整方法的综合性是指国家在弥补市场失灵而对经济进行主动干预时所采用的方法和手段是多种多样的,而不像民商法的协商方法和行政法的隶属强制方法那么单一、确定。日本学者金泽良雄将经济法的调整方法分为国家权力的强制调整和非权力调整;[③]前苏联学者拉普捷夫则把经济法的调整方法归纳为强制性命令、自主决定、许可和建议的方法;[④]我国学者将经济法的调整方法总结为公权介入的

---

① 参见崔之元:《美国 29 个州公司法变革的理论背景》,《经济研究》1996 年第 4 期。

② 参见李金泽、丁作良:《经济法定位理念的批判与超越》,《法商研究》1996 年第 5 期。

③ [日]金泽良雄:《当代经济法》,刘瑞复译,辽宁人民出版社 1988 年版,第 45 页。

④ [苏]拉普捷夫:《经济法》,中国社科院法学所民商经济法室译,法律出版社 1982 年版,第 28 页。

方法和私权介入的方法①,以及强制、参与和促导的方法。②

此外,经济法的模糊性还表现在如文所述的经济法规范的标准性和原则化、经济法知识的非专业化、经济法适用中的开放性论证和经济法机构及其职权的混合性等方面。总之,经济法无论是基本概念、规范内容,还是具体运行中的技术操作都表现出与传统法治所信仰的确定性相背离的模糊性特征,大有离经叛道之势。这种不确定性的法律品格决定了立法、执法和司法机构从各自的立场和观点出发,对特殊情境中的特定事件进行开放式的主观评价,它是否能够真正反映和体现具体情境中的相关人群和当事人的愿望和需要是令人质疑的,如何防止政府机关在将不确定的一般法律原则和模糊性标准规定适用于特定案件时可能出现的独断专行和恣意妄为,对经济法治也是一大考验。

二、经济法的回应性与法治自治的冲突

传统法治的确定性所追求的理想是法律独立于具体的社会事务,成为自我封闭、自我运行的自治体系、自足系统;它要求法律必须超越于自然观念与直觉情感等非理性因素,排除政治、经济、文化的影响,恪守由实在法构成的法律帝国,严格执行"法律人"的职业标准和执业技术,依凭仪式化的充满神秘色彩的司法活动达到法律的实现;其实质是在效率目标的指引下,像市场经营活动一样,一味强调和追求职业分工和技术精炼。法律的正当性来自于民选代议机构对民意的形式化表达,法律的实现是通过分权原则基础上的行政机构的忠实执法和司法机构的严格司法。法治的自足和封闭,强化了法律的独立性,提高了法律运行的效率,扩大了法律的普及面,升华了法律的权威性,从而也使

---

① 李昌麒:《经济法学》,中国政法大学出版社 1999 年版,第 88—89 页。
② 漆多俊:《经济法基础理论》,中国政法大学出版社 2000 年版,第 188 页。

法律取代习惯、道德和宗教以及其他社会规则,成为最主要的社会控制手段,在资本主义社会极大地维护、促进了人类社会的和平和发展。

但是,随着社会经济的不断发展,社会事务和社会冲突一方面表现出整体化倾向,另一方面又有鲜明的个体差异性,抽象的间接民主立法不仅难以预见未来社会的个案情境,而且还会因追求形式和逻辑的完美而无视个体正义的存在;封闭的理性规则已经不能完全包容丰富多彩的现实生活,专业化的法律行话与大众话语之间的鸿沟也越来越明显;形式公正的终极理想往往以实质正义的丧失为代价。以经济法为代表的实质法则从一开始就突破了传统法律绝对自治和独立的信仰,走向对现实生活的积极回应。正如德国学者斯特博所讲的,"《基本法》在经济领域的开放性,对经济政策来说,过去是,现在仍然是一个好机会。由于经济生活的动态性、多样性和复杂性,由于科学技术的进步,这种开放性可以使《基本法》能够灵活地面对新的任务,适应变化着的要求,并能在社会变革时做出反映。制定《基本法》的宪法国家有那么多不同的利益要去权衡,如果做出固定化的规定,将会限制立法者和行政机关在经济政策方面的行为范围,甚至会使这个行动失去活力。"[①]经济法的回应性集中体现了实质法治的开放性,分权原则只是在宪法理念中存在,议会独享的立法权已经被多如牛毛的"行政立法"所冲破;职业化垄断的司法王国,日渐受到了"行政司法权"的分割,作为法治核心的司法独立受到了来自独立机构的严厉竞争和挑战;政治及其政策对法律发展导向产生了重要的影响,法律与政治的严格界限再度被打破;[②]一些基本人权开始成为考量法律是否具有合法性或正当性的价

---

① [德]罗尔夫·斯特博:《德国经济行政法》,苏颖霞、陈少康译,中国政法大学出版社1999年版,第58页。

② [美]诺内特、塞尔兹尼克:《转变中法律与社会:迈向回应型法》,张志铭译,中国政法大学出版社2004年版,第87页。

值尺度,某些道德权利和社会权利重新进入"法律的帝国"。[1]

经济法的开放性模糊了法律与道德、经济政策和其他社会规范之间的界限,从而加剧法律的不确定性,使法律过多地受到政治目标、经济政策等权宜之计的操纵,受到意识形态控制下的公众舆论的压力,以及情感化民众道德义愤的影响。[2] 也就是说,经济法的开放性特征对经济法本身的法律品味和法律属性是一个极大的威胁。

三、经济法的非常态性与法治普遍性的冲突

传统法治的形式理性主张法律的抽象性和普适性,坚持法律面前人人平等;以超个人意志的"主权者的命令"、"国家意志"、"民族精神"的外在强制,不容置疑地适用于千差万别的不同情况;以中立、非人格化的理性化外衣,化约规则背后潜在的各种价值冲突;以形式化的诉讼程序替代了法律的整体运行,成为形式公正的基本模式;以间接的民意表达作为民主的唯一方式,证明官方强加规则的正当性。总之,传统法治在科学主义和理性主义的指导下,所追求和体现的就是形式化的普遍性和统一性,个体性和差别性是法治的最大敌人。

形式法治基于对个体效率的追求和消极自由的保护,忽略对整体效率和自由秩序的维护,从而也很难保护特殊场景中特殊的个体利益和自由,垄断资本主义社会的种种市场失灵已经清楚地证明了它的有限性。德国学者纽曼指出:"在垄断的经济组织中,立法机构经常面对的是个别情况,或特定数量的垄断企业为了实现个别情况的正义,立法机构可以并必须运用特别的规定。"因此,"在经济领域,如果立法机构

---

① 参见[美]罗纳德·德沃金:《认真对待权利》,信春鹰、吴玉章译,上海三联书店 2008 年版,第 198—270 页。

② 高鸿钧:《现代西方法治的冲突与整合》,高鸿钧:《清华法治论衡》(第 1 辑),清华大学出版社 2000 年版,第 31 页。

不关注平等竞争,而支持在市场中违反古典经济学珍视的平等原则的垄断","则是荒谬的"。① 为了弥补这种缺陷,以确认和规范国家干预为主旨的经济法从具体的社会政治经济实践出发,对处于特殊社会情境中的特殊群体实行特殊规则,以保证它们享有真正的实质自由;对现实社会中的弱势群体给予特殊关照,以使他们获得基本的生活条件和实质公平;在法律的实际运行和具体实施过程中适度引入实质理性,以缓解抽象的理性规则对道德及具体社会事务的疏远;对特殊案件依据"合理原则"进行个案处理,以获得超越形式法治抽象正义的具体实质正义。

经济法个案式、场景化的规则,虽然在某种程度上能够纠正传统形式法治恪守普遍性规则而牺牲个别利益和整体经济秩序的缺陷,但是它却明显违背了法律的"平等原则",破坏了法律应当具有的一般性和普遍性原则,暴露出了法律与政治、道德相混同时可能造成的专断和恣意,从而威胁到法治的根基,这是其制度建构所要解决的重要问题之一。

四、经济法的国家干预性与法治正当性的冲突

传统法治之所以能够成为主导性的社会控制手段,不仅是因为它内容上的确定性、适用上的普遍性和具体操作上的自治性,以及所表现出来的方便和对效率要求的最大满足,更主要的是从理想角度讲,其核心内容——民商法和行政法,都是所有社会成员在权利神圣、契约自

---

① 在德国魏玛共和国时期,法律的一般性被用作司法机构对抗议会立法的工具,司法机构对议会立法的合宪性审查,使议会难以通过诸如反垄断法等特别立法,及时抑制经济强权势力;无法制定法律救助失业、贫困或其他的在市场竞争中处于不利地位的群体,使宪法规则的社会权利落到实处;不能通过限制契约自由的法律,以防止大企业主用标准合同随意逃避责任面将风险转嫁给雇员。参见 Neumann F. The Rule of Law: Political and the Legal System in Modern Society. Berg Publishers Ltd., 1986. pp. 266-285。

由、责任自负和三权分立等信念基础之上自主型构并自愿认受的,所以它的合理性或正当性①不言而喻。传统法治个人主义的价值取向与市民社会自治的基本信仰是一致的,社会成员的内信和自觉是它的动力基础,国家强制力是个人利益冲突、私力救济不足的消极补充,是中立和非主观化的,其手段和方式都是由社会成员通过民主立法事先予以明确制定的。传统法治基于人们的内心确信、自我设计和自我控制,具有天然的合理性和正当性,同时,法治的运行也是自治的,国家的强制性是人们自我强制的一种组织形式,法律的正当性或者合理性与合法性内容和现实基础一致。因此,用法理学界的话来说,"这种秩序便不存在内信与外迫的冲突,因为禁则与制裁被每个人所同意和认受"。②

当然,法治所追求的内信与外迫的统一,或者法治的合理性与合法性的统一理想只在古希腊雅典城邦的小型直接民主社会中局部出现过。伴随着国家力量的强大,公权力凌驾于社会和民众之上,外部强加的法律越来越超越理想中以市场自治为基础的私法自治,法治的内信与外部、强制之间的冲突开始加剧。到了近现代社会,科学主义的世俗理性驱除了以道德理想为基础的信仰,法律的利益工具理性日益凸显,法律上的平等被形式上的适用法律平等所代替,对法律确定性和自治

---

①　我国学者在理论研究中经常将"理性"与"合理性"两个概念混用,以致将韦伯的"形式理性"和"实质理性"误译和误用为"形式合理性"与"实质合理性"。如苏国勋所著《理性化及其限制》和张乃根所译的韦伯著作《论经济与社会中的法律》两书中,各自术语虽然没有统一,但是基本上都将"理性"译为"合理性",苏力先生已对此提出异议,参见苏力:《法治及其本土资源》,中国政法大学出版社 2004 年版,第 78 页。具体而言,"理性"(德文 rationalitat,英文 rationality)主要是指遵循由人的理智控制的系统化、逻辑化的原则或规则,理性化则是指某种程度的制度化、技术化,它主要是针对一定目的的手段完善。合理性(德文 legitimitat,英文 legitimacy)则主要是政治社会学概念,"合理性意味着对一种政治制度的公认",这种公认又是基于一定的社会公认价值;它在现实社会生活中与正当性概念相当,主要是一个价值概念,具有合理性的事物意味着它得到人们价值上、道义上和情感上的认同。参见黄金荣:《法的形式理性论——以法之确定性问题为中心》,《比较法研究》2000 年第 3 期。

②　高鸿钧:《现代法治的出路》,清华大学出版社 2003 年版,第 252 页。

的追求,放纵了理性对道德的冷漠和隔离,法律的机械化运行完全抛弃了信仰的正当性支撑。

可以说,在间接民主体制下,以形式理性为特征的法律是自上而下的科层制权力控制工具,而不是自下而上的民意的真实表达;是政法官僚和技术官僚精心操纵的"理性魔法",而不是基层大众生活实践的自然体现;是法律界精英谋求行业利益的"霸权话语"和"神秘技巧",而不是外行百姓心知肚明的理性常识;是"暴力机器"居高临下强加的"主权者的命令",而不是民意经平等协商而形成的自我约束机制。① 与此同时,经济法等实质理性法虽然通过对道德信仰和现实经济事务的关注,在一定程度上校正了形式理性法对人们现实具体的社会经济要求的排斥,从而也多少缓和了法律的客观性与主观需要、自治与强制之间的冲突;但是,经济法对国家积极干预经济生活的肯定和支持,从某种意义上背弃了传统法治对国家政府的消极预防理念和市民社会自主自治的基本信仰。为了实施福利计划,政府强化了对个人的监督和干预,政府家长式的规定旨在影响个别的社会意外事件,干预个人自由。这就导致一个悖论:经济法等以福利为内容的实质理性法的本意是通过国家干预为个人享有的自由提供必要的条件,保障私人自治,但却以另外一种方式破坏了私人自治。同时,如果经济法等实质理性法依然采取自上而下的以官僚精英为支撑的科层运行方式,它不仅不能从根本上消除形式法治对广大民众真实需求忽略的合理性危机,而且还会因对国家政府武断和专制的放逐,进一步加剧法治信仰与法律强制的冲突。总之,目前的经济法理论和实务在市民自治和国家干预、限制权力和扩大权力方面正面临着双重的合理性和正当性考验。

经济法的实质理性特征与传统法治的形式化要求之间的冲突集中

---

① 高鸿钧:《现代法治的困境及其出路》,《法学研究》2003 年第 2 期。

反映了现代法治的困境和自身的冲突,上述有关确定与模糊、自治与开放、自主与他律、干预与自认之间的矛盾只是其中比较典型和表现突出的,此外,诸如法律对国家干预的授权与限权、法律内容的经验总结与理性建构、法律运行的规则与社会经济事实等一系列冲突和矛盾,都应当作为社会转型时期最重要的法律——经济法所必须面对和认真解决的现实问题。

第三节　经济法治的悖论与化解

一、经济法治的"悖论"

从经济法与传统法治的理论范式与制度特征的简单比较中,我们似乎已经隐约感觉到一种难以逾越的困惑,即经济法回应现实需要,在试图超越传统法的理论和制度缺陷时,面临着背离"法治"确定性、自治性、普遍性和正当性要求,沦为一般社会规则的危险。换句话说,在讨论经济法与传统法治的关系时,我们遇到了一个鱼和熊掌不可兼得的二难选择或"法治"理论的悖论。面对这种现代法治条件下的法治"悖论",沃尔克曾做过这样的揭示:

> 一方面,法治表示对法律的确定性和稳定性的需求,以便人们得以相应地规划和组织他们的安排;但是,另一方面,法治又强调需要法律保有某种灵活性并且能够让自身适应公共观念的变化。一方面,作为法律面前人人平等的推论结果,法治宣称对法律适用的一般性的要求,但是,另一方面,法治又小心翼翼地让平等原则不适用于那些可以或者应该做出合理区别的案件。不仅如此,司法独立被说成是法治的一个本质要素,但与此同时,我们又不想让

法官过于独立，以免法治蜕化为司法的暴政。①

经济现代化的要求集中"暴露"了法治本身在维持秩序与实现正义之间的几个悖论，即，确定与灵活、稳定与变革、一般与个别、一律平等与差别对待、司法独立与司法廉正之间的矛盾。当然，法治的内在矛盾不止于此。例如，在规则的治理与自由裁量权之间、个人自由与福利国家规划之间、形式正义与实质正义之间、法律与情理之间，以及法治与民主、人权等价值之间还有许多的矛盾。我们是否要在传统法治的"形式化"和经济法的"实质化"之间做出非此即彼的选择，还是另有一条可以折中的道路可走，答案要在对"悖论"及其产生的原因的进一步讨论中去寻找。

英国科学家巴罗指出："悖论（paradox）一词是两个希腊词的合成词，para 意味着超越，doxos 意指相信。"它有多种含义，其中的一个含义是指由一个自明的出发点经严格的推理链而导出的矛盾。② 悖论产生的原因、表现形式和解决方式各自不同且多种多样，其中最主要的形式是由于语义和逻辑而产生的悖论，即"一旦我们没有足够仔细地去区分用不同语言表示的结论时，就会产生悖论。"如古希腊哲学家芝诺提出的阿基里斯与乌龟赛跑的悖论和著名的撒谎者悖论。悖论并非一种无聊的文字游戏，它反映了丰富多彩的生活实践对人们有限理性能力的考验，对悖论的发现与研究孕育着新的知识。"每当人们发现某一问题不能在已有的框架下得到解决时，就会感到震惊，而这种震惊将促使我们放弃旧的框架，采用新的框架。正是这样一种知识融合的过程才

---

① Geoffrey de. Q. Walker, The Rule of Law: Foundation of Constitutional Democracy, p.42.

② ［英］约翰·巴罗：《不论——科学的极限与极限的科学》，李新洲等译，上海科学技术出版社 2000 年版，第 17 页。

使数学和科学中的主要概念得以诞生。"①同理,实质化的经济法与形式化的传统法治之间的悖论也主要是因为理论框架和语义上的分歧而产生的,要化解二者的冲突,也应当从对法治理念和要求的语义分析入手。

二、经济法变动性与程序法确定性的整合

法律的确定性主要是指法律的可预测性和可计算性,它要求包括调整对象、适用范围、运行机制和责任制度的一致性、完备性、稳定性、清晰性和客观性。毫无疑问,法的确定性是法律规则能够系统化、科学化运行的前提,法治的确定性使法律能够满足人们在现实经济生活中追求效率、避免风险的计算和安全保障要求,因此也奠定了法律在近现代社会超越一般的道德、政策和宗教而成为最主要的社会控制手段。法律确定性的价值在于它从形式上将丰富多彩的社会生活进行相对的格式化,简化了人们认识社会,把握现实以及解决冲突矛盾的信息成本和谈判成本等交易费用,所以它符合效率原则;同时,法律的确定性通过抽象的概念表述将个体差异忽略,具有中立性和公平性。

法律的确定性和客观性要求也曾一度遭到质疑,现实主义法学、后现代主义法学(批判法学)认为,法律的客观性和确定性只是一个"基本的神话",只是"恋父"情结而已。他们认为,"法律在很大程度上曾经是,现在是,而且将来永远是含混不清和有变化的。"②法律的不确定性还源于:其一,立法的不确定性,立法者在制定法律条文时不可能避免

---

① ［英］约翰·巴罗:《不论——科学的极限与极限的科学》,李新洲等译,上海科学技术出版社 2000 年版,第 18 页。

② 弗兰克认为"判决＝法律规则×事实"的判决公式只是一个"神话";现实中判决公式是"判决＝法律规则×主观事实",甚至是"判决＝刺激×个性"。参见［美］弗兰克:《法律与现代精神》,转引自沈宗灵:《现代西方法理学》,北京大学出版社 1992 年版,第 330—341 页。

认识上的局限性,以致条文制定者有意识地适用模糊语言;其二,社会生活的变化使法律条文的实体内容过时;其三,法官等适用法律的官员基于不同的知识水平和个人因素而对法律产生不同的理解;其四,其他诸如政策、意识形态、社会地位、权力结构和利益冲突等社会因素对法律解释的影响。① 有人因此得出,在面对现实社会经济生活的全部内容,尤其是有关社会公共生活领域和事关未来社会利益的确定和划分方面,唯有"法律的不确定是确定的"。②

传统法治对法律确定性的追求本身无可厚非,因为相对于人类自身的主观需求,一切外部自然世界和社会制度都是人类实现主观需要的手段和工具,是价值客体,追求便利性和趋利避害是人类的天性。问题的关键在于如何正确理解法律确定性的含义。波斯纳认为法律的确定性或者客观性有三种含义:一是法律与外部实体(即它的调整对象)相符合的本体论意义上的客观性;二是强调可复现性的科学意义上的客观性;三是交谈意义上的客观性,即合乎情理、"不任性、不个人化和不(狭义的)政治化",经过社会反复博弈的时间维度的检验"可以修改答案"。③ 法律确定性的内涵包括两个方面或者两个层面,第一个层面是指立法文件对当事人的权利、义务和责任的一致、完备、清晰、稳定的实体性规定,这种确定性是理想化的,④也是静态的,是以逻辑周延性为目标的符号化的确定性;第二个层面是指法律主体通过明确、具体、客观、稳定的法律程序去创制法律或发现法律的实体内容,积极地实现

---

① 王晨光:《法律运行中的不确定因素与"错案追究制"的误区》,《法学》1997年第3期。

② 张琪:《直面生活,打破禁忌:一个反身法的思路》译者序言,[德]贡塔·托依布纳:《法律:一个自创生系统》,张琪译,北京大学出版社2004年版,第5页。

③ 参见[美]波斯纳:《法理学问题》,朱苏力译,中国政法大学出版社2002年版,第9页。

④ 立法的确定性在某种意义上不仅是理想,而且是一种自我欺骗,法律如果在立法文件上已经做到了确定不疑,那么"依法办事"就成为一句多余的空话,实践中的执法也不过是走过场而已,因为案件的结果早已确定。

自己的权利和消极地排除他人对自己权利的侵犯,解决相互间的利益冲突。这种确定性是动态意义和实践意义上的,它强调法律过程的确定和客观,它不仅是第一层面确定性实现的保证,同时还可以在法律第一层面的确定性不足时,通过程序的确定性最大限度地实现法律对社会生活的公平和效率的促进。

由此可以看出,无论是传统法治对法律确定性和客观性的追求,还是现实主义法学等对法律确定性和客观性的否定,它们对法律确定性和客观性的理解都是片面和狭隘的,都认为法律的确定性和客观性指的是法律内容的确定和客观,而忽略了作为法律创制和实施过程的法律的确定和客观。将实体法的确定性和客观性视为全部法律的确定和客观的理论观点,深刻体现了传统法治理论范式中法律本体的客观性要求,也反映了法律发现和实现中的知识论和纯技术论思想,它混淆,甚至颠倒了作为人的主观认识活动产物的法律规则与现实社会生活的主次关系,从而导致了法律规则对社会生活的解构和全面异化。遗憾的是,批判法学虽然发现了这种法律确定性观点的不足,但由于其学术传统并没有完全摆脱科学理性主义的"主客二元论"范式,所以其对传统法治确定性的解构只能是一种否定性的批判,而缺乏可资借鉴的制度建构思路。库恩曾指出,科学对事实的观察和说明总是要通过现在的"范式"或理解的框架而展开,但科学不是事实、理论和方法的简单堆砌,科学的发展也不是知识的简单积累,而是通过"范式"的不断转换所进行的不断革命的进程。① 在整体主义一元论范式理论的指导下,针对信息不完备和人类有限理性的客观现实,法律的确定性追求应当是,对于民商事活动等常态化、重复化和具有相对固定内容的社会行为,法律应当尽可能地采用规则性的实体法律规范予以调整,从而简化法律

---

① 周晓虹:《社会学理论的基本范式及其整合的可能性》,《社会学研究》2002 年第 5 期。

的操作过程,节约实施成本;而对于像国家干预等非常态性、情境性、政策性和内容变化无常的社会行为,实体法预见性、固定性和静态的确定性规定就会显得捉襟见肘,法律还可以通过明确、具体、客观、稳定的法律程序的确定性规定,使人们对政策性问题、多元价值的选择问题、非常规性的突发性社会冲突的解决有合理的预期,而且还可以进行直接参与式的交流、谈判和民主协商,在合理论证的基础上达成针对个别问题的裁决方案。

所以,经济实体法在立法上表现出来的模糊性并不是否认法律确定性追求的正当性,也不应该作为经济法的优点来加以宣扬,法律的确定性不能仅靠立法上的实体权利、义务和责任的规定而一劳永逸地实现,还必须通过建构科学合理、明确具体的法律程序去补充和完善。换句话说,经济法的模糊性特征与法律的确定性品味并不矛盾,它只是提示人们对法律确定性的内涵进行更加全面、整体、动态、实践的理解和把握,对经济法理论和实践的发展、完善进行实证分析和研究,通过实体法与程序法的统一和全面互动,实现国家干预内容的变动性与具体实施过程、论证方式、价值目标确定性之间的统一。

三、经济法回应性与程序法封闭性的统一

无论从理想角度还是从现实生活来看,为了避免使法律活动陷入无休止的政治性和策略性选择之中,空耗资源却无所建树,法律应当,而且必须是一个与纷繁复杂的社会现实相隔离的系统,保持其相对独立性和纯洁性。或者说,法律要发挥其应有的功能和作用,就必须发展出降低环境复杂性的机制,以免与一般的社会规则相混淆。但是,法律系统的封闭和独立是相对的,不是绝对的。按照系统论的观点,任何系统都具有特定的结构并存在于环境之中,系统的结构是其各个组成部

分(要素)之间关联方式的总和,组织是一种有序的结构;①"一个系统之外的一切与之相关联的事物构成的集合称为该系统的环境。"②系统与环境相区别的东西是系统的边界,系统与环境相互联系、相互作用的方式是进行物质、能量和信息的交换。系统能够同环境进行交换的属性称为系统的开放性,系统阻止自身与环境进行交换的属性称为封闭性,系统的开放性和封闭性对系统的生存和发展都是必需的。系统中减少复杂性并维持系统和环境之间边界的机制沿着三个维度发生作用:即时间、物质和符号。③"社会系统与其他系统的区别,就在于通过意义的交流,复杂性降低了。"④

　　传统法治通过发展出一整套自身独特的法律概念、规则和运行机制,从而实现了法律的自治,它的形式理性特征集中体现了法律系统的封闭性属性,经济法则基于对现实社会生活的关注和积极回应,冲破法律概念的狭隘性和保守性,在制度规范上表现出了对社会经济生活的开放性属性。从表面上看,传统法治的自治要求和经济法的开放性趋势似乎是不相容的,其实,传统法治对法律系统运作形式的封闭性和具体内容开放性关系做了片面、静止和孤立的理解,过分强调和追求法律的独立性和自治性,忽视了作为法律本体的现实社会生活与法律之间的互动关系;相反,经济法等实质性法如果过分强调法律的开放性或对社会生活的回应性,忽视其制度建构中的独立和自治,就有沦为一般社会规范和经济政策的非法律化危险。正如语言哲学家维特根斯坦所言:"你以某种方式看到一片叶子,你就是以如此这般的方式或按如此

---

　　① 许国志:《系统科学》,上海科技教育出版社 2000 版,第 18—19 页。

　　② 同上书,第 23—24 页。

　　③ [美]乔纳森特纳:《社会理论的结构》(上),邱泽奇等译,华夏出版社 2001 年版,第 64—65 页。

　　④ [英]帕特里克·贝尔特:《二十世纪的社会理论》,瞿铁鹏译,上海译文出版社 2005 年版,第 74 页。

这般的规则使用它。当然事实上我们有时这样看,有时那样看;也有这样的情况:无论谁这样看一个样本,一般就会这样使用它:那样看,就会那样使用它。"①简而言之,如果我们对法治的封闭与开放作绝对意义上的理解和阐释,法律的自治就意味着法律完全隔离于现实社会经济生活,完全存在于符号式的社会真空中;法律的开放则意味着法律与社会事务混同,法律仅仅是社会经济自我运行和可以任意摆布的装饰品。总之,机械论和教条主义会使法律要么成为僵死的教条,要么成为权术的奴婢。法制史的演变也曾向人们提出过明确的警示,所幸的是法治系统的理念和制度在不断更新中得到逐步完善。

按照系统论的观点,"组织的闭合仅仅意味着自我生产过程的循环性或者人们不得不假定一种反映系统与其环境的关系,以及反之就亦然的无信息的认知的分离。"②法律运行的闭合同样意味着它在操作规程上的独立运行,但是它的认知和实质内容与社会事实、政治要求和人类需要是相互关联的。法治实际上是一个在既有法律知识指导下和法律制度约束下调整社会冲突的过程,是一个法律社会化的过程,同时也是运用法律工具和法律技术对社会现实进行进一步认知的过程,又是一个社会法律化的过程。法律活动和一般社会活动在内容上是互相沟通或者开放的,而在形式上则是各自独立或者封闭的。这种形式上的独立性主要表现为法律的产生、适用、遵守和救济都受到不同于一般社会规则的法律程序的严格规范和约束。德国法学家托依布纳指出:"通过法律的社会调整是由两种多样化的机制结合起来完成的:信息与干涉。它们把法律的运行闭合与对环境的认知开放结合起来。一方面,通过在系统本身产生知识,法律生产一种'自治的法律现实',它据此来

---

① ［德］维特根斯坦:《哲学研究》,陈嘉映译,上海人民出版社2001年版,第53—54页。
② 转引自［德］托依布纳:《法律:一个自创生系统》,张琪译,北京大学出版社2004年版,第78页。

修正自己的运行,而无需与外部世界的实在接触。另一方面,法律通过在系统之间运行的干涉机制与其社会环境相连。法律系统与其实际环境的'藕合'以及由此产生的交互限制,是在法律之内和之外的事件、结构和过程互搭的结果"。①

至此,我们已经清楚地意识到,现实中存在着一条既能够满足法治在形式和运行过程上的封闭性要求,又能够满足法律在内容和最终目标上对其社会经济生活开放的制度路径,那就是哈贝马斯所主张的程序主义制度模式。② 当然,这种程序主义的法律模式不是对传统法治中的"诉讼程序法"和"行政程序法"的简单复制,而是运用民主政治和直接参与机制对法律制度的整体反思和重新建构,而且具备内容上充分体现现实社会经济生活的总体要求,形式上排除法律以外的其他任何强制的基本条件。"它们阻止对论辩的不受合理推动的中断";"它们通过人们对论辩过程的普遍、平等的了解和普遍、对称的参与而确保在议题的选择和最好信息、最好理由的接纳两方面的自由;""它排除程序内外所产生的任何强制,而只承认更好的论据力量,……。"③

---

① ［德］托依布纳:《法律:一个自创生系统》,张琪译,北京大学出版社 2004 年版,第78 页。

② 程序法范式是哈贝马斯提出的用以解决"形式法范式"和"福利法范式"的冲突和矛盾的一种新型的法律范式,其目的在于通过一种以沟通和话语为基础的新型民主程序,构建法律自治与开放的新型关系。参见 Habermas J. Paradigms of Law in: Rosenfield M. , Aroto A. , ed. Habermas on Law and Democracy: Critical Exchanges. University of California Press,1998. pp. 18—19. 当然,它的程序主义法范式,既不同于通常意义上的法律程序,也不是简单地等同于罗尔斯的程序正义,也不是指卢曼作为合法性策略的程序。参见 Machura S. The Individual in the Shadow of Powerful Institutions: Niklas Luhmann's Legitimation by Procedure As Seen by Critics. In: Rohl K. F. , Machura S. , ed. Procedural Justice. Ashate Publishing limited,1997. pp. 181-120。

③ ［德］哈贝马斯:《在事实与规范之间:关于法律和民主法治国的商谈理论》,董世俊译,三联书店 2014 年版,第 282 页。

四、经济法个别适用与程序法普遍性的沟通

法律的普遍性是法律制度社会化的内在要求。无论是古代的压制型法(习惯法),还是近现代的自治型法(官僚法),以及随着法律社会化出现的回应型法(法律秩序),虽然它们的理论范式和运行机制各有不同,但是普适性是它们共有的品性。法律的普遍性要求意味着法律是由安排或裁量大量的人类行为模式或行为尺度构成的,而不是由用来处理单一的个别事件的命令构成的;法律的普遍性使得将某种程度的一致性、连续性和客观性引入了法律过程中,为秉公、无偏见的执行法律奠定了基础;法律的普遍性,还使人们对未来的行为有了确定的预期,从而能够较为确定地安排他们未来的行为;法律的普遍性也意味着法律的普遍遵守和在法律面前人人平等,反对超越法律的特权。总之,法律的普遍性是法律客观、公正、连续、稳定的基本保障,也是社会经济生活安全、有序、持续、稳定的客观要求。

普遍性反映了法律对丰富多彩、日新月异的现实生活的类型化规范和抽象化调整。法律以自己特有的一整套概念、原则、方法和运行机制,对复杂的社会经济内容进行了形式化的逻辑编排,使其在外观上具有了明显的统一和类同。应该肯定的是,法律的普遍性或者普适性是相对于它所规范的社会生活而言的,是它所具有的能够一贯地、多次重复地用于调整和解决社会冲突和利益纷争的方法、手段和程序技术。在传统法学理论中,习惯地将实体法对社会成员的权利、义务和责任的非人格化、无差异的抽象规定视为是法律的普遍性,而将法律对个别特殊问题的情境化规定当作是对法律普适性的破坏。这其实是对法律普遍性的误解,从而也导致了法律对鲜活的现实生活的无情肢解和理性解构。正如在自然科学中,作为科学王后的数学的普适性表现在它为众多的其他学科提供了工具性的分析方法和研究手段,而不是直接为

它们规定了实质性的内容或者最终成果一样,法律的普适性也只能反映在它是对社会利益普遍性分配的机制,是对社会冲突进行统一调整的程序和方法,而不是对现实社会经济生活内容的强制性规定。当然,实体法对社会成员权利、义务和责任的一般抽象规定,从表面上表现了法律普遍性,其实不过是社会生活本身在某些领域的规律性和统一性在法律上的反映而已;法律的普遍性或者普适性主要是在它的适用过程之中,"法律面前人人平等"的经典解释是公民适用法律的平等,这种平等并不强调结果的同一,而只是注重机会均等和人格平等,实际上是程序的平等。

在当今社会,经济法所面对的"世界已变得越来越错综复杂,价值体系五花八门。常常很难就实体上的某一点达成一致。一个问题的正确答案因人而异,因组织而异。程序是他们唯一能够达成一致的地方。而且他们能达成一致的程序是能保证程序公正的程序,因为他们一旦同意了程序,则无论结果如何,都必须接受同意的程序所带来的结果。"①法律普遍性所体现的是对所有人自由的平等保护,但是人的自由并不限于传统法治下消极预防他人侵犯和获得公力救济的"私人"权利自由,法律的普遍性也不仅限于通过抽象和静态的实体法来界定个人行为自由的领域;人的自由应当还包括通过公共途径实现自己的权利和处理公共事务的自由,法律的普遍性主要表现在为人们实现个人权利和公共权利提供切实可行的、不受外力干扰的有效路径和基本程序。另外,经济法追求实质正义的目的是,校正传统法治平等和普遍性的形而上学倾向和对现实社会中人们的积极行为自由的忽略,而不是对人们的自然、生理和智力差异的否定和人为取消。在实体法上,经济

---

①　[日]谷中安平:《程序公正论》,宋冰:《程序、正义与现代化——外国法学学家在华演讲录》,中国政法大学出版社1998年版,第376页。

法没有通过抽象的概念对国家干预经济的权力和市场主体参与经济决策的权利做出普遍的规则性规定,只是做出了原则性的标准性规定,而且在具体案件的处理结果上也有明显的个体差异性[①],但是,国家经济职权的具体实施却必须以民主自治机制为基础,接受程序法严格的过程和论证规则的约束。这不仅体现了经济法对积极自由和实质权利的维护,也体现了经济法在动态意义上的普遍性。

由此可见,经济法针对特殊经济问题的特殊处理方式是规则的,受经济法一贯和统一的目的——维护社会整体经济持续、稳定、协调发展的控制,其普遍性表现为遵循目标一致、前后连贯的法律原则和法定程序。也就是说,经济法的特别适用与普遍性要求是可以通过以民主参与为基础、以公正合理的论证为技术手段的程序法律制度的建构和完善得以统一和整合的。

五、国家干预的"合法性"与程序法的证明

法律的合法性,(确切地讲是法律的正当性)"是一个相当棘手的术语,它有许多含义。特用它来指一种公众的感觉,即某一部法律或某种法律秩序的正确性和适当性。当我们说一部法律是'合法的',我们的意思并不是说它是明智的或好的政策,它也许是好也许不好。我们之所以接受它,是因为它基于某些程序上的原因,也就是基于它产生的方式接受它。"[②]合法性是法治的道德伦理基础,也是政治民主的一个重要组成部分,它所反映的是法律作为一种特定的社会规则而被广大社会民众的认可度和可接受性,它的内容是法律制度的具体规定与广大

---

① 在所有的法律案件中,经济法案件,尤其是宏观调控方面的案件,其处理结果的差异性应该是最大的,但这并不能否认经济法在法律规定和执行程序本身的统一性和一致性。

② [美]劳伦斯·M.弗里德曼:《法治、现代化和司法制度》,宋冰:《程序、正义与现代化——外国法学学家在华演讲录》,中国政法大学出版社1998年版,第112页。

社会民众主观要求之间的通约性，它的标准是社会民众作为法律主体的自由意志和自我承受。自法律产生以来，它的正当性依据经历了"神秘的上帝意志"、"克里斯玛的个人气质"以及以科学为支撑的"人类理性"的演变，虽然形式各异，但其主旨是明确统一的，那就是人们认为法律表达和反映了他们的主观愿望，或者与他们的主观愿望相统一。

传统法治的正当性虽然转化成了合形式理性，并直接表现为合议会的制定法或法院的判例法，但它并没有违背法律的正当性的基本原理，即法律与民主自治之间的契合或者沟通。近代社会以后，科学技术的巨大潜能使之取代了神学成为人类认识自然和自我的统治性工具，科学成了正确的代名词，科学理性也成了最为人们所认可和接受的方法论和世界观，而且与人们的道德伦理观相藕合，具有了意识形态的价值。在理想中，经人们自主理性选举的议会代表，按照科学的理性要求所"发现"或者"描述"的法律制度，是人们自我意愿的表达和体现，它不仅在客观上合乎理性，因而也是正确的，而且在主观上也是符合民主自治的自由精神，所以具有不证自明的合理性和正当性。简而言之，传统民商法因为其生产过程的合理或者正当而直接具有了正当性，它是一种形式合理性或者正当性。

但是，姑且不论因为民主的间接转化，法律的合理性和正当性可能与其原始主体的真正意愿和要求大相径庭，[1]就法律通过所谓正当合理的立法行动而获得合理性和正当性的说法也是不全面的。法律的合理性是一个动态的实践过程，不可能仅凭立法者的个人才智一劳永逸地实现。法律合理性或者正当性的核心是法律主体的自主、自愿和同意，其中包含着法律之外的政治、经济、文化和道德价值观的认可和支

---

① 哈贝马斯认为，"把以合法律性为中介的合法性解释"是一种自我欺骗。参见[德]哈贝马斯：《在规范与事实之间：关于法律和民主法治国的商谈理论》，童世俊译，北京三联书店2014年版，第589页。

撑。传统法治理论和实践中的个人自主、自治理念只是法律制度合理性的一种形式,它只是私人对个人事务自主处理的法律体现。经济法国家干预的实质是人们社会生活的公共政治行为,也是人类社会生活的重要组成部分,其本身并不能证明或否定它的合理性和正当性,它的合理性依然要看它的制度设计和具体运行对人们自治的承认,对自主能力的保护,以及对自愿参与的支持。这种自主或自治是与私人或个体自主相对应的一种"公共自主"形式。哈贝马斯认为,在后形而上学,即冲破"主客二元论"世界观条件下,只有那种产生于权利平等之公民的商谈性意见形成和意志形成过程的法律,也就是程序法才是具有合法性的法律,因为这些公民既要求能够恰当地行使其受民主参与权利保障的公共自主,又要求其私人自主得到保障。在以商谈理论和民主参与为基础的程序法模式下,得到保障的私人自主有助于公共自主的"形成条件保障",反过来公共自主的恰当实施也有助于私人自主的"形成条件保障"。[1]

　　因为国家干预的非常规性、涉及的相关因素的复杂性和干预活动的动态性和多样性,仅靠间接民主的立法规定来实现私人个体对国家活动的主观掌控,以使其最大限度地与他们的主观愿望相一致,从而获得应有的合法性是不可能的。经济法即国家干预的合法性还必须从以对干预活动的直接参与为内容的直接民主中得到。在经济法这种回应性和目的型的法律体系中,"合法性就是在实在法及其实施中不断减少专横武断。"[2]当然,参与性行政的实践也不能被看作是法律保护的替代物,而要看作是确定那些行政决定——那些从其规范内容来说代替

---

　　① ［德］哈贝马斯:《在规范与事实之间:关于法律和民主法治国的商谈理论》,童世俊译,北京三联书店 2014 年版,第 507 页

　　② Philip Selznick, "Sociology and Natural Law", Natural Law Forum 6(1961): pp.84, 100.

了立法行动或司法判决的决定——的合法性的事先起作用的程序。因为"福利国家中出现的形式转化不一定破坏法律的广义上的形式属性，这些形式属性可以从实证法和程序主义理解的正义之间互补关系的角度加以抽象的把握。"所以，经济法的正当性或合法性不仅是需要的，而且应当运用一种特别的形式，全面、动态、实践地予以保证，这就需要引入一种程序主义的法治观来保证对以私人自主和政治自主的法律正当性的整体实现。哈贝马斯进一步指出，"一种法律秩序之为合法的程度，确实取决于它在多大程度上确保其公民的私人自主和政治公共自主这两种同源的地位；但与此同时，它之所以具有合法性，也是归功于交往的形式——只有通过这种形式，这两种自主才得以表达和捍卫。这是一种程序主义法律观的关键。在私人自主的形式法保障被证明为不充分之后，在通过法律进行的社会导控同时危害了它本来要恢复的私人自主之后，唯一的出路是重视那些同时保障私人自主和公共自主之形成条件的交往形式，研究它们之间的相互关系。"[①]同时，魏因贝格尔也认为，法律的一些普遍原理是不言自明的，而法在决定可以获得合意的方式加以支持，因此不必借助自然法而依凭信息和沟通的理论就可以进行制度实体性的正当化。[②]　不言而喻，自主和合意的正当化是法律正当化的核心，而合意和自主的质量又取决于形式和程序要件的充足程度。只有把合意、讨论和法律程序统一起来，从整体上把握经济法的内容与实现过程的正当与合法，才能超脱传统法治理论与福利国家实质法治范式的二难选择，使自主和正当在制度层次上得以结合，通过程序法的建构和完善来实现法律正当的实质和形式的统一。

---

①　[德]哈贝马斯：《在规范与事实之间：关于法律和民主法治国的商谈理论》，童世俊译，三联书店 2014 年版，第 508 页。

②　[奥]魏因贝格尔：《超越实证主义的自然法》，麦考密克、魏因贝格尔：《制度法论》，周叶谦译，中国政法大学出版社 2004 年版，第 148—150 页。

第三章　经济法程序化的历史基础

第一节　程序法"元规则"的历史考察

从经济法的困境及其理念整合中我们已经初步得出,作为一种重要的法律机制,程序法在连接和沟通经济法面临的一系列问题,诸如确定性与模糊性、封闭与开放、普遍性与特适性、强制与自觉等时,具有实体法所不及的内在价值和功能。从静态意义上讲,程序法是民主机制的法律化,是公民对个人事务和社会公共事务普遍参与和自主决定的法律机制,是行为主体为达到特定目的所遵循的方式、方法、步骤和约束性的规则;从动态意义上讲,程序法是解决群体利益冲突的一种协商和对话机制,它糅合了政治、经济、道德和法律等多种因素,它打通了形式理性和实质理性的隔阂,从而也奠定了现代国家政治经济行为的合法性基石,是现代政治和法律行为的"元规则"。[①] 罗马法和英美法中程序法的历史变迁和现代公法制度共同表明,程序法不仅通过实体法单独实现社会价值目标,与实体法相比较它更具有"元制度"的性质。同时,就法的形式侧面而言,虽然谷口安平的程序法是实体法之母的结论[②]

---

① 朱海英:《论程序理性的政治意蕴》,《探索》(重庆)2004年第5期。
② 参见[日]谷口安平:《程序的正义与诉讼》,王亚新、刘荣军译,中国政法大学出版社2002年版,第7页。

和国内学者认为"法即程序"①的观点未免过于极端,但是从发生学意义上讲,并不是先有实体法后有程序法,而是先有程序法后有实体法。在此,我们将通过简单考察两大法系程序法的基本状况和历史地位,说明程序法对于实体法及整个法治运行的基础地位,进而寻找经济法制度创建的逻辑原点和具体路径。②

一、英美法上的正当程序机制

英美法系是以英国普通法为基础发展起来的法律制度的总称,它的主要法律形式是以判例法为代表的普通法和衡平法。英美法系的历史并不久远,人们一般将 1066 年诺曼人对大不列颠的征服作为普通法的源头,但是"它为创造一个独特的'不成文'法律体系和一个以口头形式做出判决并加以记录的才华卓越、德高望重的司法界奠定了基础。"③基于天赋人权、私法自治的基本理念和对国家政府消极保护功能的角色定位,英美法从一开始就表现出对程序法的偏爱和对实体法的轻视,其成文法不仅数量有限,而且内容也主要是有关法律实施和纠纷解决的程序性规定,较少涉及有关公民个人的实体权利和义务。

1215 年英国的《自由大宪章》第 39 条规定:"凡自由民,如未经同级贵族之依法裁判,或经国法判决,皆不得被逮捕和监禁、没收财产、剥夺法律保护、流放,或加以任何其他损害。"此后,在 1350 年,爱德华三

---

①　参见肖凤城:《法即程序》,《行政法学研究》1997 年第 1 期;《再论法即程序》,《行政法学研究》2001 年第 3 期;《三论法即程序——程序与实体的关系》,《行政法学研究》2002 年第 3 期。

②　本文关于程序法在不同法系的历史渊源和法律地位的梳理,主要参考了徐亚文的《程序正义论》一文和章剑生所著《行政程序法基本理论》一文中的相关内容。详见徐亚文:《程序正义论》,山东人民出版社 2004 年版;章剑生:《行政程序法基本理论》,法律出版社 2003 年版。

③　[美]格伦顿等:《比较法律传统》,米健等译,中国政法大学出版社 2004 年版,第 93 页。

世重申了《自由大宪章》的原则,首次明确提出了"正当法律程序"原则,提出了任何人不得被宣告有罪,除非依据正当的方法,或依据成文的普通法程序。1354 年,英国国会通过的《伦敦威斯特敏斯特自由令》第三章首次使用并正式确立了正当法律程序制度,第 28 条规定:"未经法律的正当程序进行答辩,对任何财产或者身份的拥有者一律不得剥夺其土地或住所,不得逮捕或监禁,不得剥夺其继承权,或剥夺其生存之权利。"同时,在 14 世纪后的其它六部成文法中,正当法律程序作为司法原则被反复表达,程序正义的观念逐渐浮现。[①] 当然,最初的正当程序的基本观念是一个人只应接受包含辩论的、体现为书面的命令才能被审判,但是 16 世纪的科克所讲的普通法上的正当程序,以及 1628 年的《权利请愿书》中规定的正当程序和 18 世纪英国宪法学家布莱克斯通所使用的正当程序,都是指所有的法律程序都必须符合这些要求,而不仅限于审判活动。这一词语及其基本含义也被后来美国的宪法第 5 条和第 14 条修正案中的正当程序条款所继承。[②]

英国法对正义的程序性追求,以及程序法在英国法中占有主导性的地位并不偶现于特定历史时期的成文法规定,而是根植于英国独特的法律文化传统和法治原则的价值之中。首先,起源于盎格鲁—撒克逊人的习惯法和法兰克人的法院的令状制度、诉讼中的陪审制度和辩论制度以及特有的案例教学法模式,奠定了英国法程序先于和优于实体的法律文化基础。早在诺曼人征服英国之初,威廉不想以征服者的身份而是想以爱德华国王继承者的身份统治英国,所以他明确宣布,由日耳曼部落的习惯法、罗马法、宗教规范和其他习惯法组成的盎格鲁—撒克逊法继续有效,从而也奠定了英美法系在实体法上的不统一性和

[①] Faith Thompson,Magna Carta:Its Role in the Making of the English Constitution 1300-1629. University of Mineapolis,Minnesota,1948,p.69.

[②] 参见徐亚文:《程序正义论》,山东人民出版社 2004 年版,第 5—6 页。

对程序法偏重的历史传统。同时，令状制度所确立的程序先于权利的原则导致"英国的法学家的注意力长期以来集中在各种不同的、非常拘泥于形式的、由各种命令状规定的程序上。这些程序力求达到一个唯一的目的：提出事实问题，送交陪审团。"①此外，英国的法律教育从一开始就充满着实务性，从事法律职业的人是"按照传统的实践培养出来的，在实践中他们听不见有人谈论罗马法，而是注意力经常为诉讼程序问题与证据问题所吸引，一个案件是否胜诉以及是否受理都取决于这两者。"②总之，早期的英国法律一直被"程序的思考"主宰着，实体法规则的形成晚于程序法规则，实体法"隐藏于程序法的缝隙之中。"以至于当代的契约法、侵权行为法、不当得利法和财产法依然根据传统的诉讼形式来划分内容，保留着诉讼程序对实体法的整理和发展功能。正如梅兰特所言：虽然"我们已经埋葬了诉讼形式，但它们仍从坟墓中统治着我们。"③而普通法也正是在这种"程序的夹缝"中逐步发展起来的。④

其次，"在英国的不成文宪法的发展过程中，程序正义实际上是英国法治原则的集中体现。它既包含着自然正义高于法律的自然法精神，又体现了法律至上，因为程序就是法律。"⑤无论是英美法系还是大陆法系中，法治传统的基本精神都是对王权和政府权力的限制。在英国，早期的《自由大宪章》和《权利请愿书》等宪法性法案，虽然都规定了"非经国家法律或法庭程序"的条款，但并没有对国王产生实际的约束

---

① ［英］勒内·达维德：《当代主要法律体系》，漆竹生译，上海译文出版社1984年版，第300页。

② ［德］K.茨威格特、H.克茨：《比较法总论》，潘汉典译，贵州人民出版社2004年版，第352页。

③ 参见同上书，第341—342页。

④ ［法］勒内·达维德：《当代主要法律体系》，漆竹生译，上海译文出版社1984年版，第305页。

⑤ 徐亚文：《程序正义论》，山东人民出版社2004年版，第31页。

力,而正当程序规则则从王权要服从正当程序的角度逐步开始限制和控制王权,从而也奠定了宪政的法治传统。正如科克法官所讲的,正当法律程序体现和包含着实体和程序两方面的法治理念。"在国法和法治的观念中,正当法律程序具有了实体和程序的双重含义:在实体意义上,它意味着除非依据适当的法律,权利和自由不可剥夺;在程序意义上,它意味着一旦要由法律来决定行为,适当的程序就必须伴随。"①此后,正当程序的法治思想逐步深入人心,其内容也不断丰富和扩展,逐步渗透到立法、行政和司法等法治运行的各个领域和各个环节,几乎成了法治的同义词,以正当程序为核心内容的程序法也成了英国法的灵魂。

与英国法的程序中心主义一脉相承,美国法律也十分强调和重视程序法的地位和作用。英国行政法的开山鼻祖威廉·韦德在其代表作《行政法》中指出:"自然正义在英国法律中所起的作用大体相当于正当法律程序在美国宪法中所起的作用。"②与英国的正当程序原则确立于普通法不同,美国的正当法律程序原则明确规定于其最高法律规范宪法之中。1787年美国制宪会议通过的宪法中,除了两三个条款外,并无一套权利章典(bills of rights)。③后来,在麦迪逊执笔起草的联邦宪法修正案《权利法案》中,正式写入了"法律的正当程序"条款,这对美国法制史和宪法史的发展都具有创新意义的变化,"它构成了(美国宪法)第5条修正案和后来的第14条修正案的正当程序条款的起源","为后

---

① D. J. Galligan: Due process and Fair Procedures, A Study of Administrative Procedures. New York Oxford University Press, 1996, p. 178.

② [英]威廉·韦德:《行政法》,徐炳译,中国大百科全书出版社1997年版,第693页。

③ 例如《人身保护令状》(*Writ of Habeas Corpus*)、《公权剥夺令》(*Bill of Attainder*)、《溯及法》(*ex post facto law*)、《损害契约之法律》(*Law Impairing the Obligation*),参见徐亚文:《程序正义论》,山东人民出版社2004年版,第38页,注释1。

来所有建立宪法政府的尝试提供了楷模。"①以此为基础,美国国会于
1791年通过了宪法第5(条)修正案,1868年通过的美国宪法第14条
修正案,1946年国会在司法部长行政程序委员会的立法建议基础上制
定的《联邦行政程序法》(1966年美国国会修改了其中关于政府文件公
开的决定,并制定了《情报自由法》),1974年制定了《隐私法》,1976年
制定了《阳光下的政府法》,建立起了体系完整、内容丰富的正当法律程
序制度。

从总体上看,与英国正当法律程序主要是为了限制王权和防止国
家权力的滥用相比较,基于自由市场和有限政府的观念,美国的正当法
律程序条款主要是限制政府的行为,保护公民的生命、自由和财产权不
被非法剥夺。这一点在汉密尔顿早期的宪法思想中应有体现。"所谓
限权思想系指为立法机关规定一定限制的宪法。如规定立法机关不得
制定剥夺公民权利的法案;不得制定有溯及力的法律等等。在实际执
行时此类限制须通过法院执行,因而法院必须有宣布违反宪法明文规
定的立法为无效的权力。如无此规定,则一切保留特定权利与特权的
条款将形同虚设。"②但是,美国正当法律程序制度的适用范围实际上
经历了三个阶段。第一阶段是从最初的制宪会议到第5宪法修正案阶
段,正当法律程序只适用于联邦政府,而且仅限于刑事司法活动。如第
5修正案规定:"无论何人,除非根据大陪审团的报告或起诉书,不得受
判处死刑或者其他重罪之审判,惟发生在陆、海军中或发生在战时或出
现公共危险时服役的民兵中的案件不在此限。任何人不得因同一罪行
而两次遭受生命或身体的危害;不得在任何刑事案件中被迫自证其罪;
不经正当法律程序,不得被剥夺生命、自由和财产。"第二阶段是宪法第

---

① [美]伯纳德·施瓦茨:《美国法律史》,王军等译,中国政法大学出版社2011年版,第
36页。

② [美]汉密尔顿等:《联邦党人文集》,程逢如等译,商务印书馆2009年版,第466页。

14 修正案期间,正当法律程序规定开始适用于各州政府机关,而且不限于刑事司法活动。美国宪法第 14 修正案规定:"凡在合众国出生或归化合众国并受其管辖的人,均为合众国的和他们居住的州的公民。任何一州,都不得制定或实施限制合众国公民的特权或豁免权的任何法律;不经正当法律程序,不得剥夺任何人的生命、自由和财产;对于其管辖下的任何人,亦不得拒绝给予平行法律保护。"第三阶段是以 1946 年《联邦行政程序法》的颁布为标志,正当法律程序全面覆盖包括联邦和各州政府和各个国家机关的行为,而且突出了对行政机关的重点规制。1933 以后,美国政府为了应对经济危机,执行新政的各项具体措施,在原来州际商业委员会、联邦储备委员会、联邦贸易委员会、联邦能源委员会的基础上,国会又建立了诸如证券交易委员会、国家劳动关系委员会、联邦电讯委员会、联邦海事委员会、民用航空委员会等独立管制机构,这些行政机关集立法、执法和司法权于一身,且呈现出无限膨胀的趋势。为了防止行政权的滥用,最大限度地保护公民的生命、自由和财产权不受非法侵犯,对行政权的规范和限制成了危机过后美国法律的重点,其中的方法除了进一步细化宪法的授权性规定,最主要的就是通过程序性立法来加强行政机关自身的约束、社会监督和法院的司法审查,将行政机关的行为纳入到法律的监控之下。根据美国学者的解释,作为正当法律程序的基础,《权利法案》的目的是对所有的权力进行限制和限定,其基本意图是"对立法机关加以防范,因为它最具有权力,最有可能被滥用。还要防止行政官员滥用职权,防止由多数人操纵的集团压迫少数人……《权利法案》之所以有效,是因为它将由法院来实施,独立的法院将把自己看成是一种特殊的方式保护那些权利的捍卫者。"①

---

① ［美］伯纳德·施瓦茨:《美国法律史》,王军等译,中国政法大学出版社 2011 年版,第 35 页。

如果说最初的美国行政程序法只保护公民的宪法权利而不包括政府赋予的权益即特权的话,20 世纪 60、70 年代针对这一区别而发生的"正当法律程序革命"则彻底打破了这一"禁忌"。公民个人和社会组织在美国可能享有的政府所创造的特权,如社会保障收入和福利津贴、政府雇佣、酒类营业执照、政府合同、公共住房和教育、监狱行政等均不同程度受到政法法律程序的保护,而且随着政府对被保护权利可能造成的影响越大,如从限制到剥夺,人们要求政府举行听证的愿望也就越强烈。①

总之,美国宪法和法制虽然只经历了 200 多年的时间,但是却已形成了当今世界最为发达的法律体系和良好的运行机制,全仰仗法律对公民权利周密而全面的保护。公民权利的保障并不是依靠科学完备、精确细致的实体法规范,而完全依赖于宪法确立的、被其他法律规范和具体制度始终贯彻如一的正当法律程序所提供的可见的、可被评论的过程。正当法律程序要求政府权力的运行过程和行使方式公开和透明,在任何时候都必须接受民众的检视和异议,要求政府对公民的权利剥夺遵循既定的程序并且具有充足的理由。②

二、大陆法系的程序法

学术界一般都认为,关注程序,通过程序正义来实现实体正义是英美法的特点,而大陆法系则侧重于通过法典化的实体法来规范和调整社会行为。这种观点不能说是完全错误的,至少可以说是一种缺乏历史知识的主观臆断。其实在古代社会,程序法就已经作为约束人们的行为规则先于实体法而存在,摩尔根在其名著《古代社会》所描述的氏

---

① 参见王名扬:《美国行政法》(上),中国法制出版社 2005 年版,第 391—406 页。
② 徐亚文:《程序正义论》,山东人民出版社 2004 年版,第 93 页。

族间的同态复仇习惯就是程序在人们日常生活中的重要地位的典型事例。[①] 从法律史的角度来看,大陆法系在程序法的运用和重视方面比英美法系更古老、更严格。在古罗马时期,人们对诉讼程序已经相当重视,但是到了查士丁尼编纂法典的时代,罗马法才开始强调实体权利而不是诉讼形式。从 19 世纪开始,深受英美法系正当法律程序的影响,大陆法国家普遍开始注重程序法的作用,制定了详细的民事、刑事诉讼法典,同时作为公法核心的行政法更是包含了丰富的程序内容。

在古代罗马时期,无论是诉讼制度还是一般的民事活动都相当重视程序,对程序的要求也是非常严格。在早期的古罗马时期,法律主要表现为习惯法,当时的罗马人并非不注重程序,相反,程序规则在整个法律体系中还具有独立的意义与价值,这主要表现在罗马法中最重要的部分"债"同"契约"与"合约"的关系、"誓金法律诉讼"制度中。英国学者梅因的研究表明,在古罗马的习惯法中,订立转移财产的契约伴有许多繁文缛节,只要在履行时忽略其中任何一个细节就足以使义务归于无效。一方面,如果一个形式被遗漏或用错了,则誓约不能强制执行;另一方面,如果誓约所要求的仪式已经完全正确进行,即使以"允诺是在受到威胁或欺骗之下做出"为辩解也是徒劳。订立契约所要履行的仪式即"合约",它是契约的核心,根据合约的不同形式,罗马法将契约分为"口头契约"、"文书契约"、"要物契约"、"诺成契约"。"债"在罗马法中被定义为"应负担义务的法锁",是由特定合约而产生的,它既表示权利又反映义务。[②] 这些是作为大陆法系母体的罗马法在其发展过程中,程序权利产生实体权利的最好说明。同时,梅因还对古罗马的"誓金法律诉讼"制度进行了分析,他以一个争夺奴隶使用权的案例描

---

① 参见[美]摩尔根:《古代社会》(上),杨东莼等译,商务印书馆 1977 年版,第 75 页。
② 参见[英]梅因:《古代法》,沈景一译,商务印书馆 1959 年版,第 172 页。

述了这种制度。他认为,罗马人的"誓金法律诉讼"制度是每一个古罗马诉讼的必要开端,是"公道的起源",也最古老的司法程序,所有后期的罗马诉讼法都是从它发展而来的。另外,在古罗马,实体保障也须以程序的启动为前提条件。① 后来,古罗马人在习惯法的基础上制定了第一部成文法《十二铜表法》,这部法的内容极其广泛,其中实体法和程序法、刑法和民法、血亲复仇与罚金、氏族继承与遗嘱继承等相互交错。可以肯定地说,早期的罗马法具有很强的程序色彩,而且程序法在法律体系中占有主导性的地位,对诉讼程序的注重推动了早期罗马法的发展,丰富了法律的内容。法国比较法学者勒内·达维德因此说:"在古代罗马最早的时候,法律也曾经在实质上是程序法,在那里,诉讼格式具有至高无上的重要性。"②英国的梅因也指出:"罗马法和中世纪英格兰普通法都被'程序的思考'所主宰着,在这两种制度中,实体规则的形成晚于程序法规则,实体法'隐藏在程序法的缝隙'之中。"③由此,罗马的大法官们"通过他们在诉讼中的主导地位,创造新的诉讼方法或诉权,确立与其相适应的实体权利,改变已经不适应社会生活条件的旧的实体规范,从而促成罗马法的不断发展。"④

从公元 3 世纪初开始,随着罗马帝国全盛时期的告终和分裂为东西两个帝国,罗马法和罗马法学也急剧衰落,东罗马皇帝查士丁尼为了恢复昔日罗马帝国的影响,加强对西南欧的统治,组织编写了《查士丁尼民法大全》。由于查士丁尼的法典编纂旨在制定囊括全部社会关系的法典,以严格的规定为法官提供一切问题的答案,排斥其他法律渊

---

① 参见[英]梅因:《古代法》,沈景一译,商务印书馆 1959 年版,第 211—212 页。

② [法]勒内·达维德:《英国法和法国法》,舒扬等译,中国政法大学出版社 1984 年版,第 55 页。

③ [英]梅因:《早期的法律和习惯》,第 389 页。转引自 K.茨威格特、H.克茨:《比较法总论》,潘汉典等译,法律出版社 2004 年版,第 342 页。

④ 周枏:《罗马法原论》,商务印书馆 1994 年版,第 856 页。

源,实现法律的一元化,因此他禁止在司法中参考任何法学家的著作,只允许参考他组织编订的法律文件,并命令焚毁学说汇编中未曾收集的法学家的著作手稿,禁止对其编纂的法典作任何评注。从形式上看,《民法大全》中的《学说汇编》和《法学阶梯》中都有诉讼问题,但罗马法学家在讲授诉讼时仅讨论在特定场合下是否引起诉讼,并不研究起诉后的程序问题,因此,共和时期裁判官和法学家通过诉讼发展法律的作用也就消失了。查士丁尼固定罗马法的举动导致了罗马法的僵化并最终失去世界法的地位,而沦为地域法(拜占庭法),研究民法法系历史的学者也对此深表遗憾。美国学者艾伦·沃森在其《民法法系的演变及形成》中说,在民法法系里,程序法的重要性受到如此这般的贬抑,完全是因为《民法大全》占据法学教育中心地位的结果,不仅在任何国家的法理著作中,而且在法典以前的任何时候都不曾有过程序法的位置。①

在中世纪的欧洲大陆,虽然日耳曼人的习惯法长期占有优势,人们的法制观念极为淡薄,法律极不完备,法律与私人决斗和神明裁判联系在一起,但是却恢复了对程序法的偏爱。美国学者伯尔曼在其著作《法律与革命》中认为,自东罗马帝国灭亡以后,欧洲大陆国家的法律制度与民俗、宗教仪式混同在一起,没有明确的独立表现形式。早期社会中法律规范、道德规范、宗教规范是"编织为单一的织品",可以说当时的法律唯有神明裁判、宣誓帮助等可以被感知的程序,法典化的法律"仿佛隐藏在程序的缝隙之中"。② 首先,在中世纪经院主义哲学家那里,自然法和实在法的关系被赋予了与古代罗马法学家观点不同的含义。教会法学家认为自然法首先是教会向世俗统治者提出的标准,其次也

---

① ［美］艾伦·沃森:《民法法系的演变及形成》,李静冰等译,中国法制出版社 2009 年版,第 20—21 页。

② ［美］哈罗德·J.伯尔曼:《法律与革命——西方法律传统的形成》,贺卫方等译,法律出版社 2008 年版,第 686 页。

是教会对法律进行解释和塑造的标准；自然法并非是居于现存法律之外的一种法律，而是本身即居于现存法律之内的法律的道德准则。对此，伯尔曼评论说："它（自然法）是一种宪法原则，或曰基本法则（Grundgesetz），一种'正当程序条款'"。[①] 这种"正当程序"意义上的自然法被后来专业化的法学家阶层通过专门的法学院教育、法律专著以及对继承下来的极其繁多的法律材料的整理，把法律概念发展成为一种自治的、完整的、不断发展的法律原则和诉讼程序体系。中世纪的教会程序法从本质上来看是源于古代罗马法和当时的日耳曼人的习惯法，但又与它们有很大的差异，主要表现在书面性、宣誓制度、代理、程序调查和证据规则等方面。[②] 同时，在11世纪的欧洲，城市开始扩张，商业活动与庄园制生产方式得到了共同的发展，商法作为一个不断发展的法律体系也逐步形成；与之相配套，商事法院及其审理程序也得以建立和完善，而且这些商事法院的审理程序从一开始就表现出不同于城市法院和王室法院形式主义的特征，具有明显的及时性、非正式性和参与性特征。这种非正式和公平参与的程序原则是对商业需要的一种反映，也是一种抽象的正义原则，它有助于单个案件的解决并维护商人的特权。

随着资本主义制度的确立和罗马法的复兴，欧洲社会进入了一个理性主义统治的时代。理性主义所注重的是对知识的必然性和绝对精确性的追求，"自然法的创导者们认为，仅用理性的力量，人们能够发现一个理想的法律体系。因此很自然，他们都力图系统地划出各种各样

---

① ［美］哈罗德·J.伯尔曼：《法律与革命——西方法律传统的形成》，贺卫方等译，法律出版社2008年版，第308页。

② 徐亚文：《程序正义论》，山东人民出版社2004年版，第107—108页。

的自然法规则和原则,并将它们纳入一部法典之中。"①由此,自 18 世纪中叶起,欧洲大陆各国相继开始了一场以《法国民法典》为代表的大规模的立法活动。这些法典继承了《查士丁尼民法大全》的传统,并以理性主义思想为基础,表现出了明显地对实体法的青睐和对程序法的忽视。尽管拿破仑以及其他国家都先后颁布了各自的诉讼法,但其影响远不如民法典那样深远。但是,与民法典的实体化特征相对应的是,到 19 世纪末 20 世纪初,面对在社会政治、经济、文化领域内不断强大的行政权力,欧洲大陆国家并没有制定出统一的行政实体法,而是先于英美法国家制定了旨在规范和限制政府权力的行政程序法。1875 年,奥地利国会就通过了《行政法院法》,该法第 6 条规定,"行政法院应促使行政机关,于做成行政处分时,遵守程序之重要形式。"1925 年奥地利国会又通过了《普通行政程序法》,其中包含了一般行政程序法、行政处罚法、行政执行法、行政程序法实施法等程序法的内容。此后,德国于 1976 年通过了《行政程序法典》,法国则制定了《改善行政机关和公众关系的多项措施及行政、社会和税收方面的各项规定》(1978 年)、《说明行政行为理由及改善行政机关与公众关系法》(1979 年)、《行政机关与其使用人关系法令》(1983 年)等一系列行政程序法律文件。二战后的日本在以和平、民主、发展为宗旨的新宪法思想指导下,强调行政行为的公正、透明,于 1993 年制定颁布了《日本行政程序法》,韩国也于 1996 年制定了行政程序法。虽然与美国联邦《行政程序法》所体现的公平优先的法律价值观不同,大陆法系国家已颁布的行政程序法的内容都明显地反映出对效率的追求,依然渗透着大陆法系重实体而轻程序的法律传统。但是,行政程序法的法典化和法院对行政行为的程

---

① ［美］博登海默:《法理学:法哲学及其方法》,邓正来译,中国政法大学出版社 2004 年版,第 67 页。

序性司法审查制度的确立,在一定意义上体现了大陆法系在公法领域内由于实体法的空缺而对程序法的倚重,也反映了程序法对实体法不足的弥补以及对整个法律体系运行的支撑作用。

三、中国程序法的历史渊源

学术界一般认为,现代法治中的程序理念和程序制度都是西方法律文明的产物,中国传统法律文化中占主导地位上是重实体、轻程序的实用主义法律思想。这可能是对整个法律文明和中国法律制度史的一个重大误解和片面认识。如同所有的法律文明一样,在中国古代法律中,由于早期社会人类理性的不成熟和实体法的欠缺,程序法也是占有主导性的地位,有关的法律程序的规定也是相当丰富。这些法律程序主要是有关狱讼审判和官吏选拔的,如《礼记·王制》中就记载:"成狱辞,史以狱成告于正,正听之;正以狱成告于大司寇,大司寇听之棘木之下;大司寇以狱成告于王,王命三公参听之;三公以狱成告于王,王三又(宥),然后制刑。"如果是"疑狱,泛与众共之,众疑赦之,必察大小比以成之。"①这一规定说明了中国上古的殷商时期,就已经有类似于现代社会的审级制度和公开审判的法律规定。另外据《通典·选举》记载,在西周时期,国家选拔官吏的程序制度也是相当完善的,当时选拔一个官吏要经过四个程序:"乡老论士之秀者,升诸司徒曰选士;司徒论选士之秀者,而升诸学曰俊士;既升而不征者曰造士;大乐正论造士之秀者,而升诸司马曰进士。"②此后的战国时期,以及秦、汉、唐律乃至宋、明、清的法律中都有诉讼程序和官吏选拔制度的规定,而且有关的规定不仅没有减少,反而随着中国封建社会法制的日益发展面完善。这些有

---

① 张晋藩:《中国法制史》,群众出版社 1985 年版,第 27 页。
② 张晋藩:《中国法制史》,中国政法大学出版社 1991 年版,第 17 页。

关诉讼程序的法律规定,对西方学术界的某些成见提出了挑战。它表明,"中国古代很注重程序的完整性"。[①] 同时,作为国家领导人行使权力的具体方式,决策制度是政治制度的重要组成部分,是政权建设的主要内容,体现着政治权力的分配和运行情况,也是职官制度的具体化、现实化、动态化。如果说最高决策者是国家的大脑、职官制度是躯干的话,那么决策制度就是脉络,起着连接大脑和躯干、使国家机器正常运转的重要作用。中国古代的政治决策制度是以大臣上奏议事为主要方式、皇帝掌握最高决策权为基本特点、层次分明、运转有序的一个完整体系。但有关这方面的立法却相对稀缺,更多的规定见于垂帘听政、亲王或大臣摄政(辅政)、太上皇训政、太子监国、大臣留守等非正常的情况。从中我们可以看出中国古代决策程序立法的基本精神和诸多规定。[②]

1840 年以来,在内忧外患的双重压力之下,在西方法律文化的冲击下,加以救亡图存的改革旧制的紧迫需要,进步的士大夫所奉行的传统法观念开始发生变化,批判三纲五常,维护君主立宪、民主共和,主张以法治国、司法独立。1902 年清廷任命沈家本、伍廷芳为修律大臣,在不足十年的时间内,以西方民主宪政为蓝本,完成了刑律、民事草案、商律、民事诉讼律、刑事诉讼律、法院编制法等一系列重要法典的编定。其中光绪三十二年(1906)起草了以区分民事诉讼与刑事诉讼、建立陪审制度和被告律师制度为核心内容的《刑事民事诉讼法》,共分总纲、刑事规则、民事规则、刑事民事通用规则、中外交涉案件等 5 章,260 条。此后又分别起草了《大清刑事诉讼律草案》和《大清民事诉讼律草案》,其中《大清刑事诉讼律草案》共 6 编,15 章,515 条,引进了西方近代的

---

① ［美］高道蕴:《美国学者论中国法律传统》,中国政法大学出版社 1996 年版,第 10 页。

② 张学娟:《中国古代决策程序法律史料简述》,《法律文献信息与研究》2009 年第 1 期。

诉讼原则和制度,如民刑分理、审判公开、实行陪审与辩护制度、废除刑讯逼供,采取根据物证定罪等等。《大清民事诉讼律》共 4 编,22 章,800条,采用了西方民事诉讼通用的"当事人主义"、法院不干涉及辩论原则,详细规定了普通诉讼程序、第一审诉讼程序、上诉程序、再审程序、特别诉讼程序。[①]　而且被史学家忽略的还有行政诉讼制度。1906 年 9月,清廷公布作为"预备立宪"之基础的"官制改革"方案中附有 24 件官制草案,其中就包括《行政裁判院官制草案》。该草案共 21 条,第 1 条规定行政裁判院的审判权,第 2—7 条规定行政裁判院的组织与构成,第 8 条规定行政裁判院与地方行政机关的关系,第 9—11 条规定受案范围和起诉程序,第 12—13 条规定审判组织和审判方式,第 14 条规定审判回避制度,第 15 条规定一审终审原则,第 16—18 条规定审判官独立原则,第 19—20 条规定审判辅助人员的职责,第 21 条规定嗣后的《行政裁判院章程》和《行政裁判法》制定与实施程序。[②]　由于传统政治制度及法律文化的深重积淀,加上清末国内局势的极度动荡,先后拟就的诉讼法律草案都未能颁行,只有一些过渡性法规具体指导着各级新式司法机构的活动,但是它是中国诉讼法走向近代化的重要开端,也标志着中国古代重实体、轻程序法律传统的终结,而且其遗留下来的法律内容程度不同地影响了南京临时政府、北洋政府乃至国民党统治时期的法制,成为中国近代诉讼制度变革的渊源和基础。

在民国时期,宪政法律建设和程序制度改革进入了一个"繁荣"的时期。从 1912 年至 1949 年,中华民国的不同政府在参照清末法律改革经验的基础上,通过对西方法律制度的继续学习,制定、颁布了大量包含现代西方法治思想和程序原则的宪政程序性法律和程序性的行政

---

① 张晋藩:《中国法制史》,商务印书馆,2010 版,第 428、453—455 页。
② 草案全文见《大清光绪新法令》第二十册,商务印书馆 1910 年版,第 115 页以下。

法律。其中宪法性法律就有:1911 年《中华民国临时政府组织大纲》
(1912 年修订)、1912 年《中华民国临时约法》(1913 年、1923 年由北洋
政府分别修订;1936 年、1947 年由南京政府分别修订)、1912 年《参议
院法》、1928 年《立法程序法》。南京临时政府的《中华民国临时约法》
就对诸如分权、司法独立、监督国家机关等许多程序性的宪法原则作了
明确的规定。在行政诉讼方面,《中华民国临时约法》首次以正式法律
文件明确规定行政诉讼制度,并提出设立"平政院"。其中第 10 条规
定,"人民对于官吏违法损害权利之行为,有陈诉于平政院之权。"第 49
条规定,"法院依法律审判民事诉讼及刑事诉讼,但关于行政诉讼以及
其他特别诉讼,别以法律定之。"1914 年 3 月 31 日,颁布的《平政院编
制令》,明确了平政院的法律地位并具体规定了平政院设置的相关内
容。随后相继颁布了《纠弹条例》、《行政诉讼条例》、《平政院裁决执行
条例》、《平政院拟定诉状缮写方法》、《平政院各庭评事兼代办法》、《平
政院处务规则》等。至此,中国历史上第一个行政诉讼审判机关——平
政院正式建立起来了。此外,行政程序性法律文件还有:1913 年《诉愿
条例》(北洋政府制定,1914 年修订为《诉愿法》)、1914 年《行政诉讼法》
(北洋政府制定,1932 年、1935 年、1937 年和 1942 年由南京政府分别
修订)、1932 年《行政法院组织法》(1948 年修订)、1932 年《行政执行
法》。在民事诉讼和刑事诉讼方面,这一时期的有五项法律文件:1921
年《刑事诉讼条例》(北洋政府制定,1928 年、1935 年由南京政府修订为
《刑事诉讼法》)、1921 年《民事诉讼条例》(北洋政府制定,1931 年由南
京政府修订为《民事诉讼法》,1932 年、1935 年再修订)、1944 年《特种
刑事案件诉讼条例》、1946 年《民事强制执行法》(1945 年、1948 年修
订)、1948 年《特种刑事法庭审判条例》。[1]

---

[1]　肖伯符主编:《中国法制史》,人民法院出版社、中国人民公安大学出版社 2003 年版,
第 348—352 页。

在具体内容上,民国时期的宪法性程序法和诉讼程序法都体现了司法独立和开始注重对行政权的限制。北洋政府颁布的《行政执行法》规定,主管行政官署必要时,可以对拒不履行行政义务者行使行政间接强制与直接强制措施。但无论间接强制或直接强制,均不得滥用,其使用均须在法律规定的条件范围内,并依法律规定的程序进行。如对人身的管束,只能对酗酒、精神病发作、意图自杀或正在使用暴力,且非管束人身不足以防止其自身或他人生命与健康安全的人使用,其管束时间不得超过次日日入之后。南京国民政府在继承北洋政府《行政执行法》的基础上另行公布《行政执行法》。此后,又于 1943 年 7 月和 1947 年 11 月两次修订公布。1914 年 5 月 17 日,北洋政府公布施行《诉愿条例》,同年 7 月 20 日,修正公布为《诉愿法》并于同日施行。《诉愿法》规定人民对各级行政官署致人民利益有损害时,有权向原处分行政官署的直接上级行政官署提起诉愿;已诉愿后,仍不服直接上级行政官署的决定,有权向直接更上一级行政官署提起再诉愿;对违法行政处分经再诉愿后仍不服,可向平政院提起行政诉讼(但对不当行政处分经再诉愿后仍不服,则只有以中央或地方最高行政官署之决定为最终决定。)南京国民政府以北洋政府的《诉愿法》为基础,于 1930 年公布了新的《诉愿法》,共 14 条。1935 年 10 月 4 日修正公布为 12 条。1937 年 1 月 8 日再修正公布为 13 条。清末和民国时期法律和政治精英们的法律现代化运动虽然以失败告终了,但是,这种对中国传统法律制度进行现代化改革的努力却是十分可贵的。也正是在他们的努力下,中国普通民众的现代宪政意识在一定程度上也得到了启蒙和培养,民主共和、权力分立、人民主权、程序正义理念、对国家机关的程序监督以及法治原则等开始植根于中国社会。①

---

① 戴桂洪:《清末和民国时期行政程序法制的发展介评》,《学海》2008 年第 3 期。

　　然而，由于中国传统法律文化价值取向的无讼理念，以及法律的主要功能和作用在于维护以君权为核心的国家权力，而不是限制国家权力和保护公民的权利，中国古代完整的诉讼程序和官吏选拔程序并没有发挥出现代意义上的程序功能和作用。"中国封建社会的正统法律——礼法结合，德主刑辅……就是传统中国追求实现无讼的基本模式。"①无讼的社会治理模式与法家的治国方略相统一，因为"法家的哲学也不主张某种正规化的程序，以使普通民众可以通过这种程序针对滥用权力的行为寻求有效救济或亲自参与政府管理的过程"。② 正如日本学者滋贺秀三所言，中国古代"审判程序的限制性也是以官僚机构的内部纪律形式出现的，程序的遵守不是由于当事人能够对违法的过程提出效力瑕疵的异议，而是通过上司对违法官僚的惩戒处分来保障，人民仅仅止于接受其反射性的利益。"③中国传统法律的统治工具倾向不仅使"完整"的程序法丧失了限制王权恣意的功能，而且也严重影响了中国法制的进程和现代化速度。对此，季卫东教授早在 20 世纪 90 年代初就做过十分精辟的总结："从总体上看，我国传统法律之中的形式主义要素十分稀薄。这种属性妨碍了程序法的发展是不言而喻的。反过来，程序的不合理又会限制实体法的生成和进化机制。而实体法的疏简没有诱导法律解释技术的发达，相反形成了正当作业的法外指向，进一步压抑了程序的分化。这是一种恶性循环。"④

　　这种影响至今还深深地潜伏在当今中国法制的建设和运行中。如新中国成立后，国家制定的《关于劳动争议解决程序》、《规定政务院关

----

　　① 　张中秋：《中西法律文化比较研究》，南京大学出版社 1991 年版，第 333 页。
　　② 　［美］安守廉：《不可思议的西方？ 昂格尔运用与误用中国历史的含义》，《比较法研究》1993 年第 2 期。
　　③ 　转引自季卫东：《程序比较论》，《比较法研究》1993 年第 2 期。
　　④ 　同上文。

于处理人民来信和接待人民工作的决定》《行政法规制定程序暂行条例》《盐业行政执行办法》《违反水法规行政处罚暂行规定》《国境卫生检疫行政处罚程序规则》《行政诉讼法》《行政复议法》等，都包含了不少程序性法的法律规定，但是其内容都带有明显的权力中心主义色彩，其中除了规定表明身份等简单的形式化的制度外，有关公民法人等行政相对人的程序性权利的规定却凤毛麟角。1996 年颁布的《中华人民共和国行政处罚法》可以说是在一定意义上改变了程序立法中的国家中心主义的法制观念，但与正当程序的民主、法治和公正等价值目标还相距甚远。[①] 令人欣慰的是，随着市场经济体制和民主法治建设的逐步深入和完善，1997 年通过的《中华人民共和国价格法》、2000 年通过的《立法法》、2002 年通过的《政府采购法》、2004 年通过的《行政许可法》都明显地加大了对参与性、对话性、协商性和说理性等程序的规定和要求，开始体现法治维护权利和规范权力的基本价值取向和主要功能。

第二节　经济法程序化的理论基础

一、经济法正当程序的本质

程序法中的"程序"一词，无论是在汉语中还是西方语言中，其内涵都十分丰富。程序在英语中的对应词是 process 或 procedure。前者的名词含义有：变化的过程，进程；工序，制作方法；诉讼，法律手续；传票。作为动词的含义有加工、初步分类、办理；对……起诉，对……发出

---

① 根据《中华人民共和国行政处罚法》第 42 条第 2 款的规定，行政拘留不适用该法规定的听证程序，这与程序法要求的权力行使的正当程序要求、权利受到限制和剥夺时应当给予必要听证的辩护原则是不相符的。

传票;列队、排列等。后者的含义有过程、步骤,程序、传统的方法、外资礼仪等。美国学者戈里甘认为,process 是"常指包含某种决定的、独立的法律或行政行为。对某事件的调查、询问往往不会导致商定,但它显然是法律或行政行为。"而 procedure 是"在法律或行政关系中为做出决定、采取行动或解决问题而采取的某种的步骤。"①

相对而言,汉语中的程序一词的含义也是极其广泛的。古代汉语中的程序相当于"规程"和"法式";②现代汉语中则是"按时间先后或依次安排的工作步骤。"③或"事情进行的先后顺序。"④程序中包含有主体、时间、空间、顺序等基本要素。大多数学者认为程序是一个分层次的概念,"首先,程序代表某种规程或法式,这个意义上的程序反映了若干事物的联系,而此联系是从静态角度考察的。"其次,程序代表了一个行为的过程,即某个主体的行为系列,有时是若干主体的动态联系。"再次,程序存在于一定的系统之下,该系统可以是一个自然系统,也可以是一个人为设计的系统。"⑤

程序内容的丰富性决定了程序法内涵的多义性,这有待于理论和实践的进一步探索和挖掘。但是,由于深受传统法治观念的影响,国内外学者和权威机构对程序法的解释和定义多有片面和不尽如人意之处,主要表现为对程序法内涵和外延的狭隘性解释,以及对程序法与实体法关系的曲解。在此我们有必要对它进行适当的梳理和澄清。

---

① D. J. Galligan: Due Process and Fire Procedures, a Study of Administrative Procedure. (New York: Oxford University Press, 1996), p. 8.

② 《辞源》第 3 卷,商务印书馆 1979 年版,第 2307 页。

③ 《辞海》(编印本),上海辞书出版社 1980 年版,第 1752 页。

④ 中国社会科学院语言研究所词典编辑室编:《现代汉语词典》,商务印书馆 1978 年版,第 173 页。

⑤ 关保英:《行政地的价值定位》,中国政法大学出版社 1997 年版,第 169—179 页。

1. 程序法与诉讼法的关系评说

早在18世纪初,英国法学家边沁按照法的内容将法分为实体法和程序法,为保证实体法所规定的权利义务的实现而制定的诉讼程序的法律。如民事诉讼法、刑事诉讼法等。"①从而奠定了程序法是诉讼法的狭隘概念和学术传统。② 如著名的《牛津法律大辞典》对程序法的解释是,程序法是指"用来表示不同于实体法的法律原则和规则的体系。程序法的对象不是人们的实体权利义务,而是用来申明、证实或强制实现这些权利义务的手段,或保证它遭受侵害时能够得到补偿。因此,程序法的内容包括关于各法院管辖范围、审判程序、诉讼的提起和审理、证据、上诉、判决的执行、代理和法律援助、诉讼费用、文据的交付和登记,以及行政请示和非诉讼请示的程序等方面的原则和制度。"③同时,程序法又有广义和狭义"程序法,其广义解释,是同实体法相对,而大概与诉讼程序法相同……在狭义和更严格意义上,程序法只是诉讼程序法的一部分。"④

受此影响,我国早期的法学论著和法律辞典大多对程序法作了诉讼法意义上的解释。如北京大学最早的《法学基础理论》教材就采用诉讼法来解释程序法,"依照法律规定的内容来划分,法律可分为实体法和程序法。凡是规定人们的权利义务的法律为实体法(如刑法、民法);凡是规定使人们的权利和义务得以实施所需要的程序或手续的法律,

---

① 《法律词典》(增订版),上海辞书出版社1984年版,第914页。
② 徐亚文:《程序正义论》,山东人民出版社2004年版,229页。
③ [英]戴维 M.沃克:《牛津法律大辞典》李双元译,法律出版社2003年版,第17页。
④ 同上。

称为程序法(如刑事诉讼法、民事诉讼法)。"①此外,有些干脆将程序法称为诉讼法,如"依照法的一般内容的不同,法可以分为实体法和程序法。实体法就是规定法律关系主体之间权利和义务本体的法律,如刑法、民法、行政法等。程序法亦称诉讼法,是规定实现实体法有关的诉讼手续的法律,如民事诉讼法、刑事诉讼法等。"②"……与此相对应,程序法则是规定实现实体法所必须遵守的制度、手续和技术上的程序。这种程序由于采取诉讼的形式,故称诉讼法,它包括刑事诉讼法、民事诉讼法、行政诉讼法等。"③1984 年出版的《法学词典》对程序法的解释则是:"程序法,亦称'审判法'、'诉讼法'、'手续法'、'助法',‘实体法’的对称。《中国大百科全书(法学)》的解释是:"凡规定实现实体法有关诉讼手续的法律为程序法,又称诉讼法,如民事诉讼法、刑事诉讼法等。"④

　　程序法的诉讼法定位及其学术导向,直接导致了长期以来在我国唯有诉讼法专业的学者才对程序问题进行垄断式讨论和研究的不良学术偏食症。其实,"通常所说的法律程序,主要包括选举、立法、审判、行政这几种类型。其中最重要、最典型的是审判程序,因为这里存在着关于诉答的证据的完整制度。"⑤由于诉讼程序的典型性和完整性在客观上造成了诉讼程序在程序法领域中的独占地位,而且诉讼程序也反映了"私法自治"理念下国家的事后救济功能,其中暗含了国家角色的消

---

　　① 北京大学法律系法学理论教研室编:《法学基础理论》,北京大学出版社 1984 年版,第 37 页。与之相类同的解释方法还有沈宗灵主编:《法理学》,高等教育出版社 1984 年版,第 320 页;沈宗灵主编:《法学基础理论》(全国高等教育自学考试教材),北京大学出版社 1988 年版,第 56 页。

　　② 张泉林:《法学基础理论》,武汉政法大学出版社 1987 年版,第 57 页。

　　③ 万斌:《法理学》,浙江大学出版社 1988 年版,第 235 页。

　　④ 《中国大百科全书(法学)》,中国大百科全书出版社 2006 年版,第 80 页。

　　⑤ 季卫东:《程序比较论》,《比较法研究》1993 年第 1 期。

极性和补救性,从程序法对实体法的辅助性和对国家权力的限定思路来看,程序即诉讼是"正确"的。但是,从程序是对法律行为的形式化和具体的操作规程,以及各种利益主体进行交流、博弈的基本方式角度来看,程序法已经不限于对国家救济行为的确认和规范,而且也包含对国家事先创制法律规则、事中对社会事务的具体管理和协调,以及公民、法人和其他组织进行市场交易活动,参与国家和社会事务的民主机制。程序法的内涵和外延已经远远超出了诉讼法的范围,广泛渗入到立法、执法、司法以及民间活动的各个领域。同时,从法律的应然和实然角度来看,"实体法是直接确定社会主体的利益划分与配置结构本身的法,它通常是指以'应当如此'的现实和预期的社会关系为内容,以配置各种社会利益和指引一般社会主体的行为尺度为取向的法。与此相对应,程序法通常是指确定实现实体法内容的手续和途径、方法的法,是确定政治、民事、刑事和行政诸程序的法律规范系统,它旨在确定如何实现法定权利义务及在其受到侵害之后如何进行救济的程序与手续和辅助实体法施行的方式和途径的法。"①当然,我们并不完全同意将程序法定位在仅仅是为了实现实体法规定的内容,而是把维护和实现实体法的权利义务作为程序法的功能之一,即便如此,程序法的内涵和外延也不应当限于诉讼法的范围,而是包括法律运行的各个领域和环节。本论文的主旨和目的之一就是首先在观念上冲破传统法治以立法为中心、以司法为唯一法律运行机制的片面思想,进而讨论经济法在制度运行和实现法治化过程中的程序法要求和保证。

---

①　李道军:《法的应然与实然》,山东人民出版社 2001 年版,第 226 页。有关实体法和程序法的关系,国外法律史学家莫里斯认为:"前者是法律训诫(Precepts of the law)的主要部分;后者是使这些训诫生效的方法——或者换句话说,就是法律的执行。"参见[美]M.F.莫里斯:《法律发达史》,王学文译,中国政法大学出版社 2014 年版,第 11 页;中国政法大学出版社 2014 年版。

2. 经济法程序与法律实施过程的再辨析

由于深受法律工具主义思想的影响，理论界和实务界对程序法的讨论虽然在局部领域已经跳出了以诉讼法为标准的限制，开始关注包括选举、立法、执法以及民事活动中的如合同缔结的程序问题，但是对法律程序的地位和作用定位仍然局限于实现实体法规定的权利义务的传统思维模式，并没有对程序法做出全面、客观的理解。一般认为，程序法以实体法的存在为依托，是为方便实体法内容的实现而设置的，其内容重点是法律行为过程的先后顺序，其唯一的目标是最大限度地提高实体法律适用的效率。如有学者在对法律程序定位时，尽管已经明确揭示了程序具有的时空性，以及内容上的方式和手段的规定性等，但最终还是将程序归结为一个线型的法律行为的时间排列顺序和过程，而忽略了程序在空间上的立体化存在方式和程序主体间行为的交互性。"程序，在法律学角度，被解释为人们从事法律行为时所遵循和履行的法定时空顺序、方式和步骤。其普遍形态表现为一个实施法律行为的过程（process），这个过程可以是人为设计好了的，也可以是一系列动态行为中自然生成的。"①如果将程序简单还原为事件排列的时间顺序，那么程序法只能是从属性的，它的任务也只能是最大限度地满足实体法规定的权利义务的有效实施，程序本位或者程序相对于实体法的独立价值就无从谈起。其实，对程序线型化理解的根本原因是传统法治的形式理性追求。按照形式理性法的理想和要求，实体法的规定应当而且必须详细、明确、清楚明白，那么它的实施只需要从文字转化为实践即可，是一个纯粹的技术活动，所以程序也只能是一个纵向的、像工厂里的流水线一样的工艺流程的时间编排。

在现实生活中，由于人类理性的有限性和社会生活本身的变动性，

---

① 陆平辉：《确立"程序本位"观念的理论意义和实践意义》，《学习与探索》2003 年第 2 期。

经济法等新型法律部门的实体法规定的确定性只能在极其有限的时空范围内达到,大多数原则性规范的不确定性和模糊性已经是比较普遍的现象,所以程序法不能仅仅以实体法的内容实现为宗旨。"程序本身记载、表达和反映着实体,因为程序作为人们公共交往的行为准则,它预设了人们公共交往的前提,阶段、过程和环节乃至目的。所以,法律程序绝对不仅仅是象征着时间过程和步骤,而且其间还有更为重要的因素,这就是实体性的追求,只有在过程或程序中才真正具有可能。"[1]此外,程序法还负有补充实体规定不足和保证原则性规定以最接近立法目的的方式和内容实施的使命,所以,程序法不仅是一个法律行为实施的顺序规定,更主要的是一个法律主体交互行为和协商机制的法律规定。将程序或法律程序简单地还原为法律过程或决定过程的理论观点是片面的。正如季卫东教授所说,"程序,从法律角度来看,主要体现为按照一定的顺序、方式和手续来做出决定的相互关系。其普遍的形态是:按照某种标准和条件整理争论点,公平地听取各方意见,在使当事人可以理解或认可的情况下做出决定。但要注意,程序不能简单地还原为决定过程,程序正义也不能还原为形式正义,因为程序还包含着决定成立的前提,存在着左右当事人在程序完成之后的行为态度的契机,并且保留着客观评价决定过程的可能性。另一方面,程序没有预设的真理标准。程序通过促进意见疏通,加强理性思考,扩大选择范围,排除外部干扰来保证决定的成立和正确性。"[2]程序通过论证规则调整价值纠纷,是实质正义与形式正义的媒介。[3]法律程序还是使主体客体化的流水线,它是参加者角色互动、意见对话与利益整合的场所,程

---

①　谢晖:《法律程序的实践价值》,《北京行政学院学报》2005 年第 1 期。

②　季卫东:《法律程序的意义》,季卫东:《法治秩序的建构》(修订版),商务印书馆 2014 年版,第 12 页。

③　[德]黑格尔:《法哲学原理》,范扬、张企泰译,商务印书馆 1961 年版,第 81 页。

序正义也不能被扭曲为简单地走过场。在传统法治或自治型法阶段，程序正义强调规则的普遍性和形式主义，程序则被简化为实现实体法的手段性工具性规范。在现代法治或回应型法阶段，福利国家和合作主义对法治的理想主义产生了冲击，规则的形式主义、法治的普遍性和自治性受到侵蚀，程序正义转而强调法律的目的性推理和论证方法在形成公共政策和判决中的重要性，程序正义的基本要件是"参加命题"和论证话语的交往、沟通。①

程序法除了在内容上的交互性和行为上的评价性之外，在具体表现形式上也是时间和空间的并存。"法律程序应该就是：由法律规定的、特定主体为实现一定的目的而对相应行为予以的时间和空间上的安排。例如，行政法律程序就是依据法律规定的、行政主体为实现一定的目的而对行政行为予以的时间和空间上的安排；行为的步骤、方式构成了行政法律程序的空间表现形式，行为的时限、顺序构成了行政法律程序的时间表现形式。"②经济法程序则是一切经济法行为实施的法定方式、方法、时限、顺序等时间和空间的表现，是包括经济法制定、实施和救济的所有内容。

3. 经济法程序与法律内容的内在联系

对程序法的认识另一个误解或者偏见就是基于实体法中心主义理念，认为程序法是为协助实体法的实现而存在，其本身并不规定当事人或者法律主体的实体权利和义务。这种思想普遍渗透在前文所述的各对程序法的定义，以及有关程序法和实体法关系的学说和理论中。其中比较典型的如，"根据法律的内容来划分，法可以分为实体法和程序法。……程序法则是规定实现实体法所必须遵循的制度、手续和技术

---

① ［美］罗尔斯：《正义论》，何怀宏等译，中国社会科学出版社 2001 年版，第 14 页。
② 徐亚文：《程序正义论》，山东人民出版社 2004 年版，234 页。

上的程序。……从历史上看,在诸法合体的初期状态下,无实体法和程序法之分。后来,首先是程序法发展起来,实体法了随之得以确立。从逻辑上看,实体法反映着权利与义务关系的实质性内容,作为下位阶梯法,居于主导地位,为主法。而程序法是为实现实体法服务的,是属于上位阶梯法,为助法。实体法与程序法属于规定审判内容和审判程序的司法法,两者的综合就是审判。"[①]将程序法放在了实体法的下位阶进行了论证,而不是并列或者平行的地位。既然程序法是以实体法为服务对象,法律发展中的程序法先于实体法产生的观点就存在明显的自相矛盾之处,因为在实体法产生之前程序法的存在似乎就成了虚无和盲目之举。

从表面上看来,程序法是对实体法的辅助,自身没有独立的实质性内容和终极价值目的,是一种工具性的法律[②],但是相对于人类社会生活本身的目的和价值而言,实体法也是辅助性和非本位性的。从现实的情况来看,实体法自身不仅不能完全涵盖现实社会生活的全部,而且还会因立法者的有限理性以及社会生活的历史变动性而扭曲现实生活的客观要求。也就是说,实体法并非完全自足的,它只是对未来社会生活的一种静态规划,不能自我实现,它必须借助程序法的操作性规范才能实现其规定的具体权利义务。同时,程序法除了通过自身的动态性规定和操作性规范,实现实体法所反映和规定的社会生活的价值要求,还负有校正和补充实体法规定之不足的功能和作用,它本身的正义理念和公正要求也记载、表达和反映着社会生活的实体价值。程序作为

---

①　万斌:《法理学》,浙江大学出版社 1988 年版,第 235 页。

②　学术界经常借用马克思关于诉讼程序和实体法关系的论述,认为实体是树干,而程序是树皮;实体是动物,而程序是动物的皮毛等。参见《马克思恩格斯全集》(第 1 卷),第 178 页以下。在此暂且不论学者们对马克斯所讲的诉讼程序直接转译为程序是否恰当,单就马克思所讲的树干与树皮、动物与其皮毛的关系,也不能理解为主从关系,而应该是相互依存的共生关系。

人们公共交往行为的准则,不仅以先定的实体法内容为服务对象,还预设了人们公共交往的前提、阶段、过程、环节乃至目的;法律程序绝不仅仅意味着实体法实现的时间过程和步骤,其间还有更为重要的因素,这就是超越实体法规定的社会生活自身的实体价值追求。由此我们得出,"法律的世界只存在某种程序中的实体,而没有游离于程序之外的实体。……程序不唯是和诉讼活动相关联的,它同时还深入到主体公共交往的一切领域。即人们公共交往的一切都是程序性的活动,离开程序的公共交往是不存在的。纯粹的实体享验只存在于同样纯粹的私人活动中。所以,从合同签订和具有公共性质的私人行为,到为了公共利益而进行活动的立法、行政和司法过程等等,都是一个程序性的过程。没有法律上的程序,也就没有最终能够享验的实体。程序是法律之所以成为法律的基本因由。"①

总之,作为一种行动中的法和实然状态的法,程序法在确保实体法的机能方面不仅是必要的,有时甚至比实体法本身更具价值,具有左右乃至决定实体法内容的重要地位。② 同时,现代程序已经逾越了纯粹形式主义特征阶段,转向开放性、角色参与性、对话性和论证性阶段,参与性、透明性、话语论证性、主体间性(inter subjectivity 主体间理解的一致性)已经构成程序的基本范畴,程序理性受话语伦理指引,法律规范只有在论证话语中得到相关者的赞同才能获得有效性。③ 程序既吸纳了民主和人权的价值(主体性),也吸纳了法治的价值(形式性和工具性),既是一个统合了民主和法治价值的独立范畴,也是一种兼备实质理性与形式理性的实践理性和反思理性,无论法律程序本身的合法性

① 谢晖:《论法律程序的实践价值》,《北京行政学院学报》2005 年第 1 期。

② 参见王亚新:《民事诉讼程序、实体和程序保障》(代译序),谷中安平:《程序的正义与诉讼》,王亚新·刘荣军译,中国政法大学出版社 2002 年版。

③ 季卫东:《法律秩序的建构》,商务印书馆 2014 年版,第 73 页。

还是程序交换内容的合法性,都取决于受约束者的同意和认可。主流的传统法律程序观念正滑向极端形式主义,把人置于客体化背景之下。我们不仅要从法治角度理解程序,而且必须从主体性、契约性和共识性角度去理解程序,在法哲学视角里,程序的本质就是契约。法治、契约和程序并非次第关系,以法治全部吸纳契约和程序的基本内核,是中国学者对西方法治和程序的误读。例如,依法行政原则是行政实体法上的法治原则,但不是一个程序原则,行政程序最重要的原则是"可接受性原则"。[①] 本文的目的和任务一方面要寻求经济法的运行程序对经济实体法的辅助实现功能,另一方面主要是探索经济法程序对整个国家干预活动进行独立规范和校正的价值,并创立相应的规则和制度。

4. 小结

通过对程序法的内涵和外延,以及不同社会历史阶段不同法系中实体法和程序法关系的简单陈述,我们认为,应该从更宽泛的意义上和更宽广的时空领域内去理解程序法的涵义和地位,唯有如此,在面对诸如国家干预这类新的社会问题时,只有通过对法律制度的根基进行重新认识和再度挖掘,才能实现自我的更新和发展,而不是陷入保守的自我封闭和盲目地自我否定。要想通过程序制度的建构和完善来整合经济法理论的困惑,提升经济法实务的技术性、规范性品味,从而加快经济法法治化的进程,还需要从以下几个方面对程序法及理论进一步重申和强调。

首先,必须打破"'程序法'是规定通过司法途径使权利或义务得到实现应遵循的步骤和手续的法律,区别于规定具体的权利义务本身的实体法。"[②]或程序法就是诉讼法的片面认识,将程序法置于整个法律

---

① 郑成良、杨云彪:《关于正当程序的合法性与合理性思考》,《法制与社会发展》1999年第 3 期。

② 《元照英美法词典》,法律出版社 2003 年版,第 1099 页。

体系运行的各个环节和各个领域中去理解。虽然诉讼程序在所有的程序中是最为典型和最具代表意义的法律程序，而且几乎所有的法学论著都是以诉讼程序为实例来说明程序法的意义和价值，但是从限制和规范国家权力、保护公民权利的基本功能和立法目的出发，程序法至少应当涵摄立法、执法和司法三个方面。如果说近现代以前的程序法主要表现为诉讼法的话，其根本原因是传统法治对市民社会自治和有限政府的基本假设导致了法律对国家权力防范的片面和消极。随着生产的社会化和国家职能的全面膨胀，政府行为的内容涉及到社会生活的各个领域，基于市场失灵而产生的国家干预，使得政府的权力超越了代议机关而拥有兼具立法、执法与司法的多重权力。政府权力的扩张是社会经济生活整体化、社会化发展的需要，但是政府权力并不具有天然的合理性和正确性，其自身不能保证必然符合社会成员的根本要求，也不能改变法治的基本宗旨。传统法治的静态、消极实体法模式已然失效，根本出路是通过最古老，也是最直观、最有效的程序法律对政府行为进行全程跟踪式和整体性的规范。相比较国家的司法活动可能给公民权利造成的个体的、间接的不正当伤害，缺乏科学论证和公正程序保障的立法活动，会在更大的范围内在整体上给更多的人造成持续的侵害，程序失范的执法活动则会更加直接和常规地侵害个人的现实利益，更具社会危害性。所以，经济程序法的建构重点不是加强和精细对国家司法事后救济，而是通过民主协商机制强化对政府立法活动的事先控制与具体执法过程的事中监督。

　　其次，必须超越实体法和程序法分离、法律与现实生活相隔绝的形式理性法观念，突破法律的自我循环论证模式，将包括实体法和程序法在内的所有法律制度放在促进整个社会生活持续、稳定、协调发展功能和作用的大背景下，重新确立程序法的"元规则"和基础地位。实体法与程序法的概念划分与规范区别是近代理性主义和概念法学家们的主观理想。成文法的最初发展如古罗马的《十二铜表法》和我国战国时期的《法经》，并没有严格的实体法和程序法之分，英美国家的普通法也并非起源于单纯的"程序制造"，即使是在近代的法律发展中，也很难区分一部法典是程序法抑或是实体法，尤其是在大量的涉及国家行为的"公法"法典，如宪法、行政法和经济管制法中，既贯穿实体规范又有大量的程序规范，甚至一些权利条文本身也是程序规范。原始意义和实践意义上的法律，并不是自我生成的，实体法和程序法的关系也不是"鸡生蛋，蛋生鸡"的自我循环论证和玄虚逻辑命题，它们都是"根源于那些毫无关联或关联极微的救济、程序和诉讼开始令，而这一切又是为了保护种种利益，及为矫正那些最困扰社会、最值得注意的种种非法行为而设计的。"①法律是人类知识系统中的一种实践理性，它必须应对实践的需求，法律制度的价值也莫过于满足社会需求。德国著名法学家拉德布鲁赫曾经指出："如果将法律理解为社会生活的形式，那么作为'形式的法律'的程序法，则是这种形式的形式，它如同桅杆顶端，对船身最轻微的运动也会作出强烈的摆动。在程序法的发展过程中，以其清晰的对比反衬出社会生活的逐渐变化，其次序令人联想到黑格尔精神发展过程的正反合三段式。"②也就是说，实体法对社会生活的反映是在程序法个别反映的基础上进行的，是事后的、抽象的、形式化的，程序法的功能则集中体现在它通过对现实中具体案件的处理，它最直接地与社会生活进行互动，在法律与现实社会经济生活的边缘处不断扩大法律调整的领域，增大法律帝国的版图。"它将许多人类理所当然享有的自然权利，而由于这种权利受到了某种侵害，当事人又无法使其通过私力救济获得保护，或者这种私力救济已经为社会所不允许时，通过法律的

---

①　［英］R.C.范·卡内冈：《英国普通法的诞生》，李红梅译，中国政法大学出版社 2003年版，第 42—43 页。

②　［德］拉德布鲁赫：《法学导论》，米健、朱林译，法律出版社 2012 年版，第 126 页。

程序——现代社会中也只有通过法律的程序——将它纳入法律的调整范围。"①或者说,实体法只是对社会生活的抽象、静态设计,程序法则是对现实生活的具体、动态调整。法律程序,尤其是英美法系和法治意义上的正当法律程序本身具有实体和程序的双重含义:在实体上,它意味着除非依据适当的法律,权利和自由不可被剥夺;在程序意义上,它意味着一旦要由法律来决定行为,适当的程序就必须伴随。② 在脱离社会生活自身统一性和价值终极性的情况下,将法律机械地划分为实体法和程序法的做法,不仅使法律制度内部在究竟是程序法创造了实体法,还是程序法为实体法服务的争执中加剧内部冲突,破坏自身的协调性,还会使法律自身的价值目标本位化,导致法律帝国主义,从而背离、淡化和降低法律为社会生活服务的宗旨。

二、经济法正当程序的哲学基础

在现代社会,国家干预经济事务的不断扩张与经济法规范供给不足又运行不畅之间的矛盾,不仅要求加快实体法律制度的供给,而且要尽快实现对现有法律资源的有效整合,提高法律运行的整体效率。这就不得不在理论上重新回答一个古老而又常新的法律哲学问题,法律知识来自何处? 又何以运行? 从两大法系的法律实践和近代西方的理论争锋来看,解决上述问题的理论依据主要有两条:一条是由培根所创立的、以英美法系为代表的"经验论",另一条是由笛卡尔创立的、以大陆法系为代表的"唯理论"。

培根针对的经验论及其对英国社会和英国法治模式的影响,哲学

①　江涛:《程序法与实体法关系的思辨——就"程序法乃实体法之母"论断的质疑》,《政法论丛》2004 年第 3 期。

②　参见 D. J. Galligan: Due process and Fair Procedures, A Study of Administrative Procedures. New York Oxford University Press, 1996, p.178。

大师黑格尔有一段非常精辟的论述：

> "培根一直被赞扬为指出知识的真正来源是经验的人，被安放在经验主义的顶峰。事实上他确实是英国所谓哲学的首领和代表，英国人至今还没有越出那种哲学一步。因为英国人在欧洲似乎是一个局限于现实理智的民族，就像国内小商贩和手工业者阶层那样，注定都是沉陷在物质生活之中，以现实为对象，却不以理智为对象。人们把很大的功勋归给培根，因为他的名声大于直接可以归给他的功绩。从事实之间出发，并依据事实下判断，当时已经成为时代的趋势，成为英国人说理的趋势。由于他把这个方向表达出来了，人们就归功于他，好像全然是他把这个方向给予了认识似的。"①

培根之所以创立经验论，并且将它推广到知识的本源意义上，主要是为了驳斥亚里士多德以来的三段论格式和演绎逻辑，反对中世纪基督教的抽象的概念推演。培根认为，三段论格式的演绎逻辑的前提、定义和概念都是抽象的假定，所谓的逻辑推理是不顾客观事实的语言文字虚构。他所倡导的经验论以及与之相应的归纳推理是以事实经验为根据，以人对自然的观察和实验为根据，从客观事实中归纳出事物的本质和规律。归纳法的目的在于发现事物的特征或性质的形式，它要比事物的实质更重要，因为实体或性质依赖于形式，没有无形式的性质，性质包含于形式之中，形式寓于性质而存在。"一物的形式就是此物本身，而事物与形式的差别不是表面的与实在的、外在的与内在的之间的

---

① ［德］黑格尔：《哲学讲演录》（第 4 卷），贺麟、王太庆译，商务印书馆 1978 年版，第18—19 页。

差别,或者说,是一物对于人来说与一物对于宇宙来说之间的区别。"①

　　经验主义的认识论反映在法律制度上,就是普通法系典型的程序重于实体的法治观念。首先,以经验论为基础的普通法在运行过程中宁可相信以陪审团为代表的多数人的经验,也不相信具有丰富法律知识的职业法官的理性,从而设计了以陪审团为标志的程序主义法律模式。当然,经验论者所讲的经验是多数人的经验,不是某一个人的经验,多数人的经验在现实中是各不相同的,这就需要通过归纳进行总结,经归纳得出的大家都认可的共识性经验就是可靠的。英美法所崇尚的陪审团制度体现了对多个普通人普通经验的相信和对法官个人理性的轻视。其次,英国的经验论者认为,经验是最可靠的,以往积累下来的案例是经验的积累,所以也最可靠。普通法实行的判例拘束原则一方面是对以往经验的尊重,同时也要与现实经验相融合。其三,由于经验是分散的,也是历史的,为了寻求共同的也是最为现实的经验,就必须建立大家都认同的规范方式、方法、时间和步骤,即经验论者所探求的寓于事物的性质而存在"形式",也就是法律上要求的能够整合现实中不同经验和历史经验的公正程序。现实中法律经验共识的获得是通过能够为多数人提供参与讨论和表决的程序机制而实现,历史的经验也要经过现实经验的检验,即经过具体案件中陪审团和法官经验的检验而转化为现实的经验共识。② 可以说,普通法的程序中心主义所

---

①　[英]培根:《新工具》(第 2 卷),许宝骙译,商务印书馆 1984 年版,第 13 页。
②　在此需要说明的是,我们认为普通法对程序和实体应该是一样重视的,而不是学术界普遍默认的重程序而轻实体。当然,普通法中的实体法并不像大陆法中的那样在理论上是先验和不言自明的,而是经过陪审团这个普通人的程序予以归纳和认证的;同时,先前案件的裁决即判例一般都构成对以后类似案件的实体性约束,先前判例或者称之为实体法也不像大陆法中的制定法那样对法院具有绝对的时空效力,陪审团或法官有在后来的具体案件中如果有足够的理由就可以推翻它。这有点类似于议会对制定法的修改或废止,只是二者的行为主体、效力内容和现实影响不同,但是在程序的法定化要求方面和严格程度方面又具有相通之处。

反映的是经验论者所主张的知识就是通过大家都能认同的方式或程序,对经验不断进行总结和提炼的过程。虽然普通法在理论上倡导三权分立的理想,但是它的实践却主要是一个在程序正义或者正当法律程序规范下立法、执法和司法相统一的过程,因为理论上很难将普通法司法活动的中心内容,即判例的创造、遵从和修改归入到概念化的立法、执法还是司法中。由此我们也可以说,20世纪30年代以来,美国为了应对经济危机而设立的具有立法、执法和司法综合权力的独立管制机构或经济委员会,在制度运行上并非空穴来风或者对宪政分权思想的背叛,这种权力混合只是从普通法的消极司法救济转移到了积极的行政管制而已。无论是先前的普通法还是新近的行政法,都没有因为权力混合而导致权力异化或者权力的滥用和腐败,其根本原因是,二者都是以程序法作为制度运行和权力监督的基础和保障。

与英美法崇尚程序法规制下的经验论法治模式不同,大陆法则在其哲学基础,即笛卡尔创立的唯理论指引之下,开创了以实体立法为中心的另一条法治道路。笛卡尔唯理论思想的核心是,人们的日常经验是多变的,因而也是不可靠的,只有理性才是客观、真实、可靠的,理性的演绎和形式逻辑推理是一切知识的唯一来源。笛卡尔认为,理性,也就是观念本身是最清楚明白的,因为它是天赋的、先验的,获取真知的方法就是将经验与观念进行对比,如果经验符合观念就是真的,否则就是假的。

唯理论的哲学思想在法律中的反映是,国家必须制定出一部由一些"清楚明白的观念"组成的法典,人们以这些"清楚明白的观念"——实体法的规定为依据,判断自身行为和相互关系,凡是符合法典的就是正确的,反之就是错误的。政府官员们(包括行政官员和法官)通过将事实与观念化的法条进行对照,然后运用严格的逻辑推理,判断案件事实的真实性和合法性。整个案件的核心是理性,而不是经验。唯理论法律思维的代表是法国和德国，但二者又有区别。法国法体现和反映的"观念"或理性是一些从最简单的命题开始，是用普通人的推理来论证和阐发自己的思想，而不是专家学者的抽象思辨。正如笛卡尔所说："因为在我看来，普通人的推理所包含的真理要比读书人的推理所包含的多得多。普通人是对切身的事情进行推理，如果判断错了，他的结果马上就会来惩罚他；读书人是关在书房里对思辨的道理进行推理，思辨是不产生任何实效的，仅仅在他身上造成一种后果，就是思辨离常识越远，他由此产生的虚荣心也就越大，因为要花费比较多的心思，想出比较多的门道，才能设法把那些道理弄得像真理。我总是如饥似渴地要求分清真假，以便在行动中心明眼亮，一辈子满怀信心地前进。"① 所以，拿破仑法典要求必须以普通人的智慧和推理为基础，在内容上尽量通俗易懂，让每一个老百姓都能看懂，这样才能得到公众的信任。这一点与英国法的经验论基础具有诸多的相似之处，有所不同的是随着经验和观念的不断积累，人们对"经验"、"观念"本身的态度以及对发现和整理这些经验、观念的方法和手段的态度与重视程度发生了变化。如果说在法国还比较注重对普通个人智慧和推理及其整合方法的话，在德国，由于以黑格尔为代表的德意志民族天生的抽象和思辨能力，他们认为经验的方法没有普遍性，笛卡尔所说的思维只不过是抽象的理智，其思想尽管伟大，但是他的方法没有什么价值。他们崇尚思辨理性，具有思辨理性的人当然是受过专门训练的专家学者，一般群众则被贬斥为群氓，由此导致的一个必然结果就是，德国的法典已经不再是一般民众的普通法典，而是专家的法典。同时，他们的法律也在理性思辨的支配下，将实体法与程序法的血肉关系进行了人为的分割，并且开始忽视和抛弃程序对实体法的积极整合功能，走向了极端的程序工

---

① ［法］笛卡尔：《谈谈方法》，王太庆译，商务印书馆 2000 年版，第 9 页。

具主义。

这样,英美法中对案件事实或经验进行发现并反思性整合的"法律程序",首先在法国法中被绝对的、清楚明白的"观念"所掩盖,然后在德国法中被专家学者先验的、客观化的抽象思维和内在规律,即三段论格式的演绎逻辑推理所支配和控制,程序成了实体的工具和手段。当然,欧洲大陆法并不是不重视法律程序,而是在绝对理性观念的支配下将程序内在于实体法之中了,因为在概念的推理中,每一逻辑推演都是不可或缺的。如果我们将法律逻辑看成是程序的话,欧洲大陆法中的程序法则是一种更为高级的、理想化的、格式化的程序。

在经验论基础上的英美国家法律传统和以唯理论为依据的大陆法国家的法律模式虽然有明显的区别,但它们在寻求客观公正的法律规定这一点上是相通的,而且对公正的理解也是一致的,即公众认为正确的东西。公众的认可或认同标准与一个国家的哲学思想和民族传统又紧密相联,法律程序或者程序法则是对公众认同内容的一种形式化表达和有机整理方式。经济法所规定的国家干预的必要性、现实性和具体方式、方法,既受经验不足和经验分散的限制,又受人类理性的不完整和科学技术等客观条件的制约,所以不可能在所谓"清楚明白"的观念和先验的理性中进行统一的、一劳永逸的实体法调整和规划,只能通过程序约束下的个案式经验总结,在有限理性指导下进行具体的实践论证,在理论上最大限度地得到最新的科学知识的支持,在实践中与广大民众的主观认同相融合,提升其自身的公正性、合法性和实效性。

三、经济法正当程序的伦理学基础

在现代社会,权力神授和完全理性基础上的市民社会自治的神话虽然已经打破,国家干预获得了一定意义上的理论上认可,但是,国家政府既不是神灵在人间的化身,也不是市民社会天然的代理人,社会和市场只能依靠自身的集体理性,以国家和政府干预为媒介来克服和弥补市场缺陷。经济法所面临的社会现实:一方面,市场化的经济运行框架使每个人获得了比以往任何时候都多的自主和自治空间,社会和个人都将从政府的羽翼下解放出来,政府不再决定人们的生活方式和生活态度,也不再完全控制人们的行为选择;另一方面,由于个体的非理性和市场本身的缺陷,人们又不得不借助国家和政府的力量对个体行为进行校正,对市场缺陷进行弥补,以保持社会经济的持续、稳定、协调发展。也就是说,国家政府的经济管制行为与个人自主之间的分歧和整合,是经济法制度设计的首要问题,也是最基本的伦理基础。因为现代社会的政治和法律制度离不开这样一个经验的基础,即个人的自主自决和开放的社会结构。① 所以,经济法制度的运行还得以社会民众的自主和自治作为其伦理支撑,以实现其内在的合理性和外在的权威性。

个人的自主和同意是现代法治的基本内核,也是法治正统性的伦理基础。正统性包含两层基本涵义:第一层涵义与传统的观念有关,主要是指权力承天启运、一脉相传的公认谱系,与 orthodoxy 的概念相对应,不妨称之为"承传的正统性"。第二层涵义与正义的观念有关,主要指对权力的社会认可和拥戴,与 legitimacy 的概念相对应,不妨称之为"承认的正统性",既有"正当性"的意思,也有狭义上的"合法性"的意思。但在马克斯·韦伯、卡尔·舒密特、赫曼·黑勒等人对萨缪尔·冯·普芬道夫的世俗自然法式的广义"合法性(legitimacy)"与康德的道德法律二元论式的狭义"合法性(legality)"这两个概念加以区分之后,作为正统性记述符号的"legitimacy"基本上可以被理解为超越法律实证主义的"正当性"的同义词。今天我所说的秩序的正统性,主要是

---

① 宋显忠:《程序正义及其局限性》,《法制与社会发展》2004 年第 3 期。

指能使统治者与被统治者之间的关系得以正当化的价值观念及其社会效果,具体体现为被统治者对统治者的支配权以及强制力的心悦诚服,或者事实上、行动上的承认。

现代法律的种种制度设置,无论是实体法,还是程序法,无一例外都是从人的主体性价值和人本主义思想出发,通过对个人价值的最大化实现为基本途径,进行资源的配置,都是通过参加者之间的竞争,将资源配置给优胜者。传统民商法主要是对以个人之间横向竞争为基础的市场机制的确认、保护和规范,实现自然资源和社会资源的有效配置,经济法等社会性更强的法律则在肯定个人之间横向竞争的前提下,侧重于对作为整体的、以国家政府为中介的社会与私人在资源配置方面的竞争,实现资源配置的总体最优。但是,无论是个体间的局部竞争,还是个体之间、个体与整体之间的立体式竞争,在法律制度的内容上都要以公民的主体性价值的承认、保护和彰显为其伦理基础。所以,公正或符合伦理要求的法律制度必须具备两个基本要求。

一是法律规定和法制运行"前提"的非预设性。法律不能先入为主或者主观地为人们的日常交往和经济活动预设前提,更不允许参加法律活动的一方当事人为另一方当事人设置前提,限制彼此讨论的话题或者限制另外一方当事人的活动。如果说存在法律对人们行为的限制,那也只能是人们的自我限制,即要经得当事人的同意,否则这种限制只能是暴力和专制的代名词而已。应该说,最初人们的社会经济生活是纯自然的,完全自主自治,社会化程度非常低,所以几乎没有任何人为和预先的限制。随着人类生产生活社会化需求的提高,人们的相互行为和社会行为开始受到一些社会规则设定的"前提"的限制。这些限制主要来自两个方面,一是当事人对个体行为的自我限制,二是人类社会基于整体利益的维护对个体行为进行的一般限制。私人生活中的契约最早使个人的社会行为加诸了许多预设的前提,但是这种预设前提必须经过当事人的明确意思表示确认和同意,否则对当事人不具有强制力;立法对人们行为的一般性规范和限制依然遵守当事人的自主和自治这一条基本原则。在古代社会,王权统治虽然缺乏现代社会的理性基础,但是它的正统性是得到人们默认的。近现代社会以来,代议制度则将个人的同意形式化,其过程的商谈性和内容的调和性都体现了法律制度本身的中立和非人格化特征;司法救济也以当事人的申请和告诉为条件,其结果是利益冲突的各方主体进行举证、论证和相互质证,最终达成的某种共识,其间的实体权利和程序权利的自主性和处分性同样体现了法律前提的非预设性要求。同理,市场缺陷或者失灵是国家调整和适度干预的前提,该前提不是先验和预设的,而是经过大量的实践经验和严密地科学论证,其现实性和适用性要经过市场主体的同意或者默许,国家干预的内容、方式也要符合经济效率原则。总之"需要国家干预"的"前提"是市场及其主体对整体效率追求的客观要求和主观认同,不是国家政府在意识形态支配下的政策偏好,也不可能是具体主管人员的主观臆断。

二是法律结论的非先决性。任何法律行为,包括立法、执法和司法都不应当是预先的决定,而必须是经过法定的程序,经所有的利害关系人进行民主协商、充分论证而达成的合理性共识。随着理性的不断成熟和认识自然、社会和自我能力的不断提高,人们越来越摆脱上帝抑或是知识精英的宿命论束缚,通过自我控制和自我支配来实现自主和自治。法律制度对各种社会关系的调整,对人们的行为规则的设计,对现实利益冲突的调整和补救,不是基于先验的上帝意志或抽象的人类理性,所以不允许对有关法律问题没有经过调查分析而进行事先的主观决断,如在选举中内定当选者,在立法中凭空草拟法律文本,在执法中先裁决后调查取证,司法中先判后审;也不允许利益冲突或对立的当事人一方将自己的观点和价值偏好,未经对方当事人同意且不加任何说明地强加给另一方,更不允许国家完全依靠强制力量,一意孤行地推行某种具有很强意识形态化的经济政策,将法律变成强权和专制的工具。法律规定要通过特定的程序机制不断地去发现、确认和多次证实,应该给予所有的利害关系人以尽可能多的对话和协商机会,法律结论无论是立法、执法还是司法,都应当以有关各方之间达成的重叠共识为基础,这样才能实现法律的抽象规则与具体生活事实和统一,实现社会秩序的正统性要求与社会主体的主观同意的伦理性基础相统一。在经济法实践中,确定国家对市场进行必要干预的领域、手段、方法时,不能以主观的价值判断代替客观的经济分析和科学论证,要以实现市场的持续、稳定、协调发展和社会整体利益最大化为目的,进行具体的实证分析和民主协商,以求达到经济法的内容和形式、主观与客观的统一。

法律制度的公正、无偏私、去前提、非决定的伦理性要求,也是经济法程序机制建构的伦理基础。从人的主体性价值角度,借用英国学者戴维·米勒的观点,经济法的正当程序机制还要符合正义的平等、准确、公开和尊严四个基本标准。①

平等作为法律公正或正义的首要标准,首先是法律面前人人平等,反对操纵法律运行,做出偏袒和专断之举;其次是给予所有的人和事以同样的对待,避免事先对道德上相关的要求和权利之间进行主观的硬性排序。为了促进社会经济发展,经济法立法和执法活动不能对市场法则"无形之手"和国家干预"有形之手"进行事先的主观选择和排序,而必须对二者持中立的态度,只能按照公开、公正、民主参与的正当程序,根据整体效率和可持续发展原则,对特定时空下的具体问题进行具体分析,做出符合理性的决断。

---

① 参见[英]戴维·米勒:《社会正义的原则》,应奇译,江苏人民出版社 2008 年版,第108—112 页。

对真实性准确的追求是人类的天性之一，也是人们进行自我组织管理和抉择的前提条件。同理，在具体法律事务中，必须尽可能多地收集相关信息，并对这些信息进行严肃、认真、科学、规范地比较分析和研究论证，进行相关的裁决。准确性在客观上是真实、科学的要求，在主观上也是形成多元共识并获得认同的主要依据。无论是市民社会中私人利益的冲突与调停，还是国家干预中社会整体利益与个人利益的协调统一，准确的依据和充分的论证与人的主观认同的伦理要求也是相一致的。

人们自我主观价值认识和体现的基本要求是不被遗忘，或者在基本的社会活动中作为主体参与，而不是作为客体被任意支配。也就是说，人的价值在某种意义上更加侧重于主体和精神层面，而不仅仅反映在客观或物质上。所以，在法律规定的基本人权上，言论自由甚至比财产权更受到人们的关注。公开的伦理价值要求，法律运行的实体性规则、标准和程序性的方式、方法以及时间顺序和效力，都应当向利害相关人公开和透明，并尽可能地向他们提供精神上的鼓励和物质上的帮助，使他们不仅能够获得有关利益调整的依据和结果，而且也有可能现实地进行自我辩论，实际参与关涉自我利益的公共决策。公开和透明的法律会消除有关当事人被蒙蔽的心理防御，参与和辩论则能增强法律制度的自治内涵和当事人的自律意识，从而也就降低了法律实施的阻力，提高了法律调整的实效。

法律是调整社会关系的特殊规范，社会关系的主体是人，所以法律的第一要务是确认人的人格尊严，这也是法律获得遵守的最基本的伦理基础。无论是西方学者提出的"天赋人权论"、"法律权利说"、"福利权利说"或者马克思主义的"权利义务一致论"，或者第三世界国家对人类发展权、民族自决权的强调，无不突显出"以人为本"的法律文明观和对人格尊严的重视。在现代社会，人格尊严在法律上首先表现为个人主体资格的完整和平等。无论是立法、执法还是司法活动，每个人都应当被看作是主体，而不是客体；其次是公开，法律规定的内容、具体实施和救济都必须向所有的人公开；其三是参与，任何人都有机会参与法律的运行并且能够采取必要的措施来维护自己的合法权益。"参与不仅有助于选出合格的领导、制定高质量的法律、调查案件的事实真相，正确适用法律，更主要的是，它体现了个人的意思自治与尊严，从而抚慰人心。"①其四是自决，法律的裁决也必须尊重个人的人格，不得带有任何歧视和侮辱性的内容，而且其内容也应当经过当事人的辩论、质证和确认。可以说，尊严是人之为人的基本要求，也是人的精神独立的主要体现。在个人的私人性交往活动和重大的政治性举措中，对人格的尊重都是法律获得主观认同和客观遵守的基本条件。

法律内在的伦理性基础不仅要求法律规定的平等性、非歧视性，更主要的是法律实现过程的公开、透明、民主、参与以及法律裁决的自主和自治，这些仅靠实体法的静态的、抽象的、先验式的规定是不能得到完全满足的，而必须借助程序法的非人格化规定、开放式结构、说理性机制、形式化过程、相对确定的结论来保证和最终实现。

首先，法律程序不同于实体法纯形式化、抽象性的规定，造成对个体正义和差别正义的忽略甚至扼杀，也不像社会现实对个别具体正义的完全遵从，从而丧失制度规范对社会生活的普遍、长期调整。法律程序通过提供一个中立性的谈判机制或博弈场所，给所有的利害关系人以平等的参与谈判和博弈机会，在非人格化的程序规则而不是结论性规定的约束下，由当事人自己来提供、论证并最终达到有关个人利益之间、个人利益与社会整体利益之间的均衡点。如"立法程序的主要意义不是确立放之四海而皆准的规范，而是使一切法律都变成可以更改的。

---

① 陈端洪：《法律程序价值观》，《中外法学》1997 年第 6 期。

认为法是永恒、安定的行为标准,这并不是现代观念。现代法的特点是可变的,甚至是求变的。然而,这种变更并不是突如其来的,更不是率性而为,法律的制定和修改必须在一定的权威机关之中按照一定的手续进行。"①法律或法律程序的正义基础是复杂多变的社会现实及其利益冲突,它来自于人们对自身现实生产生活状况的主观判断,其中包含判断者对生产生活的理解和要求。在特定的时空点和特定的社会事件上,人们都会有统一的认识,但是,共识是随着问题的差异、时间的变化和观察者的角度不同而变化的,因而那种绝对的、永久不变的、可以适用于任何一个星球的客观正义是不存在的。现实中的法律正义或程序中的正义只能是建立在所有人不可剥夺的平等与尊严的基础之上,现代司法程序以及宪政民主体制下的所有决策框架均将平等与尊严设定为初始条件,作为人们追求各自目标和国家进行各种政治经济活动所必须遵从的基本条件。② 客观正义的法律所要规范和调整的是个人和国家的行为及其在行为过程中形成的相互关系,而对行为内容及其最终的结论则始终保持中立,尊重社会主体的自主和自治。

其次,法律程序不像实体法那样力求对社会生活做出实质的确定性规定,也不能直接导向具有某种价值倾向的实体性结论。比如,立法程序不能保证具有特定内容的立法草案的必然通过,它只能使立法问题在公开、透明、民主的程序中,经过各方当事人的充分论证和民主协商,最终达成某种具有重叠共识和相对确定的结论;执法程序也不必然使某个法律规定适用于具体的人和事,而是根据对特定案件进行法律调整的必要性和现实性来确定,其结论也只有在对客观事实进行全面调查和相互质证的基础上才能确定;司法程序不能准确地预言原告或

---

① 季卫东:《程序比较论》,《比较法研究》1993 年第 1 期。
② 宋显忠:《程序正义及其局限性》,《法制与社会发展》2004 年第 3 期。

者被告胜诉,而是根据原被告双方的举证、相互辩论、认可以及法律所要实现的目标做出。与实体法相比,程序法规定具有形式化和间接性的特征,程序的结论与社会客观事实相比,具有相对性和非精确性的特点。但是,科学公正的程序能够最大限度地调动人们的主观能动性,使主观化的立法活动尽可能地产生出最接近客观现实的实体法律规定,增强它的稳定性和普适性;也能使历史的、抽象的实体法律规定在特定时空下,通过直接利害关系人的直接参与和论证变得生动、具体,使教条式的法律符号转化成鲜活的社会现实。可以说,程序法对特定案件利害关系人的主体人格和主体价值的尊重和体现,不仅反映了人类主观认识及其成果的不断积累和重新整理,而且体现了主观认识与客观现实的不断碰撞,同时也实现了人类文明中形式理性与实质理性的连接和沟通。

第四章　经济法正当程序的价值

第一节　正当法律程序价值的重构

一、正当法律程序价值理论重述

法学研究中的"法的价值"经常在三种意义上使用[①]：第一种意义是指法律在发挥其社会作用的过程中能够保护和增加哪些价值，这种价值构成了法律所追求的理想和目的，因此可以称为法的"目的价值"；第二种意义是指法律所包含的价值评判标准，正如社会学法学家庞德所指出的"在法律史的各个经典时期，无论在古代或近代世界里，对价值标准的论证、批判或合乎逻辑的适用，都曾是法学家的主要活动。"[②]第三种意义是指法律自身所具有的价值因素。这种意义上的价值可以称为法的"形式价值"，它不是指法律所追求的社会目的和社会理想，而是在法律的形式上应当具备哪些值得肯定的或"好"的品质。

在西方法律思想史上，习惯于将法律的价值与正义划等号，而且这些正义观念大多关注的是所谓"分配正义"、"均衡正义"以及"矫正

---

① 张文显：《法理学》，法律出版社 2011 年版，第 281 页。
② ［美］罗斯科·庞德：《通过法律的社会控制》，沈宗灵、董世忠译，商务印书馆 2010 年版，第 55 页。

的正义"①。这些观念或学说基本上都只重视法律价值中对各种活动结果的正当性,而不是活动过程的正当性。对法律程序价值研究的创始人是英国的思想家杰罗米·边沁。从 20 世纪 60 年代以来,学者们开始突破实体法的束缚,注重研究法律过程或法律程序自身的价值问题。1971 年,美国学者罗尔斯在其名著《正义论》中,提出并分析了程序正义或程序价值的三种形态:纯粹的程序正义、完善的程序正义和不完善的程序正义,并着重论述了纯粹的程序正义。② 同期,也有人从法哲学的角度对程序价值进行了广泛而深入的研究,形成了程序正义思潮。③ 一些英美学者从揭示传统的"自然正义"和"正当法律程序"的观念出发,对法律程序本身的公正性和正当性进行了较为充分的探讨,提出一系列有关程序正义的理论。④ 此外,包括英美学者达夫、罗卡斯、贝勒斯、萨莫斯⑤等都从不同角度对法律程序本身的价值进行了深入的研究和论证。在我国,从 20 世纪 90 年代开始,学术界也对程序价值

---

① 对此美国法学家贝勒斯教授在其著作《程序正义》中曾做过详细地概括和总结。参见 M. D. Bayles,"Procedural Justice",1990 by D. Deidel Publishing Company.

② 参见[美]约翰·罗尔斯:《正义论》,何怀宏等译,中国社会科学出版社 2001 年版,第 80—83 页。

③ See D. J. Galligan,Procedure,1992 by Dartmouth Publishing Co. Ltd.

④ 参见 R Saphire,"Specifying Due Process Values:Towards a More Responsive Approach to Procedural Protection"(1978)127 Univ. Pennsyvanis L. R. 111;J. Mashaw,"Dignitary Process:A Political Psychology of Liberal Domocratic Citizenship"(1987)39 Univ. Florida L. R. 433;J. Mashaw,Bureaucratic Justice:Managing Social Security Disability Claims(New Haven, Conn. 1983);E. Pincoffs,"Due Process, Fraternity, and a Kantian Injunction",In J. Pennock and J. Chapman(eds.),Due Process,Nomos 18(New York Univ. Press,1977)。

⑤ 参见 R. A. Duff,Trail and Punishment,1986 by Cambridge Univ. Press. J. R. Lucas,On Justice 1980 by Oxford Univ. Press, pp. 1-19. J. R. Lucas,On Justice 1980 by Oxford Univ. press,pp. 1-19. M. D. Bayles,Procedural Justice,1990 by D. Reidel Publishing Company. Principles for Legal Procedural, Law and Philosophy 5(1986),by D. Reidel Publishing Company. Robert S. Summers,Evaluating and Improving Legal Processes—A plea for"Process Values",Cornell Law Review 1974 Volume 60,Nomber 1.

给予了很大的关注和广泛的引介①。迄今为止,有关法律程序价值的研究可谓学派繁多,学说林立。总体上来看,学者们主要是根据实体法与程序法在整个法律体系中的地位以及它们之间的相互关系,将正当法律程序的价值大致概括为实现好的结果的工具价值和本位价值,或者工具性价值和目的性价值、实体性价值和程序性价值两大类,与之相应,在理论上也形成了程序工具主义和程序本位主义两大阵营。②

法律程序工具主义或"结果本位主义"认为,法律程序不是作为自主和独立的制度而存在,它没有任何可以在其内在品质上找到合理性和正当性的因素,它本身不是目的,而是用以实现某种外在目的的工具或手段。在极端意义上讲,法律程序只是作为确保实体法实施的工具而存在,它只有在具备产生符合正义、秩序、安全和社会公共福利等标准的实体结果能力时才富有价值和存在的意义。③ 程序工具主义学派的鼻祖边沁把"最大多数人的最大幸福"原则应用到法律裁判的分析中,进而指出:"对于法的实体部分来说,唯一值得捍卫的对象或目的是社会最大多数成员的幸福的最大化。而对于法的附属部分(即程序法),唯一值得捍卫的对象或者说目的乃是最大限度地把实体法付诸实施。"④也就是说,实体法的好坏可以用功利原则即总体福利来衡量,但是司法程序只能根据它实施实体法的成败来衡量,从而间接地根据制

---

① 以季卫东教授 1993 年在《比较法研究》上发表的《程序比较论》一文为代表,相关的著作和学术论文在法学理论上已经成为一个重要的主题。

② 我国学者曾将程序价值理论概括为四个模式,即"绝对工具主义程序理论"、"相对工具主义程序理论"、"程序本位主义理论"和"经济效益主义程序理论"。实质上这四种理论模式都没有超越程序工具主义和程序本位主义两种理论模式,因为它们都是从程序在实现"正义"中的地位和作用以及程序法和实体法的关系角度来确立程序的价值的。参见陈瑞华:《程序价值理论的四种模式》,《中外法学》1996 年第 2 期。

③ 陈瑞华:《程序价值理论的四个模式》,《中外法学》1996 年第 2 期。

④ J. Bentham, The Principles of Judicial Procedure in 2 Works of Jeremy Bentham 1, 6 (J. Bowring ed. 1838-1843).

度的功利结果来衡量。这里的"结果"包括哪些价值呢？或者说,法律程序有哪些实体的价值目标呢？有人从争议解决程序角度,把"结果"简单地归类为两项——真实与正义[①],或对事实认定的真实和正确地适用法律两个方面。在认定事实的真实性方面,正当的法律程序可以确保利害关系人有效地参与到与之相关的法律活动中来,使裁决者能够对各方当事人的不同论据、意见和观点同时予以关注,并在具体的裁决中予以充分地考虑,避免裁决者偏听偏信或者仅凭主观臆断,有利于查明案件的真实情况,做出公正的裁决;在正确适用法律方面,经过正当法律程序的当事人参与和多方的理性论证,对特定时空下法律制度内外的相关因素进行全面审查和充分考虑,裁决者就能对静态的符号化的法律规则和法律原则做出相对合理的解释和比较准确的适用。

程序价值本位主义理论对法律程序的价值则做出了完全非工具性的解释,它认为,"评价法律程序价值的标准在于它本身是否具有一些内在的品质,而不是它在确保好的结果得以实现方面的有用性"。[②] 程序本位主义源于民主政治理念对程序含义的扩展,其根本原因是现代诉讼活动的价值取向、结构功能、运行机制等方面区别于传统诉讼活动,是对正当、合理、人道、尊重当事人程序权利和人格尊严、限制和防止权力滥用的具体要求。程序本位主义强调程序拥有独立于结果的内在价值,重视程序的过程有效性。这种过程的有效性建立在程序本身发展的规律性和内在的技术机制之上,"有其自成体系的程序组成要素,自身的价值判断标准和独特的法治功能,独立的程序权利义务和程序规律后果。"[③]程序本位主义认为,法律程序的设计要确保法律裁判

---

① John Thibaut, Laurens Walker, A theory of Procedure, Vol. 66 California Law Review, pp.541-566.

② 陈瑞华:《程序价值理论的四个模式》,《中外法学》1996 年第 2 期。

③ 张令杰:《程序法的几个基本问题》,《法学研究》1994 年第 5 期。

和法律决策的利害关系人能平等地参与到法律活动中，并对其产生实质性的影响，程序应当中立、对等和合乎理性，程序过程要能够排除外界干扰，达到功能自治状态，或"为了达到一定的目的而进行的活动，经过不断反复而实现自我目的化。"①总之，程序本位主义理论的特点在于强调程序本身的强制性、自治性和安定性，只要程序自身的公正性就意味着裁判结果的公正性，而一旦违背这种公正性就会导致对结果不利的后果产生。

此外，有关法律程序的价值还有相对工具主义理论和经济效益主义理论。相对工具主义程序理论基本上坚持了程序工具主义的立场，它们认为法律程序是用来实现实体法律的工具和手段，但是又认为法律程序在追求实体价值目标的同时，还兼顾一些独立的价值。法律程序相对工具主义理论的代表人物德沃金认为，绝对工具主义的程序理论过分强调了程序的工具性价值，以至于默认所谓正确的裁决可以通过不公正乃至野蛮、非人道的程序而形成，所以提出对法律程序的工具性价值追求给予一些非工具性价值目标的限制。② 以刑事诉讼程序为例，这些非工具性的价值目标主要有两个：一个是无辜者免受定罪的权利，一个是被告获得公正审判的权利。

经济效益主义程序理论是由西方经济分析法学派提出，以波斯纳为代表的芝加哥经济分析法学派运用经济效益这一价值标准，对包括程序法在内的法律制度的各个领域都进行了深入细致的分析，并提出了独具特色的经济效益主义程序法理论。③ 该理论认为，效益与正义

---

① 季卫东：《法律程序的意义——对中国法制建设的另一种思考》，《中国社会科学》1993 年第 1 期。

② R. Dworkin, A Matter of Principle, 1985 by Oxford; Clarendon Press.

③ 波斯纳的主要代表作有《法律的经济分析》(1972 年)、《正义的经济学》(1981 年)等其程序价值政府详见 Economic Approach and Judicial Administration, in the Journal of Legal Studies, pp. 399-451(1973)。

是同义词,"正义的第二种意义简单说来就是效益",法律及法律程序只不过是实现最大限度地增加公共福利或提高经济效益这一外在价值目标的工具。与法律制度的其他要素一样,法律程序在其运作过程中会耗费大量的经济资源,为了提高法律程序的经济效益,应当将最大限度地减少这种经济资源的耗费作为对程序进行评判的一项价值标准。以审判活动为例,法律程序的经济耗费主要有两种形式:一是决策者的错误裁判导致的"错误成本",二是在法律决策过程中直接产生的"直接成本"。一切法律活动的目的都是为了减少直接成本和错误成本的总和,而不是单独地减少其中的任何一项。

二、正当法律程序价值理论的反思

程序工具主义和程序本位主义理论从各自的立场和观点出发,对法律程序的"外在价值"和"内在价值"进行了十分精细和周详的阐释和概括。但是,对统一的法律程序价值进行的二元论的分析却产生了自身难以逾越的理论问题:首先,无论是程序工具主义还是本位主义,都没有回答其价值赖以产生和存在的理论根基是什么,只是在实体法和程序法或者实体和程序之间进行简单的主次选择;其次,对为什么要坚持工具主义和程序本位主义没有进一步地说明和论证,只是浅显地表明实体正义是法律活动的目的或程序本身就是目的,将具体的法律问题或价值问题抽象成为一个"具有普洛透斯式面孔"的正义问题;其三,对法律程序追求"好的结果效能"和"程序本位价值"的关系不能做出令人信服的说明,为什么在不同的国家地区和不同的时代,人们对法律的两种价值的追求却是截然不同,以及如何协调两种价值之间的冲突和矛盾,并在具体的制度设计中体现出来。这些问题可以说是让所有的研究者都大伤脑筋,大多数论著对此要么视而不见,要么只是做出本位主义的、不具有任何说服力的、主观的实体或程序"优先"论的解释。究其原因,问题在于几乎所有的学者及其论述都将法律程序的价值研究建立在一个"公理"性的前提条件之上,那就是无论是程序工具论还是程序本位论,都是在实体法律和程序法律对整个法律制度的地位和作用,以及它们之间的相互关系这样一种既定的理论框架下,进行循环论证和自我解释,将法律本身或者实体法、程序法本位化,没有看到或者忽略了作为价值主体的人的主观需求和存在价值。

毋庸置疑,价值是一个很宽泛的概念,是"值得希求的或美好的事物的概念,或是值得希求的或美好的事物本身。……价值反映的是每个人所需要的东西:目标、爱好、希求的最终地位,或者反映的是人们心中关于美好的和正确的事物的观念,以及人们'应该'做什么而不是'想要'做什么的观念。价值是内在的主观的观念,它所提出的是道德的、伦理的、美学的和个人喜好的标准。"①但是,从哲学意义上讲,价值则是指作为主体人的需要与作为客体的特定的外界事物之间的一种关系。马克思曾经指出,"'价值'这个普遍的概念是从人们对待满足他们需要的外界事物的关系中产生的。"②这就是说,价值并不是一个实体范畴,而是一个关系范畴,它反映的是外界事物(包括自然界、人类社会和某种客观形式的社会意识形态)对主体需要的一种肯定关系,即外界事物满足主体需要的一种属性。法律程序的价值主要是指,作为客体或外界事物的法律程序在满足作为主体的人类社会个体和整体在生存和发展方面,所具有的且不断发展变化的生理、尊重、实现、超越等需要的功能和效用。对法律程序价值的考查主要有两个方面,一是研究人们在追求和构建安全、有序、持续、稳定的社会制度方面的主观需要,或人们通过法律程序实施法律时所要达到的价值目标;二是一项法律程

---

① ［美］杰克·普拉诺等:《政治学分析辞典》,胡杰译,中国社会科学出版社1986年版,第187页。

② 《马克思恩格斯全集》(第19卷),人民出版社1979年版,第406页。

序在满足人们对秩序的主观需求方面可能具有的客观功能和效用,以及评价这些功能和效用的具体标准。法律程序价值的研究必须以人的主观需求为依据和前提,否则理论研究将会是无源之水或无的放矢,因此无论是法律程序工具主义者所讲的程序的"内在价值"或"工具性价值",还是本位主义者认识的程序的"内在价值"或"道德价值",相对于人们对法律秩序的主观需求来说都是"工具"和"手段",而非"目的"。正如有学者在论证法治的功能和价值时所讲的,承认法治所具有的无可置疑的价值不应该导致对法治重要性的夸张的期待。遵循法治使得法律成为达成某种社会目标的良好工具,但遵循法治本身却不是一个终极目标:"在法治的祭坛上牺牲过多的社会目标会使得法律贫瘠而空洞"。①

从一般意义上讲,法律制度的价值就在于通过权利义务的确定、保护和救济,满足人类社会整体和个体在生存和发展过程中对安全、秩序和效率的主观需求。具体到法律程序,其价值在客观上表现在两个方面,一是通过法律程序吸纳科学和理性规定,即完整统一、客观确定、具有可预测性和可计算性的方法、手段,最大可能地查清事实,解决争执,保护正在或可能受到侵犯的正当利益;二是在解决争执的过程中,正当程序规则要恪守中立、公正、客观、理性,尽量避免侵犯和剥夺当事人现有或既得的权利。前者是救济价值,后者是保护和防范功能。法律权利的内容丰富,形式多样,有财产权也有人身权,有积极的支配权也有消极的防卫权,部门法和实体法无法穷尽所有的权利种类,也不可能对不同形式的权利进行统一的优劣排序,任何权利都神圣不可侵犯,都应当受到法律保护。权利不能任意剥夺,但是可以由其主体按照主观需要和法定的方法进行选择和处分。在不同的历史时期和不同的法律文

---

① Joseph Raz,The Authority of Law:Essays on Law and Morality,Clarendon Press,1979,p.229.

化传统中,由于社会人体观看差异以及法律权利获得和行使的成本和代价不同,法律对不同权利的重视程度和提供的保护、救济的方法、手段、途径就有所不同,大体上经历了物质性权利先于精神性权利,直接权利优于间接权利,积极的行为权重于消极的防护权的发展过程。随着社会的不断进步和发展,个人的主体性价值得到空前的提升,人类要求法律保护的权利内容越来越丰富,法律的保护也应当更加全面系统。

三、正当法律程序价值理论的重构

至此,我们可以清楚地看出,所谓法律程序的工具价值和独立价值,只不过是体现了通过不同的方法和途径肯定和满足了人类对法律制度的不同需求,它们都是现代民主法治不可或缺的有机组成部分。在理论和实践中将二者进行分割和优劣划分,忽略人的主体需要不仅是片面和武断的,而且会造成法律程序功能的残缺和破坏,进而导致法律制度主体地位的虚置和程序的异化。在此,我们突破传统的理论框架,根据价值分析的主客关系框架,从人类对法律或法律程序的主观需求和法律程序满足保护不同权利的客观功能角度,重新整理并建构正当法律程序的消极救济和积极防范功能。

(一) 正当法律程序的技术优势和对争执权利的救济功能

如前文所述,大多数程序法理论之所以将程序法简化为诉讼法或诉讼程序法,是因为传统的法律程序主要应用于解决权利纠纷和利益冲突,正当法律程序的技术性和规范性具有很强的实用价值和救济功能,在个人权利争执及其裁决活动中,通过规范、指导、促进个人的法律行为,有效解决争端,恢复权利,保证权利安宁[1]。

---

[1]　近年来,国内外学者对程序的本位价值或内在价值做出了极端化的推崇和意识形态化的研究,忽视和掩盖了对法律程序的工具价值的探索,有关法律程序的工具价值的论述可谓凤毛麟角。本文有关法律程序价值的论述主要是参考了季卫东教授《程序比较论》一文和张文显教授《法理学》中有关法律程序价值的论述,法律出版社1997年版。

1. 正当法律程序的规范价值

正当法律程序通过对法律行为的时间、空间要素的强制性和确定性安排,克服并防止法律主体行为的随意性和随机性。法律程序的这种规范价值也就是季卫东教授所说的程序通过明确行为主体之间的活动范围和权限而实现"功能的自治"或对"恣意的限制"。[①] 现实社会关系纷繁复杂且又变动不居,任何法律决策和法律行为都会受到来自各方面的压力和各种因素的干扰,事无巨细、面面俱到、不分时空的法律决策要么成本高昂,要么没有结论。所以,"民主的程序及其相应的交往安排可以起到过滤器的作用,对问题和提议、信息和理由进行这样的分类,即只有相关的、有效的输入才是'算数'的"。[②] 只有通过法律程序的时空限制、主体的角色分配和内容的相对集中,创造一个相对独立的决策"隔音空间",才能使行为主体和有关当事人的意见分歧、主观恣意得以压缩,使法律资源有效利用,使争论更加集中、明确,使论证更加均衡、完整,使行为更有效地实现其目的。

(1)正当法律程序的导向价值。正当法律程序通过对时空要素的安排,指导人们的法律行为按照指定的方向和标准在时间上得以延续,在空间上得以展开,一方面从总体上为人们人格化的具体行为提供统一化、标准化的模式,克服行为的盲目性和相互的冲突性,另一方面还保证了人们的法律行为在时间和空间上的有序性和连贯性,提高了法律问题和争端解决的效率。

(2)正当法律程序的和平价值。正当法律程序通过和平的协商对话机制来解决利益冲突和政策抉择,它"为当事人双方提供不用武力解

[①]　季卫东:《程序比较论》,《比较法研究》,1993 年第 1 期。

[②]　[德]哈贝马斯:《在事实与规范之间:关于法律和民主国家的商谈理论》,童世俊译,三联书店 2014 年版,第 699 页。

决争端的方法"。① 和平方法比对抗的方法有利于公正地解决争执。正当法律程序的时空设计和相应的制度安排,从形式上消除了利害关系人之间极端化的敌对气氛,能够缓和利益各方的正面冲突和主观心理对峙;通过程序中身份的定位实现对原始角色的转换,将直接的利益冲突化约为程序中的对话和谈判,有利于比较准确而且迅速地查明事实,分清是非,公正地解决争执。

(3) 正当法律程序的角色定位和分工价值。正当法律程序不仅使法律行为主体的原始主体身份发生了转化,将对抗式的利益冲突转变成和平的协商谈判,同时还通过程序的角色定位和职责分工,使法律主体之间形成一种既相互牵制又共同合作的关系;在各自主观利益的促动下,法律主体的行为积极性和相互的合作意识将会被激发和提高,进而有利于发现客观事实和做出公正的裁决。

(4) 正当法律程序的教化价值。法律行为和法律问题通过正当法律程序得以展开的过程,既是一个裁决的过程,也是一个学习、认识、说服和顺从的过程。无论是事关公共选择的决策还是具体法律纠纷的调停,利害关系人和当事人的意见分歧甚至对抗客观上可能是由于法律权利受到了某种侵害,但也不能排除主观认识上的无知和情感上本能地自卫。正当程序的参与机制使得利益主体的主观心理疑虑得到消除,同时也通过程序的展开和法律问题的形式化使主体的主观认识得到提高,使客观利益纷争因主观随意性的降低和情感因素的淡化而简单化和明朗化,裁决的公正性也就相应地提高了。

2. 正当法律程序对公权力实施的规约价值

现代国家作为社会利益的代表以及法律适用的唯一主体,其行为的

----

① 这是金斯伯格在《公正的概念》一书中总结的法治的含义之一。参见张文显:《当代西方法哲学》,吉林大学出版社 1987 年版,第 206 页。

客观性和公正性并非是先验的。国家政府是由具体的个人组成,国家行使公权力和适用法律的行为难免会掺杂个人的情感和私人利益等主观因素,从而使国家行为的客观公正性受到损害,进而伤害私人权利和影响社会正义的实现,对此正当法律程序具有很好的规范和校正功能。

（1）正当法律程序是约束公共权力的重要机制。所有法律制度的根本目的之一就是保护私人权利,限制和规范公权力。在传统法治条件下,国家公权力的主要任务是向社会提供救济性的公共服务,通过主持诉讼活动对市场主体的利益冲突和权利争执进行事后地、消极地调停和救济,诉讼程序法的主要内容是对国家司法机关的审裁活动进行约束和规范。诉讼活动中,起诉受理、辩论、举证、质证、辩护、陪审、合议等程序制度的建立,其目的都是为了制约裁判者的自由裁量权,避免法律适用者滥用职权,达到法律适用的公正、合法。此外,法律程序对公共权力的约束和规范还表现在立法活动、执法活动等国家行为的各个环节和领域。

（2）正当法律程序是保证公共选择行为理性化的有效措施。与私人行为的自利和自治相比,以公务员为代理的国家行为从本质上说是一种公共选择,由于国家公务员身份的双重属性,国家行为在现实生活中总是明显地带有利益激励不足的特征,再加上人类个体理性的有限性和非理性等因素的限制,国家的公共选择行为和法律适用势必会出现以个人利益替代公共利益、以少数人的偏好替代公众理性的错误和偏颇。正如哈特所说,"我们是人而非神,更不幸的是司法者也和我们一样,既不能像神一样洞察一切事实真相、是非标准都了然于胸,也不能像神那样在任何条件下都不受诱惑地公平地对等每一个人。因此,理性化的法律制度就不得不借助一套程序合法的习惯和规则来实施实体合法规则。"[①]而正当法律程序的开放性结构和协商论辩机制则能最大限度地吸纳公众的意见,最充分地对特定事实和政策选择进行实践

---

① 转引自彭心倩:《程序正义优先价值论》,《邵阳学院学报》2004年第4期。

论证，最广泛地开拓决策者、法律适用者和利害关系人的视野和思路，促进最终的决策和裁判达到公正、准确、合理。

（3）正当法律程序是公共决策和法律适用结果合理性的论证机制。现代社会之所以选择法律作为社会控制的主要手段和方法，以致在极端意义上将法律推向带有宗教色彩的本位化地位，其根本原因不是法律以调试组织化的国家强制力作为支撑和后盾，而是因为法律认可或创制了一整套最具说服力的论证机制。这种论证机制使法律具有丰富的道德伦理和知识理性内容，使国家的公开暴力和有组织的政治活动获得了内部合理性的权威支持。当然，法律将人类文明和智慧进行制度化整理和交流的重要功能并不能单纯地依靠如"杀人者死"之类的实体法律规定来直接实现，因为任何国家的法律都不允许任何个人、组织和国家机关仅仅根据实体法规范直接对犯罪者适用刑罚，对社会成员的个体行为和财产进行强制性管理，对公众的权利义务进行规范性的调整，一切法律适用都必须严格按照程序法规定的正当程序进行调查、取证、辩论、质证、合议和裁决。相比较个体化的司法裁判，在现代市场经济条件下，社会经济事务复杂多变，国家干预经济的行为更不能简单地归结为某个领导人的自主决策，也不能视为是某个国家主管机关的直觉性经验决断，而要按照正当法律程序的规定，通过广泛地实践调查和严密地科学论证，才能做出合乎理性和道德伦理的公共决策行为。通过正当法律程序的论证，司法案件中的当事人对最终的判决获得了理性认识和道德认同，立法和执法中的利害关系人则通过直接和间接的参与和主观意见的公开表达，加深了对决策和法律制度内容的理解，从而降低和消除对裁判和决策的心理抵触和主观误解，提高法律创制、公共选择和法律适用的合理性与实效性。

（二）正当法律程序对当事人既有权利的积极保护和防范功能

在解决争端过程中，保护和预防当事人的人格权和既得权利遭受非法侵犯和不正当限制,也是正当法律程序及其运行的重要内容。法律程序本位主义理论认为法律程序的设计并非都是为了实现"好的结果",即单纯对权利争执和利益冲突作出客观公正的裁决,保护合法利益,正当程序还具有独立于程序结果的如公平、参与理性和人格尊严等其他功能和价值。但是,这些独立的价值和功能并不以"程序"为本位,有如一切法律制度都不是以自身为本位一样,法律程序的价值是以法律主体的主观需求为本位,以通过法律确认和保护而成为合法权利的法律主体的正当权益为服务对象。如果说诉讼程序所要恢复的争执利益和决策程序中的选择利益是实在的,是当事人启动和参与诉讼活动和公共决策的主要诉求,法律程序中各方当事人的人格利益和精神权利也不是虚无和程序性的,而是更实在和更直接的现实权利,争执权利的裁判和公共权利的获得不得漠视和牺牲这些权利。法律的正当性在于获得社会成员的认可和接受,所以不仅要对个人权利进行及时有效的救济和保护,还要避免和防止保护和救济行为对个人权利的二次伤害。需要正当法律程序保护的非争执性权利或既得权利包括财产权和人身权,也包括个人权利和集体权利。针对国家的不当法律行为对私人财产权的侵犯,国家赔偿法已经作出了比较有效的规定,在此我们重点讨论正当法律程序对程序主体人身权尤其是人格权的保护功能。按照法理学的研究成果,正当法律程序对非争执性人格权的预防性保护主要体现在以下几个方面。[①]

① 法律程序确认和保护当事人的非争执性权利的防御性或保护性价值,其内涵和外延与学术界的法所认同的法律程序的内在价值基本相同,本文是在参阅贝勒斯和萨莫斯有关程序内在价值理论的基础上进行的简单地概括和总结。具体内容详见 M. D. Bayles, Procedural Justice, 1990 by D. Reidel Publishing Company. Principles for Legal Procedural, Law and Philosophy 5(1986), by D. Reidel Publishing Company. Robert S. Summers, Evaluating and Improving Legal Processes—A plea for "Process Values", Cornell Law Review 1974 Volume 60, Nomber 1。

1. 正当法律程序的中立、开放和自主能最大限度地保护法律主体的人格权不受侵犯。法律程序的"中立性首先是一种维护对等的形式下的开放性和容纳性",①是对当事人主体资格及其民主参与权的确定和保护。现代法治的民主性和自主性要求,任何私人行为和公共决策都应当由社会成员通过个人和集体的自治与自主实现,所有的社会成员都有权参与到关系其个人和集体利益的决策过程之中,并对决定结果的形成发挥积极有效的影响。程序参与权进一步肯定了"自然公正"原则对任何一方当事人的诉词都要被听取的基本内涵,同时要求任何个人或团体在行使权利且可能使他人受到不利影响时,都有听取对方意见的义务,每个人都有为自己的合法权益进行辩护和防卫的权利。正当法律程序对当事人参与权的肯定是对其法律主体资格的承认和保护,否则其人格尊严将遭到贬损,其法律主体地位将遭到裁决者的否定,其正当利益将被裁决者忽略。② 正当法律程序的"开放性和容纳性"具体要求有:(1)正当权益可能受到不利影响的社会成员都有权参与到关系到其本人利益的法律决定过程中去,有权对将要做出的决定发表意见并了解决定的过程、理由和结果;(2)对法律决定所涉及的"双方(或多方)都应提供信息","各方都应知道对方提供的信息"③,"各方当事人都应当得到公平的机会来对另一方提出的证据和论据做出反映";(3)法律行为的决定者对各方当事人及其论据和证据应当给予同等的注意;(4)应当在各方当事人都在场的情况下听取一方当事人的意

---

① ［美］戈尔丁:《法律哲学》,齐海滨译,三联书店1987年版,第243页。

② 贝勒斯在其著作《法律程序的原则》中所作的论述。转引自陈瑞华:《刑事审判原理》,北京大学出版社1997年版,第63页。

③ M. D. Bayles, Procedural Justice, 1990 by D. Reidel Publishing Company. Principles for Legal Procedural, Law and Philosophy 5(1986), by D. Reidel Publishing Company. P. 55.

见,最大限度地克服偏见。① 美国学者萨莫斯指出,参与权是民主自治的基础,它意味着公民能够自主地主宰自己的命运,"在现代民主社会中,大部分公民宁愿自行管理自己的事务,也不愿别人主宰自己的命运,哪怕别人做得要比自己更好。参与性统治的反面是奴隶制、政治服从和军事管制。"②

2. 正当法律程序的商谈性机制是当事人民主自治权实现的基本方式。在现代社会,随着人们对民主自治权的需求越来越强烈,要求越来越高,法律的权威性基础开始从传统的道德和政治上的简单感性认同向商谈性的理性论证转变。民主的基本含义是人民当家作主,在制度层面上则表现为每个人都有权直接或间接地参与关涉自我利益的个人活动和社会活动,要求法律为他提供实际参与并决策的基本途径和必要的物质保障。正当法律程序通过向当事人提供与其他各方当事人以及裁判者理性对话和辩论的机会,使他成为裁判者在制作裁判方面的协商者、对话者和被说服者。这就使当事人的人格尊严和自主权得到承认和尊重,因为他不是一个其命运受法律或裁决者任意摆弄和处置的客体,也不是国家机关用来维护公共利益和社会秩序的工具和牺牲品,而是一个独立的权利主体。③

3. 正当法律程序的和平性与合理性是对当事人人格权的保护。正当法律程序与其他程序的最大区别在于,它通过和平的方法、手段查清事实,用理性论证和说服教育解决争执,不仅可以比较客观公正地就事实和争执进行有效查证和裁断,同时还可以防止当事人的其他人身权和财产权遭受暴力和专断的侵犯,这是对当事人人格权最现实的保

---

① 　[美]戈尔丁:《法律哲学》,齐海滨译,三联书店1987年版,第241页。

② 　Robert S. Summers,Evaluating and Improving Legal Processes—A plea for"Process Values",Cornell Law Review 1974 Volume 60,Nomber 1. pp.25-26.

③ 　陈瑞华:《程序正义论》,《中外法学》1997年第2期。

护。所以,现代法律程序都绝对禁止使用暴力和有辱当事人人格的方法进行裁决和决断,也不允许专制和独断。

4. 正当法律程序通过对当事人各方的平等对待,确保其人格权和平等权的完整。人类具有天生的受到尊重和平等对待的愿望,这就是法律所要保护的人格权和平等权,"当那些认为自己同他人平等的人在法律上得到了不平等待遇时,他们就会产生一种卑微感,亦即一种他们的人格和共同的人性受到侵蚀的感觉。"而"促使法律制度朝平等方向发展的力量乃是人类不愿受他人统治的欲望。"①一方面,正当法律程序的设计者、主持者时刻不能忘记,法律程序服务和规制的对象是有自由意志的自治主体,另一方面,法律程序的遵从者、适用者时刻也不能忘记,人的尊严和权利都是程序的根本,由此可以推理出法律程序应遵循的基本原则。② 正当法律程序的"参与(机制)不仅有助于选出合格的领导、制定高质量的法律、调查案件的事实真相,正确适用法律,更重要的,它体现了个人的意思自治与尊严,从而抚慰人心。"③正当的法律程序在裁决纠纷和进行集体决策时,对各利害关系人无论他们的原始身份和个体情况有多大的差异,都提供平等的保护,都给予同等地参与、举证、论证、质证、协商的机会,确保其人格权的完整和主体权利的实现;无论是在决策程序、执行程序还是诉讼程序中,各方当事人的请求权和实体性权利,都应当受到裁决者的平等关注和尊重,无正当理由和非经法定程序,不得被限制、忽视和剥夺。

---

① 博登海默:《法理学:法哲学及其方法》,邓正来译,中国政法大学出版社 2004 年版,第 199 页。

② Jerry L. Mashaw, Due Process in the Administrative State, Yale University Press, 1985, pp. 158-221. 关于人的尊严与法律程序的关系问题的理论探讨参见陈瑞华:《程序正义的理论基础:评马修的"尊严价值理论"》,《中国法学》2000 年第 3 期。

③ 陈端洪:《法律程序价值观》,《中外法学》1997 年第 6 期。

5. 正当法律程序的自愿、中立和自治可以确保当事人自决权的实现。正义的法律程序要求，当事人应当是在积极自愿的基础上，参与有关自身利益裁决的法律程序，并通过自己的积极行为最大限度地保护自己的合法权益。即使是刑事诉讼程序，法律也不能强迫当事人，尤其是被告自证其罪或证明其无罪，积极地参与法律程序是当事人的权利而不是义务。如果程序参加者不是自愿而是被强迫地参与程序，那么合意是不可能出现的。正如萨莫斯说，"合意性参与优越于强制性参与，因为它是把选择留给每位参与者个人"。① 同时，法律程序的展开和进行并不能必然得出先验的某个结论，其中立性和非预断性使得裁决者和各方当事人都能积极参与到关涉自我利益的决断中，通过自我努力和相互协商，最终达成解决问题的某种共识和同意。

程序的中立性与偏私、偏袒相对立，包括三个层面的内容和具体要求：从利益上讲，与自身有关的人不应该是法官，结果中不应当包含纠纷解决者个人利益；从态度上讲，纠纷解决者不应当存有支持或反对某一方的偏见或前见；从外观上讲，决定者在操守方面不应该出现让当事者感觉到自己可能会被不公正对待的言行举止，诸如法官不应单独与一方当事者会见。程序的中立是一种社会的需求，它以一种公平方式运行，给予当事人一种受公平待遇之感，因为公平能够促进纠纷解决，并在当事人心中建立信任感，②也使得当事人的自决权得以确认、保护和实际行使。此外，程序的自治性还要求程序的决定排除外部干扰，在决定结果的产生方面只承认程序内的所有信息，唯有程序具有决定性作用，排斥对程序外的其他因素的考量。如"法官做出的决定必须建立

---

① Robert S. Summers，Evaluating and Improving Legal Processes——A plea for"Process Values"，Cornell Law Review 1974 Volume 60，Nomber 1．p．24．

② ［美］戈尔丁：《法律哲学》，齐海滨译，三联书店 1987 年版，第 241 页。

在当事者提出的证据和辩论的基础上,并与此相对应。"①这就是说,(1)决定者的决定结果必须从程序过程中形成和产生,并且是在程序全部结束之后形成和产生,不应当离开程序或者在程序的中途产生。(2)决定结果必须以各方当事者在程序中所提出的证据信息和辩论意见作为分析推理材料,不能任意把它们排除在定案根据之外。(3)决定结果必须建立在决定者通过程序对事实与法律问题所形成的理性认识基础之上;不应当建立在程序之外而产生的预断、偏见、传闻的基础上。(4)决定者应避免背离程序任意听取非参与者在程序之外所提供的信息与意见,诸如媒体舆论、团体呼吁及政府意志,等等。这也充分体现和保护了当事人的自决权。

6. 正当法律程序能够使纠纷和争端及时解决,实现对当事人既得利益和整体利益的保护。贝勒斯认为及时是"草率与拖拉两个极端的折衷"②,萨莫斯将"及时"与"决定性"联系在一起,作为正当程序的价值之一,意思是决断不拖延时间。③ 及时是一个与效率最接近的概念,但是法律程序并非都以简单的"效率"为价值要素。程序的效率常常与程序的可操作性联系在一起。人们对程序可理解、接受并且感到可操作、易操作,那么这个程序则符合效率与及时价值。有句格言说,"拖延审判就是否定正义",但是有时,推迟的裁决结果可能是正确的,但它以当事人的既得利益和现有权利的损失为代价。所以贝勒斯评论

---

① 这是美国学者艾森伯格(Melvin. Eisenberg)在 Participation, Responsiveness, and the Consultative Process: An Essay for Lon. Fuller. Harvard Law Review 92(1987), pp. 411-412. 中提出的法官应当承担的三项义务之一。参见陈瑞华:《刑事审判原理论》,北京大学出版社 1997 年版,第 69 页。

② M. D. Bayles, Principles for Legal Procedural, Law and Philosophy 5(1986), by D. Reidel Publishing Company. p. 55.

③ Robert S. Summers, Evaluating and Improving Legal Processes——A plea for"Process Values", Cornell Law Review 1974 Volume 60, Number 1. p. 27.

波斯纳说，"工具主义方法分析拖延审判时，有可能忽视这一方面，而只注重其对解决争执与经济成本的影响。"[①]法学所谓的"效率"不单纯追求程序成本的最低化和结果效益的最大化；相反，程序法的"效率"是在公正前提下，要求提高解决纠纷的实效，它包括即将获得的利益和现有利益的总体最大化，所以程序的效率要受到两个参数的限制和影响。

上述论证只是从权利保护的角度，对法律程序的价值进行了粗略地概括和总结，其内容和具体制度设计还有待于进一步的理论研究和实践探索。但是，我们认为，正当程序定分止争价值和保护既得权利价值在重要性上是没有优劣，不分先后的，在理论上不存在牺牲其中一个价值功能而获得另一个的客观标准。从当事人参与程序的最初目的来看，主要是获得最大的争执利益和保护合法权利不受非法侵犯，但这并不意味着当事人愿意付出任何代价去争取争执中的利益，同时，这些权利的实现本身与当事人现有的既得利益之间并不存在冲突；如果为了获得或恢复被侵犯的利益要对当事人的相关权利和自由进行一些必要的限制的话，这些限制必须以当事人的自愿和同意为前提，由当事人自主决定和比较取舍。这是权利自主和自治的基本要求和表现，也是我们进行法律程序构建时必须予以考虑和遵守的基本原则，唯有如此，才能真正实现人的物质利益和精神利益、法律权利和道德权利的和谐统一。

---

① 波斯纳语，转引自 M. D. Bayles, Principles for Legal Procedural, Law and Philosophy 5 (1986), by D. Reidel Publishing Company. pp.55-56.

第二节　经济法正当程序的特别价值

一、国家干预正当性与正当程序的证明和发现机制

在现代法治社会中,正当性或合法性是一切社会行为,尤其是国家行为在实践中得以正常运行的根本要求。合法性通常表现为三个方面或者三个层次:一是形式意义上的,是指特定行为是否按照法律的规定行使,是最低层次或最狭义的合法性,是纯粹意义上的合乎法律性或合乎成文实体法的规定;二是内容意义或政治意义上的,即合乎理性,它是指特定行为的内容在特定时空下是否被广大民众的认知能力所肯定和接受,是否经得起当时人们公认的科学理性的检验,在形式上是否经过民主政体下广大民众的同意或默许;三是道德意义上的,即正统性或适当性,是指特定行为是否为人们所公认或既定的价值观和是非观所认同。

在简单或低级社会,法是由传统决定的相对确定具体的法,其"合法性"在内容上处于混沌的整体状态,即合法律规定性与合乎理性和合乎道德是统一的,法律的预期与人们个体的主观预期也是一致的,所以法律的"合法性"并不为人们所关注。当社会变得复杂化,法律变得间接和抽象,人们在确认法律在"藉由排除可能性来简化世界的复杂性"特性,并以它为基础对未来进行预期时,法律本身的"合法性"问题便显现出来。德国法学家卢曼指出,合法性(形式上的法律明文规定,内容上的理性和道德基础,行为中的参与和同意)问题与社会基本预期密切相关,这种预期在不同类型的制度中有不同的结构。"简单制度可以由规范预期的连贯链条组成,直接介入的当事人可以通过第三方规范地、

冷静地预期他人对自己有何种规范预期。一个人应就他们如何预期自己以及他们将如何作为来形成预期。所有参与预期的各方都发现他们自己在一个完整的规范结构中直接面对着规范;统治者——事实上即使是上帝也是如此——与被统治者在法律方面处于相同的位置,偏离这种预期内容的人的预期是错误的,他们的行动是应受指责的。"[1]但是,"当变化的偶然性和可能性被并入了法律,这种简单的解决办法就会动摇和失常。如果第三方的代表被集中化,并且作为一个可能做出有约束力的决策的法律权威时,其他人就进入不得不学习的处境——无论他是该情景的参与者还是其他的第三方。他们必须根据已经被决定、被告知和被改变的情况来学会适应。"[2]

　　相对于传统法治下的民事行为和商事行为主体上的私人性、内容上的意思自治性和结果上的自我责任性,经济法的国家干预主体是间接的,是作为社会民众代理人的国家或政府,行为内容是政府对被代理人的市场主体利益的微观规制和宏观调控,政府干预行为的后果不由政府承受,而由广大民众承担。易言之,经济法作为与社会经济生活联系最密切的法律制度,同时又是政府所代表的社会利益和个人利益之间矛盾最集中、最突出的法域,其合法性或正当性"要求超出形式上的规则性和程序上的公平而迈向实质主义的法律体系。反过来,这一要求的实现又需要一些既能胜任又正当的机构。"[3]经济法的合法性基础已经发生了变化,原本作为价值基础的共识已经丧失,而且由于社会经济子系统急剧增长的内在的复杂性,以国家对社会经济的直接调整,特

　　① Niklas Luhmann. A sociological Theory of Law (A) London: Routledge and keganpaul. 1985. p. 200.

　　② 同上书,pp. 200-201。

　　③ 吕忠梅、鄢斌:《论经济法的程序理性》,《法律科学》2003 年第 1 期。

别是通过强制命令、单一税收和物质刺激的调控,是注定要失败的[①],所以,其合法性基础已经或者必将逐渐地被程序理性共识所取代。

从实体意义上说,国家干预的合法性并非不证自明[②],国家必须从法律化、理性化、正统性方面,通过特定的机制来证明和提高其行为的合法性,并最终提高国家对市场干预的经济和社会实效。从理论上而言,国家干预经济的合法性基础首先是市场失灵的现实存在,其次是政府经济行为不仅要能够克服特定情况下的市场失灵,而且具有明显的效益优势。国家干预经济的活动在实践中表现为国家政府运用现代科学技术手段和经济学理论,对干预的必要性、现实性、具体的方法手段进行论证和具体实施的过程,包含了政府机关的决策者自我认识和学习的过程,也是作为代理人的决策者对受决策影响的广大民众和直接利害关系人进行理性说服的过程,是市场主体通过交往共识和集体理性,进行自我认识、自我学习和自我控制的过程。在此过程中,决策者和利害关系人通过相互的理性活动,既要对客观的经济形势进行学习,又要通过相互的对话和协商,消除主观上的偏见和隔阂,增强对政府行为的认同和对法律规定的预期能力。正如卢曼所说:"法律的合法性由这两种学习过程整合而构成。如果我们能够以这双重的模式来学习——被分化的两个学习过程分别调整决策过程和涉及规范预期的决定接受过程,它就成为了一种制度。法律的合法性因此并不意味着官方有效性主张的真实性,而是指共同的学习过程;也就是说,决定的接

---

① Teubner,Gunther,and Helmut Willke. 1984. Kontext und Autonomie: Gesllschaftliche Selbxtststuerung durch reflexives Retch. Xeltschrift fur Rechrssoziologie 6:4-35.

② 按照分析法学派的观点,法律是出自官方的活动,而国家本身的合法性不是法律和法学解决的问题,因此,关于法的正当化陈述应当到此为止;而按照马克思主义的观点,国家与法都是历史现象,其正当性存在于社会生活之中,因此必须对法和国家的正当性进行进一步论证。参见《德意志意识形态》,《马克思恩格斯全集》(第3卷),人民出版社1979年版,第56页。

受者在具有规范约束力的决定的术语下学习预期,因为决策者自身也能够学习。"①政府经济决策和干预行为的连续性、规范性和可预见性是其合法性的基础,它不可能仅仅依靠法律的明确规定和对组织化暴力的使用上,因为孤立的暴力机制的运用不能排除反对恐怖的一般利益假设的出现,可能导致一种最不稳定的恐怖统治。合法的、正统的统治需要两种机制的共同作用,即自然暴力象征的概括效力和程序参加的中介,所以,国家的经济决策和政府干预行为中"那些防止第三方反对约束性决定的利益得到联合的措施被一般地增加进来,这就是法律规制的程序——尤其是政治选举程序、法律制定程序和司法过程的基本功能所在。"②

也就是说,国家对市场经济的干预除了必须在实体法上获得宪法和其他高级规范的明确授权,以取得"自然暴力象征的概括效力"外,在具体的实施过程中,还必须"通过程序实现合法化"。程序或法律程序是一种在特定时空下临时组成的、旨在获得约束性决定的特殊的社会系统,程序的进行是一个角色重塑的过程,又是一个规范预期的相互讨论、学习、认知、协商、说服,并达成某种约束性共识的过程。通过认知性交流和学习,所有的参与者包括决策者和决策接受者对经济决策行为获得了新的认知和理解,从而也改变了对当前和未来行为的自我和相互预期结构。"在程序中参与者获得了独特的个人角色,比如投票人、代表人、原告、被告、权利主张者、主持听审的法官等等。在程序中,他们可以自由行动,但必须根据程序系统规定的角色——而不是直接作为丈夫、社会学家、工会会员或者医生。这样,他们的行为就被从日常生活的自然背景中分离出来。他们的其他角色被程序的角色中立

<hr>

① Niklas Luhmann. A sociological Theory of Law（A）London：Routledge and keganpaul. 1985. p. 201.

② 同上书,p. 203。

化,只能以交谈主题或争执点的形式才能被合法地提出。在决定发现过程中他们交谈的贡献可以被认为是自由选择的行为;从而该决定也被归因于参与者个人。"经过程序中的角色分化,宏观决策的利害关系人或具体争执的当事人变成了和平的自我利益的主张者和谈判者。"在程序中进行了自我陈述和表演之后,参与者发现他们自己重新成为个人——清楚表达他们意见和利益的个人,自动确立他们作为自己的地位,并因而成为几乎没有机会动员第三人为其案件形成有效预期和行动的个人。于是案件就能以这样的假设而被解决:针对他们的决定代表了第三方的预期。"①简而言之,程序逻辑或程序规则具有通过利害关系人或纠纷当事人参与而获得自我认知、学习的机会而增强主观认同和自愿服从的效力和功能。国家的经济决策和积极干预活动也应当通过程序的角色分化和主体性参与机制,在运用国家的强制力之前,将决策意见分歧和利益冲突最大限度地予以化解,同时也将那些对决策不满的利益群体和当事人孤立了起来,从而使对立和反抗个人化和非政治化。正是正当程序的参与和自我学习机制与国家强制力一起,从内外两个方面承担了使法律,尤其是现代经济法合法化的职责。

二、经济民主与正当法律程序的普遍参与和自决机制

国家干预下的现代市场经济既不单是一般的私人个体经济的自我决策,也不是纯粹公有制条件下的经济高度集中或者经济专制,而是在整体利益和可持续发展理念的指导下,私人自主与集体决策相统一的民主经济。何为民主,学者的论述可谓汗牛充栋。《布莱克维尔政治学

---

① Niklas Luhmann. A sociological Theory of Law（A）London: Routledge and keganpaul. 1985. p. 203.

百科全书》对"民主"的定义为："古老的政治用词,意指民治的政府,源于古希腊语 demos(民众的)统治。在现代用法中,它可以指人民政府或人民主权,代议制政府及直接参与政府;甚至可以指共和制或立宪制政府,也就是说法治政府。"①民主的核心是参与、人民主权、对权力的制约。同理,经济民主则是指在市场经济条件下,广大的市场主体是社会经济发展的主角,在市场法则的指引下,他们自由地追逐经济利益,实现自身利益的最大化,主要表现为对市场运作过程的自主性,对政府经济管理行为的参与性。在经济法法域内,通过对政府经济管理权力的干预和制约,保证在市场经济舞台上,市场主体是经济发展的主角。

作为对现代市场经济的回应,经济法以确认和规范国家对市场经济的干预为中心任务,尽可能地弥补市场缺陷和防止政府失灵给社会经济造成的破坏,但是,"经济法也可能以自己的规定妨害乃至窒息经济民主在我国市场经济土壤中的生长,"所以经济法的基本原则之一就是最大限度地维护和匡正"经济民主"。从根本上来说,经济民主既是市场经济主体拥有决策机制、动力机制和利益机制的前提条件,也是国家经济干预首先要实现的目标,国家干预如果离开了这个目标,就必然造成经济独裁。②

在现代市场经济条件下,经济法反映和要求的经济民主与民商法中渗透的经济民主的内涵和侧重点不同。民商法的经济民主是平面意义上的,主要是市场交易层次上的民主,是追求个体自由的民主,是一种代内的、局部的、消极的保护性民主;经济法的经济民主则是政府与市场互动关系中的民主,是一种追求总体自由的民主,是一种积极意义上的、能动的、参与和治理型民主。③ 经济民主作为经济法的理念、价

---

① 刘军宁等:《经济民主与经济自由》,三联书店 1997 年版,第 28—29 页。
② 李昌麒:《经济法学》,中国政法大学出版社 1994 年版,第 83—84 页。
③ 参见王全新、管斌:《经济法与经济民主》,《中外法学》2002 年第 6 期。

值目标和基本原则,贯穿于经济法体系的各个组成部分和经济法运行的各个环节。在市场规制法领域,经济民主一方面反对经营者利用经济力的过度集中,滥用市场支配力,尤其是对消费者进行各种限制和强制;另一方面也反对来自政府的不适当强制,如不适当地参与市场交易,破坏公平竞争,或者不适当地行使市场规制权,限制市场主体的经营自主权。在市场经济条件下,"垄断形式是不民主的,因为它们在冲击着较小的竞争者,冲击着它们所服务的人民。"①在宏观调控法领域,经济民主主要体现在国家的宏观调控政策目标主要是激发、尊重和维持市场主体的积极主动性和主观创造性。正如美国前总统罗斯福明确指出的,"在我们国家的公众生活和私人生活中,自由政体的本质要求商人、工厂主、农场主有一条自己的防线。我指的不是那些巨头们,而是一些小人物、一般的商人、工厂主和农场主——他们拥有企业的所有权和责任心,从而保持生活的稳定。任何经济方面或政治方面的基本政策,如果倾向于消灭这些民主制度的可靠保卫者,把控制权集中在少数强大的小集团手中,那么这样的政策就是同政治上的稳定和民主政体本身是背道而驰的。"②

经济民主包括应然意义和实然意义两个方面。应然意义上的民主是指个人的经济自由和经济自主权,即一个人根据法律秩序所"应当"做的和他"愿意"做的经济活动是一致的。如日本学者金泽良雄认为,经济民主是"谋求在构成市场的事业者之间实现经济机会均等和经济平等"。③ 美国学者萨托利认为,"经济民主所关心或反映的便是财富的平等","它的政策目标是重新分配财富并使经济机会与条件平等化","是政治民主的一个补充,也是政治民主的简单扩大"。有时经济

---

① [美]罗斯福:《罗斯福选集》,关在汉译,商务印书馆1982年版,第121页。

② 同上书,第114—115页。

③ [日]金泽良雄:《经济法概论》,满达人译,甘肃人民出版社1985年版,第182页。

民主也指"劳动者对经济的控制","是由经济生产过程控制权的平等构成的"。① 我国学者王保树认为,经济民主"是发生在经济领域的民主","是对经济集中(包括经济管理的集中和市场上的集中)而言的,它所强调的是企业法人和自然人的合法权利的保护"。②

实然意义上的经济民主则意味着社会成员实际地享有并行使经济的自主权,直接或间接地参与到经济生活的个体和整体决策过程中去,要求一个人在经济生活中所从属的法律秩序是他实际参与创造的法律秩序。纯粹法学派的代表人物凯尔森认为,"民主意味着在国家的法律秩序中所代表的那个'意志'等于国民的意志。民主的对立面是专制的束缚。在那里,国民被排除在法律秩序的创造之外,秩序和他们的意志之间的协调是毫无保证的。"③在这里,凯尔森将民主视为是"自由观念"的变形或者在政治上的体现,即由最初的、原始意义下的消极自由转变为政治上的或法治下的"自由权"。这也是卢梭"社会契约论"意义上的民主,"一个国民只要在他的个人意志与体现在社会秩序中的'集体'或'一般'意志趋于协调这一范围内,在政治上就是自由的。'集体'意志和个人意志的这样一种协调只有在社会秩序是由调整其行为的那些个人所创造时,才是受到保证的。社会秩序意味着个人意志的决定。政治自由,即社会秩序下的自由,就是个人参与社会秩序和创造的自由。政治自由就是自由权,而自由权便是自治。"④经济民主并不是一种独立的民主形式,而是政治民主在经济生活领域内的要求和体现,它只是政治民主的一个特殊组成部分。正如美国的另一位学者所说,"'经济民主'既不是一种民主,也不是民主条件本身。如果正确使用这

---

① 　[美]乔·萨托利:《民主新论》,冯克利等译,东方出版社 1998 年版,第 10—11 页。
② 　参见王保树:《市场经济与经济民主》,《中国法学》1994 年第 2 期。
③ 　[奥]凯尔森:《法与国家的一般原理》,沈宗灵译,商务印书馆 2013 年版,第 315 页。
④ 　参见同上书,第 316 页。

个词，'经济民主'是指经济领域内的民主。当社会成员有权力选择他们所要追求的经济目标及达到这些目标的经济手段时，就算有了经济民主。"①

　　经济民主原则反映了经济法对市场经济自由、平等、共生理念的崇尚和促进。从经济民主内涵来看，应然性和静态意义上的经济民主所体现的是人类社会的最高理想之一，即经济自由。但是理想并不等于现实，人类之所以要高举经济民主的大旗，是因为经济自由在现实中要么因为市场主体自身的理性欠缺、纯粹的私人利益促导性而相互冲突和内部消耗，不能完全实现，要么因为正当的国家干预被扭曲为强权和专制，真正的自由没有得到张扬反而被压制。换句话说，真正的民主和自由并不是写在书本上，也不是处于理想状态和无条件的绝对自由，而是市场主体，包括投资者、经营者、劳动者、消费者在个体经济活动中，能够充分地表达自身的意愿、要求和行动指向，即各个市场主体相对于交易对象、竞争对手、规制主体和调控主体及其行为，能够根据市场信息和预期，在法律允许的范围内做出自由的选择而不受相关主体的限制；同时，在宏观经济活动或集体经济决策中，作为市场主体的投资者、经营者、劳动者和消费者，能够实际地参与到有关的组织活动和宏观经济政策的决策和执行中。如投资者能够对产业政策和经济的地区布局发表意见，劳动者能够参与企业的经营管理和利润分配，消费者和经营者能够参与并影响政府对公共产品的定价等等。"当我们对照当下法律生活的现实，就会发现，宪法和法律中所规定的不少原则和权利缺乏具体的制度和程序作为保障，从而流于'名归而实不至'的境地"。我们必须要将宏大的价值和理想目标与现实的、不弃微末的具体制度和法律程序的建设之间结合起来，否则，法律尤其是经济法所奉行的经济民

---

① 　参见［美］科恩：《论民主》，聂崇信等译，商务印书馆 2004 年版，第 114—118 页。

主和经济自由依然会摆脱不了"播下龙种而收获跳蚤"的怪圈。[①]

　　只有通过程序法的合理设计,市场主体对经济活动的直接决策和间接控制才能真正实现,才能保证市场经济主体将应然的、静态的民主权利和经济自由变成实际的、动态的行为自由,也才能为市场主体实现经济民主和自由提供现实可靠的方式、方法和路径,才能使公共经济和个体经济都建立在市场主体的自主和自觉之上,增强它的法律效力和社会实效。经济法的经济民主是对国家社会的经济发展方向、目标和决策的公共选择机制的认可,其精神实质是在公共选择和有关整体经济发展的政策制定上,要尊重多数人的理性,"民主的真正价值显然不是取决于多数人偏好而是取决于多数人的理性,在众口难调的状况下,程序可以实现和保障理性"。[②] 就经济法的实践而言,唯有通过一系列制度化的、合理公正的法律程序,民主的这种尊重多数人理性的制度安排才能真正落到实处。民主是一种通过多数表决的选择方式,来做出政治和经济决策的制度安排,而决策权力的分配是个人通过争取选票来进行的。[③] 然而,集体选择的结果并不一定是最好的和可行的,让所有的选民自由交谈也未必可以得到真理,况且在现实中也不可行。所以,为了使自由、民主的选择更加合乎理性和正义,就需要采取一种逻辑严密的推理方法,循序而进、有条不紊地达到正确的决定。这种方法最好的示范是以程序为推定内容正确与否的根据的法律家的技巧。[④] 当然,尊重多数人的理性只是经济民主的一层含义,以多数人表决为特征的代议制立法程序也不是经济民主的全部,因为真正的经济民主还

---

①　贺卫方:《走向具体法治》,《现代法学》2002 年第 2 期。

②　季卫东:《程序比较论》,《比较法研究》1993 年第 1 期。

③　Joseph A. Schumpeter, Capitalism, Socialism and Democracy, Harber & Rom Publishers,1976,p.269.

④　季卫东:《程序比较论》,《比较法研究》1993 年第 1 期。

必须实现对少数人意志和理性的尊重。尊重少数人的理性则首先要求在经济立法程序中,要为除了直接参与立法的议员以外的广大普通民众提供自由表达意志的机会和正常渠道,其言论、观点和意见应当受到足够的重视并记录在案,以供立法参考,法案的表决应当在充分论证和说理的基础上进行;其次要求经济法的实施程序,包括执法和司法程序也要保证给予直接利害关系人以公开、公正的参与权和对具体裁决的听证权、辩论权,以确保宪法和法律所保障的公民的经济民主权的真正实现。

三、经济效率与正当法律程序的比较选择和成本节约机制

与民商法所规范的民商事活动不同,经济法所确认和规范的国家对市场经济的干预行为,其必要性及具体方式方法涉及的不是道德评价和价值选择问题,而是理性的经济分析和现实的成本效益研究。所以,国家干预首先要解决国家经济决策行为本身的效益,即成本节约问题,所以在公共选择或经济决策过程中应当淡化道德论证,要抛开先入为主的真理观和正义观。经济效率是经济法的基本原则之一,[①]国家干预的前提和依据是市场失灵,包括由于人类有限理性、私人行为的个体利益导向、价格信号的滞后性、信息的不完整,以及公共产品的缺失等原因,导致自发的市场机制不能实现社会整体经济利益的最大化,同时,政府的干预行为也会因为多种原因同样出现"失灵",所以经济法制定和实施的目标就是确立一整套有效机制,对自发的市场机制和国家

---

① 我国经济法学者认为,"经济法的基本原则最核心的内涵便是,注重维护社会经济总体效益,兼顾社会各方经济利益公平。"漆多俊:《经济法基础理论》,武汉大学出版社 2000 年版,第 172 页。"经济效益包括微观经济效益和宏观经济效益。……提高经济效益是我国全部经济工作的重点和归宿,同时也是国家加强经济立法所要追求的终端的价值目标。"李昌麒:《经济法学》,中国政法大学出版社 1999 年版,第 86 页。

干预进行比较分析和优化选择,降低对自然资源和社会资源的整体损耗。

经济法从社会整体经济效益的考察角度,确定国家政府介入私人经济活动的可能性和现实必要性,其主要参数是国家干预的成本和干预行为收益之间的比值,其根本目的是实现社会经济效率或社会财富的最大化。经济法运行的成本包括直接成本、间接成本和机会成本。经济法的直接成本即经济法运作的成本,包括公共成本和私人成本两个方面,前者主要是指国家在制定和实施经济法和国家对市场进行干预过程中,各国家机关及其工作人员所耗费的种种资源,后者主要是指公民个人和社会组织在遵守经济法过程中所付出的代价。经济法的间接成本是指国家机关在进行微观规制和宏观调控时,由于错误决策给社会经济造成的损失。机会成本是指由于国家直接和间接地介入社会经济生活,代替市场机制和功能而导致的竞争效益的丧失。[①] 经济法的收益主要是指国家对经济进行管制后,给国家、社会和个人所带来的全部经济收入,具体可以用国民生产总值 GNP 来表示。[②] 按照经济学的原理,提高和促进经济法运行效益的路径和方法一是降低成本,二是提高收益。从国家干预的成本构成看,机会成本由特定时空下的市场状况决定,不可能通过人为的方法予以改变,所以降低成本只能通过节约国家干预行为本身的资源耗费,即减免错误决策导致的资源浪费来

[①]　See Richard A. Posner, An economic Approach to Legal Procedure and Judicial Administration in Robert & Owen M. Fiss, The Structure of procedure(Mineola, New York. The foundation Press, inc). 1979, pp. 52-52.

[②]　当然经济法所追求的社会经济的总体效益不能简单地用 GNP 来置换,因为就经济效益而言,它不仅有数量方面的要求,还有质量方面的指标,经济的单纯数量增长不等于经济乃至整个社会的发展。著名经济学家萨缪尔森也曾说过,"不要向我提 GNP;对我而言,GNP 的意思是国民总污染!"如果从积极的角度来理解这句话,就是说,不要把数量奉若神明而忽视生活的质量。参见[美]萨缪尔森、诺德豪斯:《经济学》(上册),萧琛译,商务印书馆1982年版,第5页。

实现；提高收效的方法只能是通过科学、规范的决策，对各种资源进行合理配置，以提高它们的整体社会经济价值。

从理论上讲，市场机制和国家干预有各自的优点和缺陷，但是现实社会经济生活中缺乏对二者进行比较的先验不变的标准，所以经济法的效益追求是个实践问题，不是理论选择。经济法的效益原则主要解决国家干预市场的必要性和整体效益，或者国家干预市场的合理性和科学性。由于经济法律问题的时空性，我们不可能发现和确立一个关于市场机制和国家干预的永恒标准，而只能针对具体案件，在实证分析，尤其是对国家干预成本效益分析的基础上，对比优劣并做出理性选择。也就是说，通过实体法的统一规定，不可能判断国家干预的必要性和现实性，因为"法律或者严格地说实体法本身，并不能提供自由与干预的价值标尺，就是说，法律本身并不能指出哪种体制模式更合理。"[①]就拿反垄断法的基本原则来说，早期各国大多采用"本身违法原则"的理论基础是以市场占有率为依据的结构主义，其规定虽然简单明了，而且方便易行，但在实践中却遭到普遍的置疑，因为它极有可能是以经济效益的损失为代价。到了现代社会，各国的反垄断法基本上都采取了以行为主义为基础的"合理原则"为主，以"本身违法原则"为辅的立法观念，除了一些典型的案件直接依法处理外，大多数案件都是以经济效益为基本参数，按照"具体问题具体分析"的"合理原则"进行个案处理。正如著名经济学家马歇尔在《经济学原理》一书中所讲的，"仿佛垄断产量总是小于竞争产量，它对消费者的价格总是大于竞争价格，但事实并不然。"[②]据此，弗里德曼对以有限理性为基础而产生的市场失灵所主张的家长式国家干预理论也提出了尖锐的批评，"支持政府行动的家

---

① 高德步：《产权与增长：论法律制度的效率》，中国人民大学出版社 1999 年版，第 211 页。

② 转引自同上。

长主义方面的理由,在很多方面对一个自由主义者来说是最有问题的。因为它涉及到承认一个原则——即,某些人可以为别人做出决定。"现实的情况是"现在没有公式可以告诉我们应该停止在何处,我们必须依靠我们靠不住的判断;而在一经得出判断之后,我们必须依靠我们的能力去说服我们的同胞,使他们相信这个判断是正确的,或者依靠他们的能力来说服我们改变我们的观点。"①这种用来相互说服的方法和手段就是通过有关法律制度的建构,保证和促进对现实的宏观经济运行进行科学的成本效益分析,谨慎适度进行国家干预。现代市场经济的中心课题已经不是在政治国家和市民社会之间划分出一个明显的界限,使二者泾渭分明,互不干涉,而是如何形成对市场机制和国家干预进行优化选择的机制,公正合理的法律程序正是改善选择和效果的有力工具。② 可以肯定地说,科学合理的法律程序在节约成本和提高效益方面都具有明显的绩效,正当程序对经济法的有效运行更具现实意义和制度价值。

(一) 正当法律程序的程式性规定和技术优越性,可以节约经济法的运行成本

从一般意义上讲,法律程序首先是一种对法律行为技术化和形式化的规定,也是将法律问题与纷繁复杂且又变动不居的社会现实相隔离的一个过滤装置,程序将经济决策中的道德和价值问题予以隔离,同

---

① ［美］米尔顿·弗里德曼:《资本主义与自由》,张瑞玉译,商务印书馆 2011 年版,第 35、12 页。

② 对法律制度的经济分析或通过法律制度的改进来促进社会经济的发展,是以美国的芝加哥学派为代表的制度经济学,尤其是法律经济学的主要理论和方法,其代表人物 1991 年诺贝尔经济学奖得主科斯教授特别强调,"司法性规则"——法律运作的程序要件与市场功能的密切关联,他认为对经济的法制结构分析将是今后经济学发展的一个重要方向。参见 Ronald H. Coase, The firm, the market and the Law, University of Chicago Press, 1988, esp. chap. 1.

时也排除了先验的是非观和抽象的真理标准,将复杂问题通过时间和空间分解和简约化组装。经济法的国家经济行为涉及宏观经济效益和社会的公共选择,要考证跨越时空的多种经济变量因素和进行整体的利益调整,所以其决策的复杂性是简单的民商事活动所无法比拟的。公共选择行为问题的复杂性使经济法的直接投入必然加大,这种直接成本也会使经济法实践产生负效应。法律程序的简单化处理功能,可以使有限的法律资源得到最有效地利用。其次,法律程序诸要素和具体环节的精密化设置,能够使国家的经济决策行为建立在科学的基础之上,提高宏观决策和具体实施行为的技术性和操作性,避免和减少因盲目和重复行为造成的资源浪费。与经济实体法相比,经济程序法具有明显的技术性和操作性,它从形式和外观上对决策行为的主体、方式、方法和时间、顺序的进行明确安排和强制性规定,可以有效防止决策者的无谓选择,本身具有成本节约的优势。其三,法律程序的角色分化机制具有专业化分工和协作的经济效能。在经济法的制定和实施过程中,通过程序法的角色转换和角色分工机制,使决策者和服从者都从复杂多变的社会角色中解放出来,赋予其特定的程序职能,这样可以减轻他们各自的额外负担,集中精力解决程序中的经济决策和纠纷。这种以分工协作为前提的"流水线"式的作业方法,在资源配置和成本节约方面,比"手工作坊"式的单兵作战要优越得多。

(二) 正当法律程序的说理和当事人的自决机制,提高经济政策的正当性和可接受性,降低经济法实施的摩擦成本

国家干预行为是一种通过国家机关实施的经济活动,具有明显的外部输入性,不具有民商事行为天然的自主性和正当性,所以即便在客观上具有科学性和明显效益价值,在具体实施过程中也会因利害关系人缺乏直观认识和主动学习,产生巨大的阻力,从而形成影响经济法运行效率的重要成本。正当法律程序的设计和正常运行,能够较好地解

决这一现实问题。① 首先,正当法律程序通过充分、平等的参与和发表意见,可以缓解和疏导当事人之间正面的不满和直接的冲突,使当事人的原始动机和感性要求在程序中得以中立和理性化,有利于法律问题和事实问题的澄清和争执的解决。这一方面可以避免采取过激的手段解决纠纷,减少不必要的人力物力损失,同时也可以使当事人通过自主的参与行为,获得对经济决策行为的学习和理性认识,提高主观的认同感和守法的自觉性。其次,正当法律程序的开放性和参与性机制还可以向当事人提供伸张权利的机会和具体方法,使当事人尤其是一些对即将做出的经济决策带有强烈抵触情绪的社会成员的不满情绪得以释放,从而使特定的决策变得容易被失望者接受。其三,法律程序通过角色分担机制,不仅使程序主体的职权职责得以明确界定,提高各自的工作效率,还能使程序参与者的自主权得以保障,加强程序对决策者和服从者的责任意识,强化对决定服从的义务感和使命感,减缓决定实施的阻力。总之,通过经济法正当程序的形式化、理性化以及自主的参与活动,当事人之间的对立和利益争执得以缓和,他们的主观需求无论是正当的还是不正当的,都在程序中得到了表达和进行了客观的论证,其不满和抵触情绪有机会释放,并最终被理性化的程序所吸收,这样,经济法规范的国家经济决策被转化成了社会成员通过国家机关和法律程序,进行的自我公共管理和公共选择行为,其实施中的摩擦成本和不必要的耗损必然会降低。

---

①　季卫东教授认为,"合理化的原则要求把理性与经验结合起来,是程序效率的保障,它要求程序的安排能使阻碍和浪费最小化、效果和支持最大化,同时,合理化也意味着要对决定的动机和根据给予一个适当的理由说明,使之得到社会承认。"参见季卫东:《法治秩序的建构》(修订版),商务印书馆 2014 年版,第 25 页。

（三）正当法律程序的开放性、自主参与和对话机制，有利于经济
裁决者做出科学合理的决定，降低经济法运行的错误成本

经济法的理论范式表明，经济法实践不同于传统法治以概念为基础的形式逻辑推理，是一个实践的论证过程。民商事法律行为所涉及的基本上都是纯粹的私人事务，行为人或权利主体完全可以根据自己的价值观念、知识积淀和实践经验，径直做出某种决定，不需要过于复杂的形式或程序。但是，经济法是关系社会公共利益的集体裁决行为，它不仅涉及整体利益的具体确定，也关系到个人利益与整体利益的协调和重新定位，要求决策者必须通过科学合理的论证，确保其决策在客观上的正确性、道德上的可接受性和经济上的效率性。首先，国家经济行为的程序化使公共选择和决策行为建立在集体理性的基础之上，避免个人的武断和少数人的恣意。无论从民主角度还是效率角度，经济法的公共选择行为都是基于集体理性相对于个人理性的比较优势，法律程序的合理安排是对这一要求的制度保证。其次，与实体法的应然规定不同，程序法更注重法律的运行和实际操作，这不仅使程序法侧重于法律运行的一般方式方法的规定和时间空间安排，而且其主体如立法委员会、专门的管制机构、社会化的执业团体、各种专业服务机构和学术团体等，更具有职业化的要求和特点（当然经济法的职业化并不限于法律职业，而是将法律职业与其他职业，尤其是经济学、数理统计学、政策分析学和公共管理学等专门学科和职业技能相结合）。职业化和专业技术性的运行机制使经济决策行为以科学理性为依据，排除个人的偏见和集体的盲动，以确保做出公正准确的决策。其三，正当法律程序的信息和证据制度，能够确保国家的经济决策行为得到最大化的客观理性支持。虽然经济法所确认和保护的是国家对市场经济的适度干预，但是经济法本身并不能对国家是否进行干预、在什么时间、什么情况下采取什么样的具体干预措施进行预设。在市场机制和国家干预之

间进行选择的标准是社会整体经济效率,选择的正确与否主要取决于理性的信息和客观的证据。经济法程序通过程序内部的信息沟通机制、证据制度、比较选择机制及其与外部环境之间的反馈机制,为决策者和即将受到决策约束的市场主体提供了在平等自愿基础上进行"博弈"的现实机会和场所,市场主体在经济利益促导下进行各自的诉请、举证、论证,在信息交换、证据确认和比较取舍的基础上达成重叠共识。开放的信息制度、制度化的证据规则以及理性的论证机制,使经济决策能够最大限度地实现公正、准确,从而减小和降低经济法运行中的错误成本。

第五章　经济法正当程序的内在机理

第一节　经济法正当程序的基本理念

现代社会的复杂多变,作为对传统法治的补充或更新,程序法或法律程序逐步成为现代法律尤其是经济法的主要内容。为了更好地发挥经济法律确认和规范国家干预行为的基本功能,彰显经济法的内在价值,经济法正当程序及其运行机制必须坚守对话与协商、谈判与妥协、自治与自主三个基本理念。

一、对话与协商

矛盾是事物发展的内在动力和基本原因,解决矛盾构成了人类社会活动的全部内容。总体上看,人类社会解决矛盾的方法分为两种:一种是对抗、破坏式的方法,其极端形式是战争;一种是温和、建设性的方法,主要表现为对话。

在现实社会中,由于运行机制和具体方法不同,对话又分为形式意义上的和实质意义上的。形式意义上的对话,表现为辩证的推理方法,最早被苏格拉底和柏拉图采用。"辩证法"在希腊语中意为"谈话"或"对话",这种发现真理的对话艺术被罗马法学家转化为判决技艺,影响了近代欧洲诉讼辩论制度的发展。在商业谈判中,"对话具有双向、平等的性质,它不是一方对另一方的指令,严格来讲也不是一方对另一的教育、劝告、建议。"①人类社会无论是个人还是整体，都是一个相互交往而形成的关系网。交往是任何存在的基本方式，交往的具体表现就是对话，对话是现在与未来之间的不断转换。交往理性要求主体以语言为中介，进入互动状态。在理想的对话情境下，"所有论辩参与者机会均等、言论自由、没有特权、真诚、不受强迫。"②社会意义上的对话并不限于一问一答，它是特定社会历史背景下的社会成员或利害关系人之间，就特定的社会问题或利益争执，进行的一种交谈，通过质疑、指令和否定的话语方式，谈话各方共同致力于一个各方都能接受的语境意义的制造。"互动性的对话是一个建立共识的过程，同时也是每个人在冲突当中寻找自我肯定的语言途径和过程，包含着主观成分。"③在宪政史上，罗斯福的"炉边谈话"（A Fireside Chat）最能体现政府与公民之间从话语到身份的平等关系，显示了美国政府独特的说话方式、治国理念和社会契约情结。

实质意义上的对话，表现为权利义务分配的一种方式。任何法律规范和决定的有效性，都必须通过充分的话语论证和程序共识得以证明。英国学者芬纳认为，政府有四个类型，继"贵族政体"、"教会政体"、"宫廷政体"之后，人类社会20世纪后期主要的政体形式是"论坛政体"。"论坛政体的主要原则是可解释性，即进行劝说，而不是强制实施它的主要措施。"④如果权力拥有者乐于用使他们看来有权的方法去思考问题，未必能增加他们的效益。⑤ 法治政府无论是对民间私人生活

---

① ［美］麦克尼尔：《新社会契约论》，雷喜宁、潘勤译，法律出版社1994年版，第126页。

② 曹卫东：《词语梳理·交往》，《读书》1995年第2期。

③ ［美］考夫曼：《后现代法哲学》，米健译，法律出版社2000年版，第38页。

④ ［法］海然热：《语言人——论语言学对人文科学的贡献》，张祖建译，北京大学出版社2012年版，第313、380页。

⑤ 甘华鸣、许立东：《谈判》（MBA、MPA必修公共课程），中国国际广播出版社2001年版，第4页。

的事后救济,还是对社会经济生活的事先规划,以及对政府权力实施的过程性监控,都必须与广大社会民众进行广泛的交流和对话,做到说理充分、论证严密,这样才能提高具体裁判和决策的内在合理性和外在的实效性。

在迄今为止的人类社会历史中,法律之所以能够保持长久的生命力且成为社会控制的主要方法和手段,[①]其主要原因是它通过和平的、建设性的、制度化的对话和说理方法,解决和调停社会矛盾。法律程序则是对话方式的制度化体现和格式化路径。经济法作为现代社会的一个新型法律部门,它的运行机制也必须遵循法律的一般理念,用对话和说理方法替代原始的、野蛮的、破坏式的战争方法,协调市民社会和政治国家、个人利益和社会利益、眼前利益和长远利益、局部利益和整体利益之间的冲突和矛盾,唯有如此才能保持其旺盛的生命力。

哈贝马斯运用对话理论,有效地解释了民主的立法程序、公正的司法程序和后民族主义国家的构成。他认为,法律设定的权利体系的形成过程并不是当事人的自我限制和自律结果,所以"需要透过公共讨论和对话来阐释和塑造,权利体系的内容不是不证自明、一成不变的。""权利体系中一个核心权利便是平等参与导致民意、公意和法律形成的公共讨论和对话的权利。""他们都是在解释、塑造和阐明那个同时体现私人自主和公共自主的权利体系。"[②]相比较而言,经济法的公共意志更浓,其产生(立法)及其具体实施的(包括执法决定和司法裁判)的正当性、有效性并不能依靠自身来证明,而是取决于它们的程序是否是对话、商谈或沟通性的。在经济法的立法过程(规范的证成)中,"每位参与者都是规范的'作者'——他们都平等地参与规范的创造,而他们之

---

① [美]庞德:《通过法律的社会控制》,沈宗灵、董世忠译,商务印书馆2010年版,第1—16页。

② [美]罗斯福:《罗斯福选集》,关在汉译,商务印书馆1982年版,第182页。

所以受到最后被创造出来的规范的约束,正是由于他们是规范的作者,规范是他们自己的创造。在这种对话中,每位参与者想象自己是有关规范的约束'对象'(addressee),他们不但从自己的角度想象规范的适用性,也要从他人的角度看同一问题,把自己代入他人的位置,所以参与者的位置的互换性是关于规范的证成的对话的基本原则。"①当然,执法过程和司法过程也是一个对话过程,原因在于,国家公务员和法官只是适用法律,他们并不能创造法律。执法和司法中适用的法律,首先是所有的行政相对人和所有诉讼主体在立法过程中已经同意了的规范,其次在一些具体的问题上,对法律原则和法律规范的具体解释以及特定的法律事实的确定,也必须是经过当事人的对话、讨论、质证和最终同意的。在此,我们完全可以说,在现代民主法治社会,经济法所调整的涉及国家干预的所有公共选择和公共决策都需要"制度话语过程和制度决策过程与非正式的意见形成过程(依靠的是大众传媒)在公共交往层面上的相互作用。"②

二、谈判与妥协

谈判和妥协遍及人类生活的各个领域,是整个社会科学和人文科学的研究对象。谈判是双方或多方为消除分歧,改变关系而交换意见,为取得一致,谋求共同利益或集体利益,而相互磋商的行为和过程。妥协与对抗相对,是一种交易,一种权利的让渡,也是一种文化。③经济均衡和信息博弈关系表明,市场关系是一种妥协制度,政治上的让步与妥协以尊重对方人格、利益和权利为基本前提,法律制度则是对人类社

---

①　甘华鸣、许立东:《谈判》(MBA、MPA 必修公共课程),中国国际广播出版社 2001 年版,第 3 页。

②　张曙光:《论妥协》,《读书》1995 年第 3 期。

③　[美]埃尔金、索乌坦:《新宪政论》,周叶谦译,三联书店 1997 年版,第 203 页。

会进行和平谈话与最终达成妥协的市场机制的一种认可和规范。在任何存在利益冲突与矛盾的社会中,法律的出台、适用和救济都体现和反映了各种社会力量冲突与妥协的基本要求,都与各利益集团在冲突中的地位及最后的力量变化和稳定的结构密不可分。日本法学家牧野英一在其著作《法律上之进化与进步》中写道:"法律者社会上诸势力之妥协也。妥协云者,系社会上之强者非绝对强者,弱者非绝对弱者之意。强者主张强者之权利,弱者主张弱者之权利。于此关系乃成法律的。是故法律之成立,实系以社会上之诸势力互能主张其权利为前提者也。"法律之成立,法律之维持,法律之进化,皆取决于社会诸势力之间的平衡关系的变迁。① 谈判意味着妥协,受制于行为主体或谈判主体的具体行为目标、环境和条件。妥协通常有两种方式:通过修正各自的立场观点达成的妥协和通过搁置争议、求同存异而达成的妥协。前者典型的例子是商业交易,为完成交换的项目而软化其原来的立场。后者是在政治或立法领域,"政党通过改变项目或争论焦点的定义达成了妥协,即定义变得非常模糊,以便每一方能用自己的那种定义来说明争论的是什么,交换的是什么,以及实际为此付出的代价有多大。"②

　　谈判和妥协是西方国家用以表达共同信仰,解决利益争端的共同话语和技术。他们确信,"一个民主政府在进行决策之前与各社团进行商讨,具有重要的意义;这不只是为了选定最受欢迎的政策,也是为了

---

　　① ［日］牧野英一:《法律上之进化与进步》,朱广文译,中国政法大学出版社 2003 年版,第 48—49 页。

　　② ［美］泰勒:《市民社会的模式》,载《国家与市民社会》,中央编译出版社 1999 年,第 5 页。类似的话被西方人反复说过。如,卢曼认为,程序"不但有利于决定的形成,而且同时也有利于对反对意见的吸收。"转引自［德］奥特弗利德·赫费:《政治的正义性——法和国家的批判哲学之基础》,庞学铨、李张林译,上海译文出版社 1998 年版,第 154 页。安守廉认为,法律程序"旨在推进思想和意见市场上的竞争……。这样做既为推动市场制定良法,又通过鼓励那些其观点没有被采纳的人们去尊重根据已采纳的意见制定的法规,来加强人们对市场经济的信任。"安守廉:《论法律程序在美国市场经济中的关键作用》,《中外法学》1998 年第 2 期。

缓和与那些受损失者之间的摩擦,因为这些受损者至少会认为,他们的意见曾被且将会再被政府听取。"①北京大学的王希先生对美国宪政过程中的谈判和妥协技术作了深刻的语义分析和历史性梳理,他认为,谈判区别于毫无妥协的对抗,在宪政体制下,不同的利益集团、不同的政治力量"依据共同认可的规则在政治层面上进行的一种 give-and-take 的协商,是避免(在体制中地)任何一方全赢或全输。"②

经济法的谈判理念首先表现为两种重要的宪法谈判:一是在宪政机制上,因权力制约与平衡而产生的利益集团间的谈判,二是因选举制度形成的不同利益集团之间的谈判。其次,经济法的谈判理念和表现渗透于作为契约化的信息交流和问题解决方式,谈判和妥协可以转化成各种各样的程序规则,不仅体现在微观的私人之间的竞争,也体现在宏观的政治经济领域,还体现在国家与私人之间,如辩诉交易、协商立法、管制谈判。在法律制度中,听证制度是谈判行为赖以进行的最重要的程序机制。

三、自治或自主

自治与他治相对,是一定地域或团体的人群以契约和同意的方式,管理自己的事务,在法定的界限内,它们的决策和行动不受国家权力的干涉。在一切社会行为中,自治或自主是主体的一个基本条件,凡是主体都必须自治,否则它就不是一个主体,自治是一个主体能否成立的前提和标志。自治的主体可以是自然人,也可以是由自然人构成的组织体。凡是组织体都必须是一个自治主体,否则就会解体。

经济法的国家干预行为,体现和反映的是以公共利益为基础的公

---

① 考文:《美国宪法的"高级法背景"》,强世功译,北京大学出版社 2015 年版,第 1 页。
② 王希:《原则与妥协:美国宪法的精神与实践》,北京大学出版社 2014 年版,第 7 页。

共理性对个体理性的校正,它的自治包括两个层面的含义:第一层面的含义是指,市民社会与政治国家、市场经济与国家干预之间的相对独立性,是指国家政府的经济公共权力之间以及公共权力对公民权利、自治团体权力(非政府组织)的有限性。市场经济主体是一切社会行为(包括政治行为和经济行为)最原始和最终的裁决者,国家政府不得非法(包括善意)干预他人或私人的权利,必须墨守成规和无为而治,以保障权利主体的自治权。第二层面的含义是指,国家经济公权力的取得和具体实施本身不具有终极的目标与独立的自我价值,相对于公民个人的权利而言,一切公权力都是非本源的,都是由私人权利派生的,是私人或市场主体自治的一种手段,其产生和行使都必须经过原始权利主体的同意,它的具体行使必须以市场主体或社会成员的共同利益为服务对象,接受市场主体的全程参与式监督。没有权利主体参与和同意的国家经济权力及其行使,只能通过对权利主体的外部压制来实现,其内容具有自我膨胀和侵犯市场主体正当经济权利的趋势,并有可能最终走向对权利的背叛和异化。

在纯粹的私人生活中,自主表现为行为主体对自己行为的完全自决,在公共生活领域,则取决于人们对公共权力产生和具体行使是否同意和认可,这是包括国家干预经济在内的所有公权力存在的基础和效力渊源。按照福柯的理解,近代以降,对权力基础的分析存在两种模型:其一是权力——契约图式,统治权的合法性植根于权利的契约性让渡;其二是战争——镇压图式,敌对性斗争、惩戒被解释为权力运行机制永恒的主题,[1]其中启蒙哲学以权力——契约图式解释个人与国家的关系的理论,越来越被现实社会所证实和被广大民众所认同,一方

---

① [英]齐格蒙·鲍曼:《立法者与阐释者——论现代性、后现代性与知识分子》,洪涛译,上海人民出版社 2000 年版,第 45 页。

面,统治契约和根本法观念作为西方宪政的文化传统,深深植根于人们心中;另一方面,近代欧洲社会公共空间的出现,改变了旧的政治经济关系,新的、立体化的、交往性的政治关系"产生了一种判断真理的新的、真正的革命性的标准:同意。"①从批判等级、父权和专制制度入手,霍布斯、洛克、卢梭等人揭示了政府的真正起源在于契约。受其影响,人们对政府和公共权力合法性的认知发生了变化,从王权的王者风范、血统主义、神学政治以及国家主权的民族主义,转向宪法约束、正当程序和人权哲学,公共权力合法性的基础是同意。在当代社会,经济学家布坎南是复兴契约论思想的一个重要人物,②他创设的公共选择理论认为,立宪民主的逻辑基础是以投票为主要手段的政治交换结构。③协商立法、公民与政府之间的沟通和对话,同样贯彻了契约原则。经济法的视野从绝对的个人生活领域转向了反映人类整体利益和长远利益的宏观经济活动,所以,经济法程序机制的基本理念依然是深深地植根于最原始,也是最朴素的人性和认识论基础,是以同意为内容的自主或自治。

第二节　经济法正当程序的基本原则

经济法程序的基本原则是由经济法程序的本质决定的,反映和体现经济法人在设计和构建经济法程序过程中,所追求的基本理念和价值取向,是贯穿于经济法程序的整个运行过程中,对经济法的创制、实

---

① [美]罗尔斯:《政治科学》,林震等译,华夏出版社2001年版,第5页。

② 舒城:《从交换看西方政治》,《南方周末》2001年11月22日,第22版。

③ Alfred C. Aman, J. R. Proposals for Reforming the Administrative Procedure Act: Globalization, Democracy and the Furtherance of a Global Public Interest. Indian Journal of Global Legal Studies, Spring, 1999, (6).

施和救济起着根本性指导作用的行为规则和思想准则。根据经济法正当程序的本质、任务、运行机理和价值追求,经济法程序应当遵循公开、公正、中立、条件优势、简洁时效几个基本原则。

一、公开原则

(一) 经济法正当程序公开原则的含义

经济法程序的公开原则,也即国家经济职权行为的公开原则,是指国家政府所从事的经济职权行为,包括微观规制和宏观调控行为,除涉及国家机密、个人隐私和商业秘密外,国家经济职权的依据、实施环节和具体内容以及其他有关的事项都必须向社会公众公开。在现代市场经济条件下,民主国家的"国家权力是公有物,国家的治理是所有公民的共同事业"。[①] 国家的经济职权行为或干预行为主要是基于社会公共利益和经济的整体效率,对市场机制进行的外部调整和疏导,其目的、对象和内容都具有明显的公共性,所以其行为过程、行为内容和行为结果应当,也必须向社会公众公开,以便保护社会公众能够有效地参与到国家经济行为的过程中去。

国家干预行为的公开原则是现代民主政治理论在经济领域内的具体体现,也是基本人权理论在公共选择活动中的基本要求,是国家政府进行社会管理和经济调控时的法定职责,也是社会民众对私人利益保护和从事社会公众事务的基本权利。作为经济法正当程序的基本指导思想和规范,国家经济职权行为的公开性原则有着重要的法律意义。

首先,国家经济职权公开可以满足广大社会成员参政议政的意愿,实现他们的民主自决权。在现代市场经济条件和民主社会制度下,国家社会、政治、经济和文化的整体发展实质上是市场主体作为社会有机

---

① 刘军宁:《共和·民主·宪政》,三联书店 1998 年版,第 104 页。

组成部分的整体利益需求。社会公共事务已经不再是所谓的"统治阶级意志"的体现,也不是国家通过暴力从外部输入的,而是市场主体的自决权在社会公共事务和整体经济决策中的体现,也是国家经济职权正当性和合理性的基础。因为,"从传统的农业社会向现代社会的转变中,社会经济发展必然导致公民政治参与要求的增加"。① 所以公民自决权的实现方式也已从原来的代议制民主向公开程序保证下的参与式民主转换,从间接民主向直接民主过渡。国家经济职权的公开原则在经济程序法上的确立,为公民参与国家经济职权的行使过程,表达自己的意见提供了一个正当理由和法定的渠道。公民个人或社会组织在个人利益或集体利益的支配下,积极介入国家经济职权的行使过程,从而满足参政议政的主观意愿和实现其民主自决权。

其次,公开原则可以有效防止国家经济职权的滥用,确保国家经济决策的公正、准确。现代经济法所面对的是国家权力基于对市场失灵的克服,向社会经济生活的积极渗透,经济法是一种超越传统民商法的救济型功能的管理型或规制型法。与传统法治下的政府管理模式不同,"现代管理型法律更为典型的是,官员们行使很大的自由裁量权,也就是在定义宽泛的和总的规则范围内行使权力。"② 由此,现代法治,尤其是经济法所面临的一道难题就是,如何在授予政府自由裁量权的同时,又能使该自由裁量权能够公正、合理地运用于克服市场失灵和谋取公共福利,不被滥用于谋取官员们的私人利益。相关的研究表明,这种实体法的悖论不可能通过实体法自身得到解决,而只能依靠程序法特有的功能来实现,即通过正当程序机制的公开原则,来促使国家机关及其官员在行使经济职权时做出理性的选择。正当程序的公开原则一方面可以通过信息制度、说明理由制度等,使经济职权机关的相关行为接

① 邓志伟:《变革社会中的政治稳定》,上海人民出版社 1997 年版,第 131 页。
② [美]劳伦斯·M.弗里德曼:《法治、现代化和司法制度》,宋冰主编:《程序、正义与现代化——外国法学家在华演讲录》,中国政法大学出版社 1998 年版,第 109 页。

受民众的监督和评判①,防止权力滥用,同时还可以通过民众的参与,使国家的经济决策和裁判行为能够集思广益,最大限度地收集相关的信息资料,以便做出科学、公正的裁决。

其三,国家经济职权行为的公开原则还可以增强国家干预行为的可接受性,提高干预的社会实效。对效率的追求是一切社会经济行为和国家制度安排的基本目标,从经济法内容的国家干预来看,其效率不仅取决于决策者主观上所设想的,通过国家之手来克服市场失灵所产生的比较利益,同时也决定于作为市场主体的广大公民在现实中,对国家经济职权行为的接受和认可程度。从经济法的实践看,国家强制力虽然能够使国家的经济政策在客观上得以推行,但它并不能消除人们因为被隔离于政策的形成之外和对政策内容的无知、陌生,而产生的消极待命和主观情绪上的对抗意识,这些都是经济法实施的潜在阻力。相对而言,通过公开正当的法律程序所形成和实施的国家经济职权行为,由于满足了人们的自主决策权,确保了人们对相关决策的认识和主动学习以及理性说服,从而也增强了它的可接受性,降低了运行中的道德成本或间接成本,提高了实效。

(二)经济法正当程序公开原则的基本要求

尽管法律原则都具有高度的概括性、模糊性和抽象性的特征,但其基本内容却全面渗透和贯穿于法律体系的整体和运行的各个环节中,是可以通过具体制度和基本宗旨予以确定。根据经济法程序的目的、功能和价值目标,公开原则的基本要求和主要内容有以下三个方面:

1. 事先公开国家经济职权的法律依据和事实根据

国家经济职权的公开原则要求,国家经济职权机关必须在具体的经济职权即将行使或做出最终的裁决之前,向利害关系人和社会公众

---

① 公开作为防止权力滥用的最有效手段已经被国内外的有关法律实践所认可和证明,一般认为,在公法领域,"公开原则是制止自由裁量权专横行使最有效的武器。"参见王名扬:《美国行政法》(上),中国法制出版社 2005 年版,第 109 页。

公开其职权行为的法律依据和事实依据,使他们能够获悉有关权力行使的内容和将要做出的裁决内容,采取积极措施参与到国家经济职权的行使过程之中,以确保自己的合法权益不受非法侵犯,监督国家经济职权的有效行使。经济职权的事先公开有三层含义:其一,国家机关的经济职权必须是在其现实行使并产生法律效力,或者对利害关系人、社会公众的现实利益产生实际的法律影响之前公开,否则便导致经济决策或具体裁决行为的无效。其二,公开的方式必须符合法律的规定或便于利害关系人或社会公众了解。其三,公开的内容包括职权的主体、内容以及职权得以行使的客观经济条件,其中法律依据必须具有明确性,尽量避免理解上的偏差。

国家经济职权主要包括管辖权和行为方式选择权,其内容的公布有助于社会民众对国家经济职权行为的主观认识和心理预测,并对自我经济行为采取相应的调整和补救,是构成国家经济职权生效和具体运行的前提条件。如美国《联邦行政程序法》第 552 条规定:"不得以任何方式强迫任何人服从应当公布,而没有公布在《联邦登记》上的任何文件,也不应使其受到此种文件的不利影响……"在具体的经济法案件中,经济政策和具体裁判的决定依据应当包括事实依据、法律依据和裁量依据。《日本行政程序法》第 15 条规定:"行政机关实施听证时,应预留相当的期间,将预定处分之内容及其理由、听证之时日及场所或其他事项,以书面通知不利益处分之相对人。"①总之,事先公开国家经济职

---

①　在此需要说明的是,有关经济法和行政法的理论分歧是现代法律的一个中心问题,除了它们各自的价值目标和理论范式方面的区别外,二者在制度设计上如主体制度、权利义务、程序控制和责任制度方面有许多重叠之处,尤其是在西方国家的现行法律体系中,经济法的具体制度都依靠行政法来得以实施。当然现代行政法的基本理念、价值取向和具体内容也在发生着重大的变化,经济与行政的交叉和相互渗透现象越来越突出,这也是本论文开始所论述的经济法的理论范式,实质上是现代法律的共同范式由"二元论"向"一元论"转变的具体表现。经济法和行政法只不过是分别从现实社会生活的经济内容和具体运行机制方面进行了重点观照。所以现代行政法的重要制度和理论创新对经济法也具有重要的借鉴意义。

权的依据、内容和行使条件,可使其获得法律上的正统性和现实中的实效性。

2. 事中公开经济决策行为的过程

事中公开经济决策和裁判的过程,国家经济职权主体或经济主管部门在具体的经济法决策和裁判过程中,应当将与经济决策和裁判过程相关的事项,包括法律依据、事实根据、论证过程等向利害关系人或社会民众公开。经济决策和裁判过程是职权机关依照法定的权力和特定的客观事实,将应然的法律规定变成现实的法律关系的调整,并最终做出裁决的过程,它将实际地影响利害关系人的既得权利、预期权利和社会经济的发展。国家经济职权行为过程的公开,对利害关系人维护自身的合法权益和防止权力滥用,确保社会经济的正常有序发展具有重要的制度意义。根据现实中国家经济职权的运作情况,经济裁决过程的公开主要有两个方面的具体要求:一是决策和裁判听证,二是资讯公开。听证制度是国家政府的具体经济决策和裁判行为如果会影响社会民众的合法权益,裁决主体就应当公开决策过程,由利害关系人表达意见,提供证据,以及裁决主体听取意见,接受证据,并进行充分质证和辩论,从而形成最终决定的一种法律制度。听证制度最早起源于法庭审理中的开庭辩论程序,后来广泛应用于对重大的利益裁决和调整行为,尤其是国家在实行重大的经济决策行为,如有关公共产品的价格听证、立法听证等。如果说听证只是在形式上为经济裁决者和接受者提供了进行辩论和论证的机会的话,资讯公开则是对决策内容、具体依据和最终结论的全面审查和监督,使经济决策和裁判更科学、更合理。资讯公开要求经济职权主体对具体经济决策和裁判过程所涉及的各种信息、资料以及论证过程和事实根据、理论依据,除涉及国家机密、个人隐私和商业秘密外,应当以法定的方式,及时、迅速地向社会公众和直接利害关系人公开,以备查阅、了解和质证。

3. 事后公开具体的决定结论

事后公开经济决定的结论是指,国家经济职权主体在做出影响直接利害关系人和社会大众利益的政策决定和具体裁判后,应当及时将决定内容以法定的方式向利害关系人和社会公开。经济裁决结论的公开,一方面是其产生法律效力,依靠国家强制力得以推行的必要条件;另一方面也是利害关系人和社会大众获知决策和裁判内容的基本方式,同时也是直接利害关系人采取补救措施的前提。

近年来,我国政府法治化建设成效明显,中央和地方制定和发布了一系列有关政府法治,尤其是重大决策的程序规则和要求,对政府重大意义决策的程序公开及其内容做了详细的规定。2008 年国务院发布的《国务院关于加强市县政府依法行政的决定》第三部分"完善市县政府行政决策机制"中规定,"(七)完善重大行政决策听取意见制度。市县政府及其部门要建立健全公众参与重大行政决策的规则和程序,完善行政决策信息和智力支持系统,增强行政决策透明度和公众参与度。制定与群众切身利益密切相关的公共政策,要向社会公开征求意见。有关突发事件应对的行政决策程序,适用突发事件应对法等有关法律、法规、规章的规定。(八)推行重大行政决策听证制度。要扩大听证范围,法律、法规、规章规定应当听证以及涉及重大公共利益和群众切身利益的决策事项,都要进行听证。要规范听证程序,科学合理地遴选听证代表,确定、分配听证代表名额要充分考虑听证事项的性质、复杂程度及影响范围。听证代表确定后,应当将名单向社会公布。听证举行 10 日前,应当告知听证代表拟做出行政决策的内容、理由、依据和背景资料。除涉及国家秘密、商业秘密和个人隐私的外,听证应当公开举行,确保听证参加人对有关事实和法律问题进行平等、充分的质证和辩论。对听证中提出的合理意见和建议要吸收采纳,意见采纳情况及其理由要以书面形式告知听证代表,并以适当形式向社会公布。"2010 年发布的《国务院关于加强法治政府建设的意见》第六部分"全面推进政务公开"进一步指出,"加大政府信息公开力度。认真贯彻实施政府信息公开条例,坚持以公开为原则、不公开为例外,凡是不涉及国家秘密、商业秘密和个人隐私的政府信息,都要向社会公开。加大主动公开力度,重点推进财政预算、公共资源配置、重大建设项目批准和实施、社会公益事业建设等领域的政府信息公开。……政府信息公开要及时、准确、具体。对人民群众申请公开政府信息的,要依法在规定时限内予以答复,并做好相应服务工作。建立健全政府信息公开的监督和保障机制,定期对政府信息公开工作进行评议考核。……要把公开透明作为政府工作的基本制度,拓宽办事公开领域。所有面向社会服务的政府部门都要全面推进办事公开制度,依法公开办事依据、条件、要求、过程和结果,充分告知办事项目的有关信息。……进一步加强电子政务建设,充分利用现代信息技术,建设好互联网信息服务平台和便民服务网络平台,方便人民群众通过互联网办事。要把政务公开与行政审批制度改革结合起来,推行网上电子审批、"一个窗口对外"和"一站式"服务。"同时,一些地方性法律规范也对地方政府重大决策程序的公开性要求进行了积极的回应,如《江西省重大决策事项听证办法》第16条"听证组织机关应当在听证会举行30日前,在本机关门户网站、本地主要报刊、广播电视上发布听证公告。听证公告包括听证目的、内容、方案、依据和背景资料,听证时间、地点以及听证代表产生方式等内容。听证组织机关应当根据听证事项的性质、复杂程度以及影响范围,按照广泛性和代表性原则,合理确定听证代表范围、名额、比例,并在听证公告中列明。"《江苏省行政程序规定》第4条规定,"行政机关应当将行使行政职权的依据、程序和结果向公民、法人或者其他组织公开,涉及国家秘密、商业秘密、个人隐私以及危及国家安全、公共安全、经济安全和社会稳定的除外。但是,经权利人同意公开或者行政机关认为不公开可能对公共利益造成重大影响的涉及商业秘密、个人隐私的可以予以公开。"

（三）经济法正当程序公开原则的制度保障

经济法程序的公开原则虽然对规范国家经济职权行为、防止权力滥用、保护相对人的合法权益、提高国家干预市场的实效等具有重要的实践意义，但是它又具有抽象性、模糊性和可操作性差等特点，要真正发挥法律程序在经济法实践中的积极作用，还必须依靠具体的制度性规则来保障和促进。在经济程序法上，支持和体现公开原则的主要制度有：

1. 国家机关一般经济职权法律依据的公布制度

国家机关进行微观规制和宏观调控的权力及其行使，只要影响社会民众的合法权益的，都必须通过法定的程序和方式，将其法律依据向社会公布。根据宪法、基本法和行政程序法以及诉讼法对国家机关经济职权的依据和来源进行公布，可以确保国家经济职权的有效性，便于社会民众对其内容和行使条件及方式的了解和掌握，有利于防止权力依据公布的随意性，增强权力产生和行使的庄严和权威性，提高社会民众的自愿服从和权力实施的实效。2014 年 3 月 1 日，我国放宽注册资本等市场准入条件，有力地激发了市场的创业活力和经济发展动力，同年 3 月到 7 月全国新登记市场主体 553.19 万户，同比增长 18.57%；资本总额 9.05 万亿元，同比增长 58.61%，其中新登记企业 160.61 万户，市场主体里包括个体工商户、农民专业合作社和企业。① 2014 年 3 月 17 日，国务院审改办在中国机构编制网公开了国务院各部门行政审批事项汇总清单，汇总清单涵盖了 60 个有行政审批事项的国务院部门，涉及各部门实施的行政审批事项共 1235 项。2015 年中共中央、国

---

① 《光明日报》，2014 年 10 月 9 日。

务院《关于推行地方各级政府工作部门权力清单制度的指导意见》指出：分门别类进行全面彻底梳理行政职权，逐项列明设定依据；对没有法定依据的行政职权，应及时取消，依法逐条逐项进行合法性、合理性和必要性审查；在审查过程中，要广泛听取基层、专家学者和社会公众的意见；公布权力清单；积极推进责任清单。"公开权力清单后，就划定了政府的职责边界，明确了政府应该干什么，让公权力在社会的监督下依法运行。同时再把可以交由市场决定的行政审批事项取消，政府法定职责就明确了。在此基础上，行政机关坚持法定职责必须为，坚决纠正不作为、乱作为，坚决克服懒政、怠政，坚决惩处失职、渎职，就能向着职能科学、权责法定、执法严明、公开公正、廉洁高效、守法诚信的法治政府迈进。"①

国家经济职权法律依据的公布制度具体涉及以下几个方面的内容：一是经济职权公布的范围。确定国家经济职权的法律依据是否要向社会公众公布的标准是，该职权及其行使是否会影响社会民众的合法权益，除法律有特别规定之外，一般的职权依据都要向社会公布。二是国家经济职权法律依据公布的具体方式和手段。三是经济职权的法律依据不公布的法律效力。

不同经济职权的法律依据的公布，其程序要求不同，如1988年国务院办公厅《关于改进行政法规发布工作的通知》规定，行政法规的发布必须由国务院总理或部门主管领导签署发布令，发布令包括发布机关、序号、法规名称、通过日期、发布日期、生效日期和签署人等内容；经国务院总理签署的行政法规，由新华社发稿，《国务院公报》、《人民日报》应当全文刊载，国务院不另行发文。《中华人民共和国政府信息公开条例》第15条、16条规定，行政机关应当将主动公开的政府信息，通

---

① 王贵：《中央首晒"政府权力清单"》，中央政府门户网站 www.gov.cn。2014-12-08。

过政府公报、政府网站、新闻发布会以及报刊、广播、电视等便于公众知晓的方式公开。各级人民政府应当在国家档案馆、公共图书馆设置政府信息查阅场所，并配备相应的设施、设备，为公民、法人或者其他组织获取政府信息提供便利。行政机关可以根据需要设立公共查阅室、资料索取点、信息公告栏、电子信息屏等场所、设施，公开政府信息。2015年中共中央、国务院《关于推行地方各级政府工作部门权力清单制度的指导意见》指出，将地方各级政府工作部门行使的各项行政职权及其依据、行使主体、运行流程、对应的责任等，以清单形式明确列示出来，向社会公布，接受社会监督。通过建立权力清单和相应责任清单制度，进一步明确地方各级政府工作部门职责权限，大力推动简政放权，加快形成边界清晰、分工合理、权责一致、运转高效、依法保障的政府职能体系和科学有效的权力监督、制约、协调机制，全面推进依法行政。公布权力清单，要以清单形式将每项职权的名称、编码、类型、依据、行使主体、流程图和监督方式等，及时在政府网站等载体公布。垂直管理部门设在地方的具有行政职权的机构，其权力清单由其上级部门进行合法性、合理性和必要性审核确认，并在本机构业务办理窗口、上级部门网站等载体公布。一般而言，应当公开而没有公开或者没有按法定的程序公布的国家经济职权的法律依据，不能成为国家经济职权行使的依据。此外，"在其他非指定（法定）的场合将规范性法律文件公之于众，如在非指定的报刊书籍上刊登，在电视、广播中传播，在宣传栏中张贴，都不是正式公布规范性法律文件。"①鉴于权力清单承载的简政放权功能以及其在编制过程中产生的诸多实体和程序创制现象，权力清单宜被定性为行政自制规范或应被定位为行政规则。在此前提下，权力清单必然对行政机关的行政活动具有约束力，权力清单制度中的公众参与模

---

① 　周旺生：《规范性文件起草》，中国民主法制出版社1998年版，第155页。

式必然受制于行政规则和公众参与本身的特点，下级遵守上级制定的权力清单也是行政自制规范的一般性要求。权力清单应接受司法审查，法院可以承认权力清单的信息公开诉讼标的地位以及其参照、援引的效力。①

2. 个别经济裁判决定的送达制度

国家经济管制机关依法针对具体相对人做出经济裁决后，应当以适当的方式将该决定送达相对人，以使相对人了解裁决的内容，从而行使该决定确认的权利，履行相关的义务，以及在不服该决定时采取申诉等相应的救济措施。经济裁决决定的送达是其生效的条件之一，也是相对人履行义务和行使权利的前提。具体的经济裁决决定的送达制度主要涉及送达的方式、送达适用的条件以及特定的法律程序等内容，其建构可以参照诉讼法律文书的送达方式或行政决定的送达方式。如《江苏省行政程序规定》第 68 条规定，"送达行政执法决定应当由受送达人在送达回证或者附卷的决定书上注明收到日期，签名或者盖章。受送达人在送达回证或者附卷的决定书上的签收日期为送达日期。送达程序参照《中华人民共和国民事诉讼法》有关规定执行。"

3. 经济职权行为的告知制度

经济职权主体在行使权力时，无论是针对不特定的广大民众的抽象调控行为，还是涉及特定个人的具体规制行为，都应当将有关的决定依据、事实条件、将要做出的决定内容，以及相对人在该决定过程中依法享有的权利等事项告知社会和个人，以利于社会民众和直接利害关系人及时行使其经济民主权利，维护自己的合法权益。告知制度是公民个人或整体作为社会经济发展主体在法律上的基本要求，也是公民

---

① 喻少如：《权力清单制度中的公众参与研究——兼论权力清单之制度定位》，《南京社会科学》2016 年第 1 期。喻少如、张运昊《权力清单宜定性为行政自制规范》，《法学》2016 年第 7 期。

经济自由权和民主决策权的体现。在经济法程序的告知制度中,其主要涉及以下内容:一是裁决机关和裁决人员的身份;二是公民作为个人和整体在经济裁决行为中享有的权利;三是具体裁决的主要依据,包括事实依据、法律依据和裁量依据。

4. 经济资讯的获取制度

国家进行宏观调控和微观规制的经济裁决行为,必须建立在对现实经济信息和有关资料的充分获取,科学分析,严密论证的基础之上。经济法程序的公开原则要求,国家机关和社会民众在经济裁决过程中,依法享有从公民个人或国家机关获得进行经济决策和调整个人利益所需的各种信息资料,有关的个人和组织应当无条件地提供。经济资讯获取制度是现代经济民主和自由的本质要求,也是科学决策在现代法治中的重要体现,其制度起源是西方国家的行政公开制度。[①] 经济资讯获取制度的重点是国家政府应当向社会公开国家经济决策信息内容,以及公民、法人和其他组织如何通过政府获取个人经济决策的信息,根据我国《政府信息公开条例》的规定,其主要内容包括:国家政府经济信息和资料公开的范围(第 9—14 条)、国家政府应当公开信息或公民等市场主体获取政府经济资讯的方式方法和程序(第 15—28 条)、公民个人等市场主体获取政府经济资讯权利的救济和保障(第 29—35 条)。

5. 重大经济决策和裁决的听证制度

听证是国家机关在做出影响公民个人和社会整体利益的决定前,由决策主体向社会和个人告知决定的依据、理由和公民个人、集体参加听证的权利,利害关系人通过参与听证向裁决主体表达意见、提供证据,裁决主体在听取意见、接纳证据和进行科学合理的论证基础之上,

---

① 王名扬:《美国行政法》(上),中国法制出版社 2005 年版,第 953 页。

做出具体决定的一种法律制度。听证制度已经成为现代公权力运行的一个基本制度,就执法而言"它一方面限制行政官吏的专断恣意,维护法的稳定性和自我完善性,另一方面又给予其一定的自由裁量权,容许其选择的自由,扩大了本身的适应性。"[①]听证制度适用于国家和地方政府重大经济决策和裁决活动[②],其主要制度包括:听证的范围;听证主体和参加人;听证前的告知和通知;听证的申请和决定;委托代理人;公开听证程序;辩论和质证;听证笔录及听证结果的法律效力等。对此本书将专章进行论述。

二、公正原则

(一)经济法正当程序公正原则的意义

经济法程序的公正原则是指,国家经济职权机关在进行宏观经济决策和微观经济裁决时,应当排除先入为主的思想偏见和仅凭主观臆断进行决断,要以公益为宗旨,排除私人利益,对所有的人和事都要一视同仁,确保经济职权行使的公正、中立和准确。从实体法意义上讲,国家的经济职权是建立在维护社会公共利益和整体利益之上,国家权力是公有物,不是私有物,国家经济职权的行使在程序意义上应该是确保公正无私和正当合理。程序公正是实体合理的保证和动态要求,它

---

①　刘勉义、蒋勇:《行政听证程序研究与适用》,警官教育出版社 1997 年版,第 4 页。

②　如《江西省重大行政决策事项听证办法》第 3 条规定,"本办法所称重大行政决策,包括下列事项:(一)编制国民经济和社会发展中长期规划、年度计划及各类总体规划、区域规划、专业规划;(二)制定土地管理、劳动就业、社会保障、文化卫生、科技教育、生态环境保护、住房保障、城市建设等方面的重大政策措施;(三)确定行政事业性收费及政府定价的重要商品、服务价格标准;(四)研究政府重大投资和建设项目;(五)行政机关确定的其他重大行政决策事项。前款规定的事项,涉及民生和群众利益,或者法律、法规、规章要求进行听证的,应当召开听证会。"

包括过程的公开、公正、正当和可接受性等方面的内容。① 在经济法体系中，程序公正原则有着重要的实践和法律意义。

首先，它可以树立国家对市场经济进行适度干预的权威性和合理性。国家干预市场的正当性和合理性来自于市场主体和广大民众的普遍认同与服从。自古以来，对国家权力的认同和服从分为强制型和自愿型，前者是国家通过其暴力机器和镇压工具压迫社会民众所达到的社会秩序，公民只能在无奈中表现出对国家权力的消极认可和被动服从；后者则是国家通过公正的程序吸收广大民众的基本要求，保护他们的基本权利，合理地行使各种权力，从而形成一种良性互动的社会发展秩序。国家权力的正当性首先来自于它的公正性和非欺诈性。一个不公正的国家权力只是一种权势，并没有内在的权威，其行使的内部成本和外部阻力都非常大；相反，一个公正的权力因为公民的自觉认同和自愿服从，其实施就会得到社会力量的大力支持和协助，其社会效果和经济效益也就显而易见。

其次，公正的法律程序可以促进社会关系的和谐融洽与持续稳定发展。稳定是社会政治、经济、文化发展的基本前提，也是一个国家所有政策的核心。在社会经济领域，法律的基本职能之一就是通过对各种利益关系的协调和规范，降低社会交易成本和社会资源的非正常损耗，提高社会整体经济效益。国家经济职权行使的程序公正要求首先可以有效防止国家权力的滥用对正常的社会关系和经济秩序的破坏，同时还可以有效调停和校正社会经济的内在冲突，减少对经济发展的负面影响，另外它还可以教育社会成员自觉遵守法律制度和社会公德，促进社会经济的有序发展。

---

①　对实体合理与程序公正的区别和相互关系的理论研究在行政法领域是十分普遍的。参见杨解君：《秩序·权力与法律控制》（增补本），四川大学出版社1999年版，第204页；章剑生：《行政程序法基本理论》，法律出版社2003年版，第63页。

其三,通过公正程序实施的法律和国家经济职权可以培养公民的法律信仰。法律信仰是法律及其保护和推行的社会经济政策措施有效实施的内在道德基础,法律内容的合理性、正当性与法律实施过程的合法公正性,都对公民法律信仰的形成起着决定性的作用,因为"归根到底,并非赤裸裸的武力,而是说服力才能确保最大限度上对法律的遵守。"①

(二) 经济法正当程序公正原则的主要内容

经济法程序的公正原则是对国家经济职权行为外在形式和内在品质高度的道德性概括和抽象,在理论上我们还可以对其内容进行深入挖掘和提炼。具体而言,经济职权公正原则包含以下几个方面的内容:

1. 国家干预行为的正当性

正当性是任何法律行为能够最终取得实效的内在要求和道德品质,也是特定法律行为能够被社会和直接利害关系人所认可和接受的一种社会态度。在现代社会,随着人类理性的不断成熟,正当性问题越来越受到人们的关注,经济法的国家干预行为,以及所有的国家行为和公共行为的正当性已经不再是一个不证自明的定理或公理。正当性问题及其标准是个实践论证问题,而不是一个认识问题,"因为近代行政法试图考虑到各种情况的巨大差异,以及在这些多元性中如何提出正当程序的权利主张。管理性决定影响到各种私人利益,而且政府采取即决行动的理由也是依据具体情况而千差万别的。"②

根据国家干预行为的内在依据和形式要件,经济程序法公正原则的正当性要求应当包括如下内容:首先是干预依据的正当性。国家对

---

① [英]P.S.阿蒂亚:《法律与现代社会》,范悦等译,辽宁教育出版社、牛津大学出版社1998年版,第88页。

② [美]欧内斯特·盖尔霍恩、罗纳德·M.利文:《行政法与行政程序概要》,黄列译,中国社会科学出版社1996年版,第119页。

市场经济的干预是基于整体利益而进行的，涉及社会公共目标的实现，其行为必须要有明确、公示的法律授权。其次，国家机关在具体的经济决策和调整行为中，对法律依据进行正当解释。国家机关对法律的解释分为一般性的操作性解释和个案中的适用性解释，从本质上讲都具有立法性质。法律解释是由立法的时空限定性、法律规范自身的模糊性和具体案件的个体差异性决定的。国家机关在对法律进行解释时，必须基于正当的理由和充分的证据支持。再次，经济职权适用中的裁量正当。由于现代社会经济的迅速发展和千变万化，以及法律与其他社会规范的相互渗透，立法授予政府在管理社会经济事务方面的权力时，自由裁量权的大量存在已经成为现代公权力的一个重要特征。经济法的公正原则要求，"通过排除各种偏见、不必要的社会影响和不着边际的连环关系的重荷，来营造一个平等对话、自主判断的场所，"从而实现"现代程序的理想世界。"①在现实社会经济生活中，虽然"国家的法律或许可以比喻为是情理的大海上时而可见的漂浮的冰山。"②但是裁量正当的两个基本内容是非常确定的：一是应当考虑的因素必须考虑，如执法中的合理期限以及紧急情况等；二是不应当考虑的因素不能加以考虑，如一些明显的性别歧视、地区差异等。复次，国家经济职权的行使必须要有正当的目的。国家经济职权的建立与行使都是为了实现社会公共利益的最大化，所以必须排除因个人利益和部门、行业利益而行使国家经济职权。

2. 国家干预行为的平衡性

国家干预行为的平衡性是指，国家在行使经济职权，对市场进行现实的调控时，在效率目标的指导下，还要注重调控行为对具体当事人的

---

① 季卫东：《法律程序的建构》，中国政法大学出版社 1999 年版，第 16 页。

② ［日］滋贺秀三等：《明清时期的民事审判与民间契约》，王亚新等编译，法律出版社 1998 年版，第 36 页。

公平性，以提高干预行为的可接受性和实效性。由于信息、时空等原因导致人类理性的有限性，所以经济立法活动本身不可能对现实社会中的种种社会经济关系，做出完全准确的把握和判断，尤其是在涉及对未来社会利益的调整时，经济实体法律规范的统一性与具体经济事务的差异性矛盾是在所难免，法律在规则与事实之间必须有一个平衡机制。为了校正实体法的局限性，程序法必须能够使具体的决策和裁判者拥有一定的自由裁量权，但是，自由裁量权的行使必须以公正和衡平为前提。具体而言，经济程序法中的衡平和公正要求国家机关在进行具体的裁决时，应当遵循一贯性，即对相同的客观事实和案件要做出相同的处理，不同的情况要做出不同的对待，特殊情况还要特殊对待，而且要对上述情况做出充分有力的说明和解释；切忌违背学理、反复无常和主观臆断。

3. 国家干预行为的说理性要求

国家干预本身就是理性的产物，也应当以经济理性成熟为前提。在现实的经济职权运作过程中，主管机关及其工作人员必须要向社会民众和直接利害关系人说明权力行使和运用的理由和根据，排除和减少经济职权行使中的独断、专横和恣意，加强社会民众的社会主体意识和对国家权力的主观认同度，提高国家干预本身的效率和社会绩效。国家经济职权行使的说理性要求，在国家进行宏观调控和微观规制时，应当向相对人说明以下问题：一是行使职权的事实理由。国家经济职权的启动必须以经法定程序收集的、客观真实的相关事实证据为前提条件，否则该行为便不具有法律效力，对相对人也不产生任何法律后果。二是职权依据，包括国家法律明文规定的对市场经济进行干预的管辖权和具体行为权，也包括主管机关自己制定的种种规范性文件。三是裁决理由。经济主管机关在进行特定案件的处理时，必须对已经和将要做出的具体裁决决定所依据的种种因素进行说明和解释，尤其是基于自由裁量权而做出的经济裁决。

（三）经济法正当程序公正原则的制度要求

正当法律程序的最大特点和优点在于，它能够通过具体制度的设计，将抽象的道德理念与其他社会规范的原则性要求外观化和技术化。在现实社会中，经济法正当程序的公正原则也是通过一系列程序制度的建构和正常运行得以实现。

1. 回避制度

由于经济法实践具有立法、执法与司法相混合的特征，其利益调整有个体之间的，也有整体和局部之间的，有事先的也有事后的，所以经济法程序中的回避制度非常重要。回避制度是指国家机关及其公务员在行使经济职权时，如其组织整体或个人与所处理的法律事务有利害关系，为保证具体处理结果与处理程序进展的公正性，依法应终止该国家机关或公务员的职权，而由其他机关或个人来替代行使的一种法律制度。程序公正的第一要求是，程序的操纵者和程序的结果之间应当没有任何利害关系，否则程序的操纵者可能会利用自己的优势地位，促使程序的结果向有利于操纵者的方向发展。[①]《江苏省行政程序规定》第 18 条规定，行政机关工作人员执行公务时，有下列情形之一的，行政机关工作人员应当自行申请回避，公民、法人和其他组织也可以提出回避申请：（一）与本人有利害关系的；（二）与本人有夫妻关系、直系血亲关系、三代以内旁系血亲关系以及近姻亲关系的亲属有利害关系的；（三）可能影响公正执行公务的。行政机关工作人员的回避，由该行政机关主要负责人或者分管负责人决定。行政机关主要负责人的回避由本级人民政府或者其上一级行政机关决定。

2. 审裁分离制度

国家经济职权的混合性一方面是它的优势，另一方面又是它的缺陷。审裁分离制度是法治的分权思想对经济法的制度要求，其目的是

---

① 章剑生：《行政程序法基本理论》，法律出版社 2003 年版，第 78 页。

为了防止在具体的经济案件中,调查人员同时又是将要做出裁决的人,那么审查人员必然会以他所搜集审查的证据作为基础,这种先入为主的认识会妨碍他全面听取相对人和其他社会意见,不利于案件的公正准确处理,所以在制度上将二者分离。审裁分离制度有内部分离与完全分离两种,完全分离类似于三权分立制度,内部分离只是要求国家经济职权机关内部人员的职务分离,各国法律一般都倾向于内部分离,而不主张完全分离。

3. 说明理由制度

国家干预行为说明理由制度是指,国家经济职权主体在进行整体经济调整和个体利益裁决时,如果对相对人和社会民众的合法权益产生不利影响,除法律有特别规定的之外,应当向相对人和社会说明其做出该行为的事实因素、法律依据以及进行自由裁量时所考虑的政策、公益等因素,否则该行为不产生相应的法律效力。

4. 禁止单方面接触制度

它是指国家机关及其工作人员在主持听证程序,对特定案件进行裁决时,不能在一方当事人不在场的情况下与其中的一方当事人讨论案件及相关问题,以免影响听证主持人的公正决定。禁止单方面接触制度的原型来源于诉讼制度,它也体现了经济法运行的一般特征和要求,即经济裁决的主持人必须是以经过各方利益主体充分论证、质证、认可的,并在案卷中已经记录的材料为依据,对待定案件进行客观裁断,而不允许掺杂其他任何案外材料和个人情绪。

5. 法律救济制度

社会经济及其关系是发展变化的,个人之间的权利冲突和私人与整体之间的利益纷争也在所难免,实体法的规定只是在应然意义上对社会主体的权利义务关系做了静态的划分,根据实体法和依靠个人的力量是无法实际解决私人之间以及私人与整体之间的矛盾,现实公正的法律只有能够向所有的人,尤其是弱者提供法定的救济和帮助,才能使其权利成为真正的现实利益。在国家经济职权行为过程中,私人权利潜在地受到侵犯和威胁,仅凭私力无法对抗,只有相应的国家公力救济制度的配套设置,才能保证实质公正的真正实现。在现实中,经济法程序的公正制度主要有复议制度、经济公益诉讼制度或司法审查制度、国家赔偿制度等。

三、条件优势原则

(一)条件优势原则的基本内涵

经济法正当程序的条件优势原则,也即国家干预的条件优势原则是指,国家经济职权机关在维护市场秩序或克服市场失灵过程中,不应当先验地确定市场机制或国家干预的优劣和顺序,而必须按照具体的社会经济条件进行具体分析,通过数学化的模拟工程和成本效益分析,根据各自的条件进行优劣比较和决策选择。条件优势原则是审判程序的基本活动方式,它主要是根据诉讼各方当事人的诉讼请求和各自所提供的证据,以及事实材料的客观性、合法性和逻辑自洽性来确定最终的裁决。经济法的运行虽然既有国家宏观经济政策的决定,也有微观个体之间的经济关系的调整,同时还有整体与个体之间及其相互之间的冲突和纠纷关系的审裁,但其核心内容是公共经济发展的决策行为,是通过理性的测算和分析,对市场机制和国家干预的选择,是对国民经济的整体发展和布局在时空上的规划和协调,所以按照条件优势原则进行具体的决策符合理性、公平和效率要求。

根据德国学者卢曼的分析,在国家经济职权行使或决策过程中,强调和突出条件优势这种程序性的要求具有如下重要的理论和实践价值。[1]

---

[1]　Niklas Luhman, Rechtssoziologie(2. erw. Aufl.), Weatdeutscher Verlag, 1983, S. pp. 227-234. 转引自季卫东:《程序比较论》,《比较法研究》1993 年第 1 期。

1. 条件优势原则可以使法律程序与变动的社会环境保持适当的对应关系

理论法学的研究认为,程序是一套人为设计的用于社会选择的技术或逻辑装置,它的目的是为了方便快捷地实现实体法或人类社会本身所追求的价值目标,其本身具有符号和非生活化的倾向;但是,法律程序所服务的法律行为,包括国家经济职权行为却是现实的、具体的,如果程序是绝对中立和没有倾向性的,那么程序的结局也是没有结论的,这与现实生活的要求是不相符的。程序的比较优势原则为社会选择提供了一个具有显明实体意义的选择标准,这样,就使得法律程序不仅能够胜任社会选择本身的需要,而且也能与不断变化的社会环境在时空上保持适当的对应关系。

2. 条件优势原则可以为(经济)法治变革网开一面

为其他社会经济制度的变革穿针引线。与传统民商法所调整的常规性和稳定性的社会关系不同,经济法关系是具有很强的变动性和时空性的社会关系,经济法本身的抽象性和模糊性也是有目共睹的。换句话说,经济法的内容国家干预是随着社会经济的发展变化而不断变革和演化的,这种演化和变革的依据就是现实社会生活的具体条件变化和人类理性对它们的比较取舍。经济法程序的条件优势原则可以使现实的经济生活和经济关系通过合法程序,对陈旧的实体法规范进行潜移默化的修正和补充,实现法律制度与其他社会制度的同步改进。

3. 条件优势原则可以对具体案件进行技术处理

在极端的场合可以通过逻辑的计算进行自动化的处理。法律程序的技术优势在前文已有论述,它主要表现在对复杂问题的简化和过滤,从而提高决策的效率,减轻社会以及决策者的总体负担,这一点在国家经济决策中显得尤为重要。

4. 条件优势原则能够减轻对法律实践的体验进行加工方面的压力

进而减轻决策者对后果的过分负担。将抽象的法律规定和笼统的经济职权运用于特定的现实生活,其中涉及到具体决策者的情感体验与社会责任方面的压力,条件优势原则确立了程序论证和裁决的客观标准,它将复杂的经济、道德、情感、价值判断等主观性问题,转化为与决策者个人相分离的客观问题,从而减轻了决策的主观压力,避免因主观的犹豫不决而错失良机。

5. 条件优势原则还可以减轻上传下达与监督检查方面的负担

在整个人类社会发展过程中,法治与其他社会制度相比较,其优点并不在于能够为人类提供了一个最为安全和有效的生产生活机制,而是它最大限度地避免了因个体差异而使社会行为附带了巨大的信息、谈判以及风险防范等交易费用。在国家经济决策和纠纷裁决行为中,条件优势原则使得个人的主观因素和非理性体验降到最低,这样不仅可以加快经济信息的收集整理和交换流通速度,提高决策的准确度,而且还可以减少国家和社会对具体决策进行监督和检查的费用。

(二) 条件优势原则的基本要求

经济法程序的条件优势原则树立了国家在进行经济干预时,要以实事证据为依据,依科学技术为基本手段进行决策,其具体内容主要有:

1. 程序与结果的非对应性

国家对经济的干预是一种理性的公共选择行为,它是根据现实经济的运行状况,从外部进行的一种补救和校正,不是对一种先验理论和思想的简单推理,所以要力戒先决定、后程序的形式主义做法。例如,国家物价部门举行的有关公共物品的价格听证会,其结果并不必然导致特定公共物品要涨价或者降价。

2. 任何决定都必须建立在充足、完备的事实材料收集的基础之上

调查研究是科学决策的重要环节,也是经济法程序的重要构成,唯有在全面周详的调查研究基础上,才能对不同利益主体的权利主张进行比较分析和优劣确定。所以,在经济法程序中要建立健全符合经济和社会发展要求的调查论证机制,以确保经济决策的科学性和准确性。

3. 要建立和模拟多个平等并列的备选方案

条件优势原则的前提是对具体案件的裁决必须有多个备选方案,只有在对备选方案进行既定的价值目标的比较分析之后,才能确定最终的决策结果。

4. 经济分析方法应该成为经济法程序中的主导性方法

国家干预的理论和现实依据是市场失灵所带来的社会经济效益的损失,国家干预的优势也在于通过校正和弥补市场缺陷而实现经济的"帕雷托最优"或"帕雷托改进",所以国家经济决策中的经济分析显得十分重要,而且是一项必需的、程序性的实质性要件,唯此也才能真正实现国家干预下的整体经济的可持续发展,否则经济法也不过是强权和压制的护身符而已。

(三) 条件优势原则的制度体现

条件优势原则在实践中必须借助具体的程序制度来实现,这些制度主要包括:一是信息调查制度。信息是一切决策的客观依据和基础,在进行经济干预时,必须要有完备的信息作为支撑。在当前除了要建立健全国家的信息调查制度如统计、年检、会计和审计制度外,还要逐步培植社会中介组织在信息搜集和分析整理方面的功能和作用。二是听证制度。听证是对选定事实和决策的全面公开和论证过程,也是利害关系人申诉自己的主张,反驳对方主张,参与具体经济决策的主要方式。唯有通过听证程序论证和确认的有关信息和资料,才能成为相关决策的依据,也只有通过公开听证才能分析比较各方当事人的主张及

其理由，以及特定经济决策的各种备选方案的比较优势，最终做出客观公正的裁决。三是证据制度。无论是经济立法对社会整体利益的调整，经济执法对个体决策的强制，还是经济诉讼中对利益纠纷的裁决，都必须要有公正合理的证据制度予以配合，这样才能使具体裁决具有统一性和说服力。四是说明理由制度。说理是理性活动的基本方法，也是进行科学决策的必备手段，尤其是在经济活动中，对作为经济理性人的市场主体经济行为的总体规划和个体调整都必须具有充分的理由，这样才能使其行为由被动转为主动，从而促进市场的自治功能和相应的经济绩效。五是裁决制度。所有的经济立法、执法和司法行为最终都要进行裁决，在一般情况下，立法采用的是会议表决制度，执法实行领导个人决定制度，而司法也采用近似于表决的裁决制度，但无论是哪种方式的裁决制度，都应当以条件优势原则为基础来确定，而不能依据个人的偏好和情绪化行为。

除上述三个最基本的原则之外，经济法正当程序的原则还有简洁原则、时效原则以及效率原则。这些原则在相关法律制度和法律理论中已多有论述，其基本原理、具体内容和制度要求也同样适用于经济法程序的建构中，鉴于本论文的篇幅所限，在此就不予重复。

第六章　经济法正当程序的基本制度

第一节　经济法正当程序的主体制度

经济法行为所涉及的是一系列经济裁决问题①,它是市场主体通过国家政府进行的自我控制和自我调整。在整个经济法行为过程中,经济法关系的当事人包括国家机关、公民个人和社会组织,他们既是裁决的参与者,也是裁决决定的执行者和遵守者,所以国家经济裁决者是经济法行为的基本要素,也是经济法程序的基本要素。经济法程序制度也是围绕着决策者的个体行为和整体行为而展开的,因此主体制度也就构成了程序制度的核心。

一、法律程序主体制度的基本内容

(一)经济法程序主体的内涵

经济法程序的主体是指参与国家经济职权的行使过程,对国家经济决策和具体的经济裁决产生直接和间接影响,并承担国家经济职权行为后果的国家机关、公务员、社会组织和公民个人。主体是一切法律

---

① 国家经济裁决行为包括有关宏观经济和社会整体利益的立法决策和政策性决策,也包括针对微观经济失调和争执所进行的规制和裁判。为了行文的方便,在下文的论述中,如没有特别的限定,所有的国家经济职权机关依法对市场进行的积极干预行为我们都将它统称为"经济裁决"。

行为的实施者,法律关系的参加者,也是法律后果的承担者,是所有法律制度的基础和核心。经济法程序主体制度的主要内容是确定国家经济职权行为和裁决行为的实施主体、适用主体、适用范围和具体的活动方式,其中既有实体法的规定,也有程序法律的内容。经济法程序是经济法行为的动态表现,也是经济法关系的实现过程和具体落实,经济法程序的主体与经济法的主体既有重合,又有区别。

1. 经济法程序的主体范围十分广泛

一般认为经济法的主体包括经济职权主体和相对人两方面,经济职权主体是依法享有宏观调控权和微观规制权的国家机关,而相对人则包括作为市场经济主体的自然人、法人和其他社会组织;而经济法程序的主体则包括国家经济职权行为的所有参加者和利害关系人,从经济职权的实施者来看,包括享有经济职权和具有独立法律人格的国家机关、国家机关的具体实施机构、公务员个人,以及政府部门的公职律师等代理人,从非国家机关一方来看,包括当事人、利害关系人、证人、代理人等。

2. 经济法程序主体地位的多样性和差异性

在经济法关系中,各个主体相互之间是一种实体法律的权利义务关系,而在程序法律关系中,各个主体的法律地位则有很大的差异。概括地讲,经济职权主体和相对人及利害关系人之间既有实体法的关系又有程序法的关系,而其他法律主体如经济主体内部的执行机构、公务员个人、代理人、证人等的法律关系主要是程序法上的。

3. 经济法程序主体的权利义务不同

由于各个主体在国家职权行为中的角色和地位不同,所以他们所享有的权利义务也不同。在经济法关系中,各个主体的主要权利(力)和义务是针对特定的经济事实和经济争端,对市场主体的实体权利义务进行裁决,而经济程序法关系中,各方当事人的权利(力)和义务则主要是围绕着如何对具体的经济现状和经济争端进行科学合理、准确无误的裁决而设置。

（二）经济法程序主体的范围

1. 国家经济职权主体

经济法程序是在国家经济职权主体的主持下进行国家干预的行为，所以经济职权主体是经济法程序的首要主体。有关国家经济职权主体的要求、内涵和外延是经济法制度的核心内容，它一般由经济实体法中的经济职权主体部分予以规定，有关的学说和论著已做了非常详实的论述，有关国家和地区的法律也已有明确的规定，所以本文就不多做重复。① 但是，为了将经济法的主体与一般行政法的主体相区别，我们应当着重研究和探索类似于美国行政法上的"第四部门"和"独立控制委员会"。

2. 经济职权主体内部的职能机构

在现实中，国家经济职权主体的经济职权行为大多是由其内部的职能机构具体实施的，内部职能机构虽然不是经济实体法上的权力主体，不享有经济实体法上的权力和义务，也不直接承担经济法实施的法律后果，但它却是经济法行为的实际参与者和推行者，所以它必须遵守程序法的一般规定，并承担相应的法律责任。

3. 国家公务员

公务员是国家职权的具体行使者，在整个国家经济职权和裁决活动中，公务员个人只是一个代理人的角色，但是其个人的情感以及其他社会关联性可能会影响其行为的客观公正性，程序法的相关制度，如回避主要是为了弥补和校正公务员的个人缺陷而设立的，所以公务员个

---

① 参见漆多俊：《经济法基础理论》，中国政法大学出版社1999年版，第207—213页；李昌麒：《经济法学》，中国政法大学出版社1999年版，第99—103页。翁岳生：《行政法》，中国法制出版社2009年版，第1035—1040页。

人理所当然是经济法程序的主体之一。

4. 当事人

从广义上来说,法律关系或法律行为的当事人是指参加法律行为的实施,并最终承担其法律后果的个人和组织,经济法程序的当事人则包括国家经济职权主体和相对人两类。而狭义上的经济法程序的当事人是指国家经职权和裁决行为直接或间接影响其现实权利义务的自然人、法人和其他社会组织。当事人的范围因国家经济职权行为的性质不同而有很大的差异,在维护市场秩序和有效竞争的市场规制行为中,当事人是具体经济裁决行为直接针对的个人或组织,如《反不正当竞争法》和《反垄断法》中"不正当竞争行为"或"垄断行为"的实施者和被侵权者;宏观经济调控行为中,当事人是宏观调控行为可能影响到的所有市场主体。当事人范围的不同对法律程序及相关制度设计的要求也就不同。

5. 其他参加人

经济法行为是在国家经济职权机关的主持下,以最大限度地维护和促进社会地位公共利益为目的的公共经济决策和裁决行为,它涉及到社会整体利益的调整和长远利益的规划,需要大量的事实证据和专业化论证,所以整个行为的完成除了作为裁决主体的国家机关和作为裁决受体的当事人或利害关系人的参与外,还必须借助证人、鉴定人、代理人以及其他相关专家、学者和技术部门等的参与。其他参与人的活动对经济法程序及其结果的公正准确有着十分重要的意义。发端于诉讼活动中的证人制度、代理人制度已经成为保证现代社会公共裁决科学合理的重要法律制度,专家咨询委员会①、立法助理、公务律师等

---

① 例如,在我国货币政策由中国人民银行根据咨询议事机构——货币政策委员会的建议制定。而根据《中国人民银行政策委员会条例》第5条规定,货币政策委员会由下列单位的人员组成:中国人民银行行长、中国人民银行副行长二人、国家计划委员会副主任一人、国家经济贸易委员会副主任一人、财政部副部长一人、国家外汇管理局局长、中国证券监督管理委员会主席、国有商业银行行长二人、金融专家一人。货币政策委员会组成单位的调整,由国务院决定。

已经被各国法律所认可。独立管制机构是经济法主体的一大特征,"独立控制委员会管理的事务具有专门的性质,应当由专家处理,避免政治影响。""委员会作决定时不受政治影响,可以按照专业知识客观地处理问题。"①

(三)经济法程序主体的权利和义务

因为经济法行为的公共裁决性,所以经济法行为的实施程序在立法上势必混杂有立法、执法和司法三种色彩,而且以司法的听证程序为核心。经济法程序的主体复杂多样,且在经济法实施过程中处于不同的地位,担当不同的角色,所以他们各自享有的程序权利和义务也有所不同。限于篇幅和主旨,在此我们不可能对他们进行全面系统的列述,而只能对国家经济职权主体的程序性义务和当事人的程序权利,作简单的概括和总结,其他程序主体的权利和义务可以参照诉讼程序制度的相关规定来设计。

1. 经济职权主体或程序主持人在经济决策行为中负有的程序性义务

(1)告知或通知义务。经济裁决机关在进行裁决行为时,对经济案件的立案、拟将做出的决定、当事人及有关利害关系人所享有的权利、实现方式和救济途径等事项,按照法定的方式向当事人及利害关系人告知和通知。

(2)经济裁决的公开义务。在具体的经济裁决以及与之相关的调查取证行为中,经济职权主体应当将裁决的法律依据、事实根据和最终的裁决结论在法定期间内,按照法定的方式向当事人和其他参与人及社会公开。

(3)说明理由。经济职权主体行使经济职权对相对人的权利义务

---

① 王名扬:《美国行政法》(上),中国法制出版社 2005 年版,第 178、181 页。

造成实质性影响时,必须向相对人就决策的法律依据、事实根据以及相关的科学原理进行详细的说明和解释,并给相对人提供辩论、反证和救济的机会;此外,裁决主体在不能完全采纳当事人的意见,或驳回利害关系人的异议或请求时,也有说明理由的义务。

2.经济职权主体及其公务员所享有的程序权力[①]

(1)主持和控制经济法程序的进程。(2)根据法律的授权向有关当事人和利害关系人签发传票。(3)接受当事人提供的有关联性的证据,裁决一方当事人可否拒绝回答另一方当事人提出的问题。(4)记录证言或者授权记录的证言。(5)决定听证的过程。(6)举行听证前的会议。(7)决定程序上的请求和类似问题。(8)其他法律法规规定的权力。如接受其他的有关重要证据、召唤、询问证人、修正笔录中的错误等。

3.国家经济职权的当事人或利害关系人享有的程序权利

(1)诉请权。所有的自然人、法人和其他社会组织都有权提请国家经济职权机关,就特定的经济事项进行审查和裁决,国家应当为其提供有效的途径和方法。

(2)卷宗阅览权。当事人有权阅览与之有利害关系的经济案件中除涉及个人隐私、商业秘密、国家机密或法律有明确限制的卷宗的内容。

(3)要求和参见听证权。当事人有权要求国家机关通过公开、公正的程序调查和获得证据,并对证据的效力、证据采信和具体裁决表达不同的意见。

(4)委托代理人参加裁决的权利。经济裁决具有很强的专业性和技术性,仅靠当事人自己的知识能力有时无力维护其合法权益,所以他

---

① 王名扬:《美国行政法》(上),中国法制出版社2005年版,第455—456页。

有权委托律师、经济师和有关专家代理其行使相关权利。

（5）获得一般救济和特别救济的权利。当事人对经济裁决的结论有异议的，有权通过复议、诉讼等法定的途径获得救济，裁决机关也有义务告知其具体的救济途径和方式。

二、经济法程序主体制度建构的重点

经济法的产生、发展有着深刻的社会历史背景和政治思想根源，它对传统法治的突破不单纯是一些调整领域和制度上的简单扩展和创新，更主要的是法律世界观和方法论的更新。基于国家干预经济的特殊性，在经济法律制度的建构和完善中，不仅要按照传统法治的方法，加强对国家干预行为的事先规范和限制，也要建立和健全国家干预行为程序法，强化对国家行为的过程性规制，同时还要拓展经济公益诉讼制度，实现对国家干预行为的事后监督。所以经济程序法就必然成为新的社会历史条件下经济法建设的重点与核心。[①] 在经济法律程序制度的建构中，除了对现有的制度成果，尤其是宪政、行政法和诉讼法方面比较成熟的制度，进行大胆的吸收和借鉴外，关键是要对传统程序制度的所依托的基本理念，进行整体反思和重构。在此，我们只对经济法程序主体制度中各个法律主体的地位及权利（力）性质做简单的评述，以期达到抛砖引玉之功效。

（一）经济法程序主体法律地位的理论重构

按照传统法治观的理解，国家经济职权主体及各级种类国家经济

[①] 关于经济法所面临的理论困惑与制度选择，笔者认为经济法所的制度特征代表了现代法的理论和实践难题，要从根本上化解这种矛盾，其基本路径是运用程序主义的法治模式，整合法治的保守性、确定性与社会生活变动性之间的关系。详见齐建辉：《经济法的理论困惑与程序法整合》，李昌麒：《经济法论坛》（第 4 卷），群众出版社 2007 年版，第 3—22 页；齐建辉：《经济法运行的程序机制初论》，漆多俊：《经济法论丛》（第 12 卷），方正出版社 2007 年版，第 125—144 页。

管理和协调机关是经济法律程序中的核心主体，经济职权行为的直接承受者公民、法人和其他社会组织只不过是国家干预经济活动的"相对人"，他们在整体经济活动和国家干预行为中都只是被动的接受者，对国家经济职权行为没有积极主动的决策权。这是典型的"主客二元论"法律范式理论的基本思想，也是传统行政法及其程序主体制度建构和运行的基本模式。在政治国家和市场社会二元分离理论背景下，无论是早期的管理型政府，还是现代的服务型政府，国家政府始终处在主人或神灵代言人的地位，而作为社会成员或市场主体的个人仅仅是仆人和接受神灵恩惠的信徒，其原始主人或主体地位则被无情地忽略了。正如美国总统肯尼迪在就职演说中所引用的那句话所表述的："不要问你的国家能为你做些什么——而要问你能为你的国家做些什么。"①这种对国家和社会成员主体地位及其相互关系的定位，是典型的家长主义和国家本位主义，这与自由社会中社会民众个人自由和公共自由的理想信念都极不相称，这也直接影响到各种法律程序对国家机关与社会成员主体地位及其相互关系的定位和制度安排。当然，在各国的法律制度和有关学说中，也有完全否定国家机关在社会生活中的积极能动性，极力主张绝对的自由主义和当事人主义的法律理念，这种理论和制度模式只能适用于完全的个人自由和自主，其结果可能会导致作为整体利益整合和公共自主决策机制的法律程序趋于虚无，流于形式。

实际上，无论是实体上，还是程序上，国家的存在虽然不是虚无的，但国家的政治权和对市场经济的干预权都不具有终极价值，一切社会价值的主体和本源都是组成它的社会成员。美国著名经济学家弗里德曼认为，"对于现代公众而言，国家是组成它的个人的集体，而不是超越在他们之上的东西。他对共同继承下来的事物感到自豪，并且对共同

---

① 转引自关保英：《行政法的价值定位》，中国政法大学出版社1999年版，第16页。

的传统表示忠顺。但他把政府看作为一种手段，一个工具，既不是一个恩惠和送礼的人，也不是盲目崇拜和为之服役的主人或神灵……"①由此我们认为，由于绝对自由主义无法避免的"市场失灵"的客观存在，国家利益的非本位性，在经济法的主体制度，尤其是程序主体的设计上，正确的态度应当是，公众不要问他的政府能为他做些什么，也不要问他的国家能为他做些什么，而是要问"我和我的同胞能通过政府做些什么"。也即，经济法确认和规范的国家干预的实质是社会成员通过国家政府而进行的自我"干预"和自我控制，这与经济法所信奉的"经济民主"和"社会本位"原则一致，与传统法治的私人自治和个人自由也是相互协调和统一的，只是更加突出和强调社会成员的公共自主和整体自由。因此，在传统行政程序法和其他法律程序中作为相对人的公民、法人和其他社会组织，在经济法律程序主体制度中应当居于核心地位，而国家机关则是辅助性的。与此相关，在具体的经济程序制度设计中，必须突出和加强对核心主体公民、法人和其他社会组织合法权益的保护，规范和限制国家机关的权力行为。

（二）经济法律程序主体的权利（权力）性质

经济法律程序主体的程序权利源于其实体权利，是实体权利的动态化表现和具体实施，对其性质的分析和研究涉及两个理论问题，一是其原始权利的性质，二是其本身的性质。

在传统法治下，基于"主客二元论"的理论范式，市民社会的私权利和政治国家的公权力在各自的领域内独立运行，互不干涉。私人权利追求绝对的自主、自由和自治，没有统一的行为模式和程序规范，而国家公权力是为社会公共利益而设，除了在实体上采用严格的法定主义

---

① ［美］弗里德曼：《资本主义与自由》，张瑞玉译，商务印书馆 2006 年版，第 3 页。

外,还通过统一化的程序予以规范;国家公权力的内容包括积极从事公共管理活动的权力和消极地调停私人纠纷和冲突的审裁活动的权力。也就是说,在严格的法律二元论理想模式下,公民个人在一般社会生活中不受任何程序法的约束,程序法及程序权是专为控制国家权力的滥用而设置的,这种程序权主要体现在行政管理和司法审判中。但是在实践中,市民社会自治与政治国家的公共行为并非是绝对分离的,当公民个人之间的利益发生冲突而私力救济不足时,政府的管理活动涉及私人利益时,公民个人就不得不借助公力救济或卷入公共行为之中,公法中的程序性规范也就必然影响到公民个人的利益。所以,在行政法和诉讼法中公民个人的程序性权利也就成为必不可少的部分。在诉讼活动中,公民个人的程序性权利主要是以诉权为中心的请求权,在行政程序中,公民个人的程序性权利主要是防止政府行政行为可能侵害公民合法权利而被动实施的消极防御权。总之,在传统法治下,只有国家政府的程序权才是积极主动的,才直接指向公权力行为的结果和最终目的,而公民个人的程序权则是辅助性的,是为了防御和救济而设的,与他们的实体权利是分离的。

相对而言,经济法中的国家干预行为是公民个人通过国家之手对市场自发机制的补充和完善,是市场社会公共自主和集体理性的实现。公民个人在经济干预行为中具有直接的个人利益和整体利益关系,个人有必要涉入和参与其中,争取相关利益和进行具体决策。程序权力既不是简单地对个体权利的公力救济,也不是单纯对公共权力的消极防御,也不是独立于其实体权利的一种辅助工具和救济手段。也就是说,经济法律程序主体程序权利的设置和行使,要侧重于公民个人参与公共决策和有关利益裁决的权利,突出和切实保障公民个人作为国民经济总体运行最终利益相关者和国家经济职权归属主体的地位。①

(三) 公民经济法程序权利行使的经济和制度保障

众所周知,权利的本质是行为自由,而对行为自由妨害最大的因素是物质上约束和制度上限制。在传统法治下,公民权利的实现,包括直接的市场行为和通过国家权力的间接求助,在物质上都是基于自我利益最大化的追求和激励,在制度上也是受到严格规则主义下对公权力防御的保护。而在国家干预经济行为中,公民个人的权利与其所追求的最终结果之间并不是直接的一一对应关系,公民个人行为的成本和社会整体收益之间缺乏经济学上的正相关约束,个人参与公共经济裁决的积极性和主动性就不如纯粹的私人行为高,所以仅从理论上确认和保护公民个人进行经济法律行为,并不能解决权利的真正实现问题。换句话说,经济法律行为的目的是对宏观经济的协调和对社会整体利益的保护,具有明显的公共产品性质,它的非独占性、外部性都很强。公民个人作为市场主体,对成本收益具有天生的理性考虑,在高额成本和有限收入之间,他们真正行使权利的激励不足。比如在公共经济决策中,如果决策的费用由参与决策的个人来负担,而决策的收益却由全体社会成员享有,那么作为个体理性人的最明智选择只能是放弃参与决策权。同样,在公益诉讼中,如果个人能够起诉,庞大的诉讼费用就由他来垫付,而诉讼结果只能有两种,要么胜诉要么败诉;败诉是任何一个诉讼主体都不愿意看到的结果,即便是胜诉,原告因此而获得的赔

---

① 有学者认为,国家权力,无论中政治权力还是经济权力,其主体都具有双重性,政府包括古代社会的君王等只不过是国家权力形式上的行使主体,而广大的社会民众才是其最终的归属主体。这一点在古语"天下乃天下人之天下,而非一人一姓之天下",以及现代社会各国宪法的"一切权力属于人民"规定中都得到了集中的体现。在古代社会和近现代间接民主体制下,国家权力的行使主体和归属主体处于分离状态,只有在直接参与式民主体制下才可能统一。有关权力行使主体和归属主体的论述详见关保英:《行政法的价值定位》,中国政法大学出版社 1999 年版,第 1—20 页。

偿与其因整个诉讼而支付的成本相比微不足道,因为公益侵权的受害人不止他一个,赔偿结果不可能由他独享。所以,在传统的诉讼机制下,"搭便车"心理会使公益诉讼成为学者们的文字游戏。

　　传统法治的基本思路是将权利建立在私人利益的追逐上,公共利益问题是经济法及其程序制度的中心,经济程序权的本质是公共参与和决策权,公共权利的基础是个人利益,所以还得依赖私人权利的运行机制实现。公民个人经济程序权利行使的短缺的根源是经济因素,其障碍却是制度安排,基本出路也在相应的制度改革。公民个人实现经济决策参与权利的经济激励主要是对程序成本和费用进行必要的社会补偿,将公民个人参与国家经济管理和协调的支出列入财政预算,由国库来负担,解除其经济上的额外负担,通过间接利益的激励提高他们的积极性和主动性。如经济公益诉讼中的诉权空缺问题,可以采取公法与私法相结合的方法和制度对策。首先要确立类似于刑事诉讼的"公诉"制度,由国家公诉机关提起诉讼并负担相关费用,其次要确认单个受害人作为独立原告和共同原告提起诉讼的权利,或者建立类似于美国的"代理原告"制度。① 这样既可以肯定个人在公共利益中的分割利益及救济机制,解决由于个人诉讼激励不足造成的原告空缺,也可以加强国家在维护公共利益方面的职责。从法制史的角度看,早期社会因为个人利益和公共利益混浊不清,所以诉讼制度无论刑事案件,还是民事案件一律采取公诉。后来,个人利益和公共利益有了相对的划分,因而也就有了自诉和公诉的区别。刑事诉讼之所以采取公诉的方式进

---

　　① "代理原告"制度有两种情形,一种是原告没有任何受法律保护的直接和间接的利益,一种是原告因为与另外一个利益受到重点保护的人的利益存在联系而受到法律保护的利益。参见[美]艾伯特:《主张宪法上第三方权利的起诉资格》,《哈佛法律评论》(1974 年,第 88卷)第 423 页。转引自[美]理查德·B.斯图尔特:《美国行政法的重构》,沈岿译,商务印书馆2003 年版,第 88 页,注[302]。

行,是因为犯罪行为所侵害的不只是直接受害人的人身和财产权,而且对社会公共秩序和公共利益具有极大的破坏,即它的社会危害性。民事案件和少数刑事案件采取自诉,其理由是这些行为主要侵犯直接受害人的私人利益,社会的危害是轻微的,所以没有必要运用国家资源予以追究。

由于经济法律案件既涉及公共利益也关系私人利益,具有鲜明的社会公共性,所以在诉讼机制上可以采用公诉兼自诉的模式。① 就经济公益诉讼而言,首先要确立国家机关对公共侵权行为的起诉职责,在我国可以由各级人民检察院担负经济公益诉讼的公诉职责;其次,为了防止国家公诉机关消极怠工,使公共利益和个人利益切实能够得到保护,法律还应当确认和支持有关的利害关系人在国家公诉机关拖延或者不履行公诉职权时,以私人身份提起诉讼的权利;同时,还要在制度上确保无论是公诉还是自诉案件,其诉讼费用都由国家财政支付的经济保障制度。如此才能使国家的经济干预行为与社会公共利益相一致,才能真正保护公民法人和其他社会组织的合法权益。

第二节　经济法程序的信息与资讯制度

一、经济裁决信息及其特征

(一)信息的含义及法律地位

一般而言,信息就是音信、消息,它是人们有关某种客观状况的主观认识,这种认识一旦为人所拥有,就成为人所拥有的知识。因此,在

---

①　近年来,在我国的司法实践中已经出现了由检察院作为原告,针对有些企业改制中的经济案件向法院提起诉讼的事例,2012 年新修改的《民事诉讼法》对此已有所体现,在宪政理论上的确有其合理之处,具体的制度建构还需进一步探索和完善。

实践中,人们往往把信息、知识看作一回事,或者认为知识既包括有关人们较为高级的认识,即技术和知识,以及有关属性的知识,即通常所说的信息问题。① 信息对于公共政策及其制度建设是非常重要的,"恰当的制度能在一个复杂的不确定的世界中引导个人(或集体)决策者,并能帮助我们减少对信息的需要。"②公共政策的设计、制定、执行、评估和反馈,需要探讨不同阶段的信息特征。如果说决策者是经济法程序的主观方面的话,信息则是构成经济法行为的客观方面,也就是说,经济法中的国家裁决都是裁决者收集、整理、筛选和编排,并最终处理信息的过程。信息非常有用,也是大量存在的,并且许多信息是免费的,但有用信息的开发和使用,需要代价。信息与所有有用的、需要通过努力和付出代价才能获得的资源一样是稀缺的,是一种有价值的资源。作为有限资源,它值得我们进一步努力,去开发信息,缓解稀缺性;在给定资源条件下,合理地配置信息资源,用足既有的信息资源。要改善政府经济裁决的质量,就需要投资于信息,用足信息。信息的范围、多寡、真伪、获取方式以及取舍标准等,直接决定着国家经济裁决结果的客观公正与否,所以从信息的角度来看,经济法程序实质上就是与信息相关的资讯和证据制度的设计与安排。

(二) 经济决策信息的基本特征

1. 经济决策信息的稀缺性。信息的不完善性问题,在经济法调整的国家公共政策的设计、制定、执行、评估和反馈各个阶段普遍存在。国家的经济裁决实践不同于政策研究,政策研究是一个完全的理论问题,如果没有达到完善的境界,可以继续研究,或者出一个阶段性的研

---

① 世界银行:《1998/99 年世界发展报告:知识与发展》,中国财政经济出版社 1999 年版,第 1 页。

② 柯武刚、史漫飞:《制度经济学:社会秩序与公共政策》,韩朝华译,商务印书馆 2000 年版,第 62 页。

究成果，或者推迟出版研究成果，它并不影响现实的社会经济运行；而国家的经济政策实践在设计还不完善或许多信息还没有收集和得以确认的时候，就需要我们立即制定政策，并付诸执行。所以，由于国家从事经济裁决行为的信息是不完整或稀缺的，经济法程序制度设计的任务之一就是尽量降低经济决策行为的信息不完整和稀缺性，提高决策的准确性。这首先需要在公共政策的设计、制定、执行、评估等整个过程中，要建立健全科学有效的资讯制度，进行充分的调查研究、专家论证，并经过试点，或者吸取既有的实践经验，尽可能减少其不完善性。其次，即使经过充分的调查研究、专家论证，并且经过一段时间的试验，吸取了成功的经验，我们也需要认识到，现实的经济决策行为是在有限的信息约束条件下做出的，不可能绝对完美或一劳永逸，而是随着时间、条件的变化需要不断地进行修正和完善。第三，在信息不完善时，进行有关的国家经济决策行为是必须的，但也是有条件的，即公共经济政策不能盲目制定，需要基于现有的信息局限性，尽可能避免因信息不完善而导致的损害。在信息不完善的情况下，国家经济决策行为由于事关公共利益，所以无害原则优先于有利原则；国家公共经济政策应该首先考虑无害，或者少害，而不是寻求有利，或者更大的但有风险的利益。

2. 经济决策信息的不均衡性。信息在不同的经济政策和不同裁决的不同阶段，其完善程度不一样，所以其所需要的完善程度也不一样。国家经济决策行为不同于私人的经济决策，它所涉及的利益关系复杂多样，且影响深远，一旦决策得以确定和实施，其机会成本非常巨大，而且常常不可挽回。所以，需要通过法律程序制度的强制和规范，尽可能增强政策设计的完善性，尽可能减少失误，比如邀请专家参与决策，让有关利害关系人参与讨论，最后决策通过民主政治程序来决策等，提高经济决策的科学性和有关政策的支持率。

3. 信息与知识在人之间配置的不对称性[①],对于公共政策的制定有更大的影响。近些年来,经济学在信息领域的研究取得了丰硕的成果,并发展出一门新型的学科,即信息经济学。信息经济学认为信息不对称是一个事实,它表明某些人拥有一些信息,而另外一些人不拥有信息;在这种情况下,拥有信息的人就可以利用自己所拥有的信息牟取私利,损害公共利益和不拥有信息的人的利益。这时,信息研究和制度设计的任务,就在于如何设法减少信息不对称,或者在信息不对称的情况下,缩小拥有信息优势的人的机会主义空间,从而制止其非正当牟利,并改善公共利益。[②] 经济法的理论研究证明,信息不对称等信息失灵是国家对市场进行干预的前提条件之一,但是,国家对市场进行干预的过程同样会面临信息不对称的问题。[③] 在市场机制条件下,信息失灵会使信息弱势群体遭受利益损失而退出市场,最终使市场萎缩,在国家经济决策中,信息失灵会使国家干预严重失误,造成重大的社会经济资源的浪费和对整个经济发展的破坏。在国家经济决策行为中,信息不对称主要表现为市场主体之间、国家政府与市场主体之间、国家政府不同机关之间,以及科学知识与具体知识(或称地方知识、特定知识)[④]之间分布的不对称等几种形式。在经济法程序制度的设计中,信息不对

---

① 信息不对称是西方经济学中的称谓,日本学者植草益、宫泽健一等称其为"信息偏在",两个概念在内涵和外延上是一致的,参见植草益:《微观规制经济学》,中国发展出版社1992年版,第13—14页。

② 参阅张维迎:《博弈论与信息经济学》,上海人民出版社2004年版。

③ 参见应飞虎:《论信息失灵与经济法——基于信息视角对经济法功能的诠释》,《现代法学》2001年第6期。

④ 著名经济学家、法学家、诺贝尔经济学奖得主哈耶克在讨论时间与地点时,将信息与人类的知识分为两类,一种是科学的知识,另一种是与特定时间和地点有关的知识。后者人们往往称之为地方知识、具体知识、特定知识等。人们常说的因地制宜,也就是要充分利用"地方"知识。参见[英]哈耶克:《个人主义与经济秩序》,邓正来译,三联书店2003年版,第77—79页。

称问题及其克服将是其重点内容之一。

二、经济法程序的资讯制度

国家经济决策的信息要靠经济法程序中的资讯和证据制度来保证,在现实的经济运行中,经济法程序中的资讯制度包括三个方面的内容:

(一) 资讯调查制度

国家经济职权机关做出正确的经济决策和客观公正的裁决前提条件是获得充分的信息资料。根据民主法治的基本原理和现实的经济裁决实践,国家经济裁决机关获取裁决资讯的主要途径有如下几种:

一是职权调查。宪法和法律在授予国家经济职权机关对市场行为进行适度干预时,一般都授予其主动搜集和调取有关证据的权力,同时国家机关还可以依有关当事人的申请调查案件的事实和证据。国家经济职权机关调查收集信息的方法是各种各样的,如访谈调查、实地考察、问卷调查、表格调查、抽样调查、普查等。不同的收集方法所需要的成本也不一样,如就普查的方法而言,虽然它的结果相对比较全面准确,但它是最昂贵的,同时也是费时的,而且一旦普查结果出来,所收集的信息也有点过时了。比较经济的方法是进行抽样调查,统计调查研究告诉我们,抽样调查不仅省时、省钱,而且往往比普查更为准确。这时,我们完全有理由用抽样调查方法来替代普查的方法。在政策评估方面也一样,某个政策效果的好坏,公民评价非常重要。采用普查的方法,费时费力,其结果还可能由于错误的累积,而不能准确反映实际情况,这时严格按照抽样方法,就可以达到省时省力省钱的效果。

国家机关调查案件事实和证据的具体方式有:(1)传讯,即国家机关基于特定经济案件调查事实和证据的需要,以书面形式通知有关人员和组织,对有关事项口头或书面陈述意见和提交必要的文件、资料、物品；(2)鉴定和勘验，在特定情况下，国家经济职权机关还可以自行或委托具有法定资质的其他国家机关、社会组织和科研团体，对特定案件的现场和有关专业技术性问题，进行鉴定和勘验。勘验和技术鉴定的主体、采样、具体方式一般要制作书面记录，并能通知有关当事人。

二是行政检查。"行政检查是行政机关为达成特定的行政目的，对于特定的行政客体所为之察查、搜集资料活动，或指行政主体以搜集、察查、验证相关事实与资料为目的，就个别具体案件，针对特定人民，行使公权力之事实行为。"①行政检查是行政机关的常规性手段和工作方式，也是国家经济职权机关从事经济决策过程中获得相关信息的重要途径。

三是强制申报。国家经济职权机关获取经济裁决资讯的另外一个重要途径是，依法强制要求相关市场主体向其申报特定的经济资讯。这种方法和程序制度一般与其他市场管制手段和法律制度，如企业的财务会计制度、税务申报制度、排污登记制度等相配套而运行。

四是听证。听证是国家机关在做出影响公民法人和其他社会组织合法权益的裁决决定之前，告知利害关系人相关决定的理由和相对人的听证权利，并在有关组织和个人的主持下，由利害关系人陈述意见，提供证据，以及决定机关听取意见、接纳证据并做出相应决定的一种程序性法律制度。听证制度最早起源于法庭的审理活动，后来广泛应用于公共事务的裁决活动中，听证制度的本质是一种公共决定的信息和证据的收集、整理、辩论和采信方法。在公共决策活动中，国家机关所需的信息和相关证据，除了通过官方调查、检查以及强制性申报而获得的事关全局的"科学知识"或"一般信息外"，还包括掌握在个人手中，且

---

① 汤德宗：《行政程序法》，翁岳生：《行政法》（下册），中国法制出版社 2009 年版，第1047 页。

通过上述方法不能获得的"时空信息"或"地方性知识"。早在 1945 年，哈耶克已经对"科学知识"与"时空信息"的关系，以及"时空信息"在公共决策中的作用做了非常精辟的论述：

  "今天，说科学知识并不是所有知识的总和，这几乎就是异端邪说。但是，稍稍反思一下就可以知道，确凿无疑地存在着非常重要但没有得以组织化、在一般规则的知识意义上也不可能被称为科学的知识：有关特定时间和特定空间状况的知识。但正是在这方面，每个人实际上都对所有其他人来说具有某种优势，因为每个人都掌握可以利用的独一无二的信息，而基于这种信息的决策只有由每个个人做出，或由他积极参与做出，这种信息才能被利用。……

  或许我还应该简单地提及，上述那种知识，由于其性质是无法进入统计数字的，因此也就无法以统计数字的形式传递给任何中央权威机构。这种中央权威机构所必须利用的统计数字，应该是严格地通过分析事物的细小差别，通过将不同地点、品质和其他特点等项目作为同一类资源综合，以可能对具体决策产生重大影响的方法得出。因此，我们可以知道，根据统计资料制订的中央计划，由其本质决定，是无法直接考虑这些具体时间和地点的情况的，因而中央计划者必须找出一种方法，让'在现场者'来做这种基于具体情况的决策。"①

国家经济决策机关通过上述调查、检查以及强制性申报等手段，获取的"地方性知识"或"时空信息"极其有限，因为这些"知识"和"信息"

---

① [英]哈耶克：《个人主义与经济秩序》，邓正来译，三联书店 2003 年版，第 77、79 页。

的拥有者如果仅仅被视为是经济裁决的对象或客体时，他们就缺乏足够的激励去客观真实地提供这些知识和信息。而唯有将他们作为经济裁决的主体，也就是说让他们实际地参与并真正地影响现实的裁决过程和裁决活动中时，他们的主体意识和自主意识才会被唤起，这种机制就是法律程序中的听证制度及其相关制度。

（二）经济决策的资讯公开制度

经济法所调整的经济裁决行为包括国家的公共决策和市场主体的个体决策，同时，国家的经济裁决最终是通过私人的个体经济决策行为得以实现。易言之，国家对市场经济的干预并不是国家要代替市场主体从事市场经营行为，而是通过总体经济政策，规制、引导和督促市场主体从事单一市场条件不能或不愿从事的经济行为，从而实现社会经济的协调、稳定和可持续发展。所以，经济法程序所确认、保护和规范的国家机关对市场信息的收集、整理和采信，虽然是进行国家经济决策的重要条件，但它并不是最终目的，经济法所追求的是社会经济的整体和谐发展，其最终还是要依靠市场主体自身的积极主动性和创造意识实现。市场主体在进行自我决策和行为调整时，也需要大量的事关整体经济和个体利益的市场信息和经济资讯，经济法程序资讯制度的另一个重要内容就是市场主体如何获得由国家机关持有或调取的有关资讯。从一般意义上讲，国家机关是以社会公共利益为目的和服务对象的，所以它所保管、持有或调查取得的事关公共利益的，尤其是对市场主体的现有利益和潜在利益可能造成不利影响的种种统计资料、调查报告、经济发展规划以及有关的文书、图片、记录、音响等视听材料或物品，除涉及国家机密、商业秘密和个人隐私的，应当一律向社会公众开放。国家机关所持有的经济资讯的公开范围、具体方式申请应当依法确定。根据经济资讯本身的性质、影响范围和市场主体的主观需求，国家经济机关的资讯公开方式主要有主动公开或一般公开和被动或依申请公开、特别公开两种。

1. 主动公开或一般公开

它是指国家机关依照宪法和法律的一般规定,将其所持有的经济资讯主动向不特定的社会成员发布,而使他们能够在任何公开场合都了解和掌握有关的经济信息并积极调整自己的经济行为。根据国家的有关法律规定和现实的经济决策要求,除涉及国家机密、商业秘密和个人隐私者外,国家机关应当将下列经济资讯通过政府公报和有关新闻媒体向全社会发布:"一、法规命令;二、行政指导有关文书;三、许可条件之有关规定;四、施政计划、业务统计及研究报告;五、(政府)预算、决算书;六、公共工程及采购契约、对外关系文书;七、接受及支付补助金;八、合议机关的会议记录。"①国家经济资讯公开的类别和具体方式应当由经济程序法以列举的方式予以明示。②《中华人民共和国信息公开条例》第九条规定,行政机关对符合下列基本要求之一的政府信息应当主动公开:(一)涉及公民、法人或者其他组织切身利益的;(二)需要社会公众广泛知晓或者参与的;(三)反映本行政机关机构设置、职能、办事程序等情况的;(四)其他依照法律、法规和国家有关规定应当主动公开的。

2. 依当事人的申请而被动公开

在具体的国家经济决策和调整行为中,不是所有国家机关持有的文书资料都要向社会民众主动公开,其中的部分内容只是向有关的利害关系人或当事人公开,而且也是在当事人请求的前提下才公开。如各国法律都确认,当事人或利害关系人得以向国家机关申请阅览、抄

---

① 汤德宗:《行政程序法》,翁岳生:《行政法》(下册),中国法制出版社2009年版,第1049页。

② 我国国务院2008年发布实施的《中华人民共和国政府信息公开条例》,用两章总共19条,中央和地方各级政府和主管机关的信息公开内容和具体方式有详细规定。

写、复印或摄影有关案件的资料或卷宗,当事人对上述资料或卷宗中有关自己利益的记载事项的错误,可以举证、质询并要求更正。通过阅卷权的行使将特定案件的资讯公开以维护与案件有直接利害关系的市场主体的权利为目的,是一种应申请的被动公开或特定公开。《中华人民共和国政府信息公开条例》第 13 条规定,"除本条例第 9 条、第 10 条、第 11 条、第 12 条规定的行政机关主动公开的政府信息外,公民、法人或者其他组织还可以根据自身生产、生活、科研等特殊需要,向国务院部门、地方各级人民政府及县级以上地方人民政府部门申请获取相关政府信息。"因为当事人的阅卷权是有限的,所以国家机关被动公开的资讯也是有限制的。① 概括而言,国家机关可以拒绝当事人提出的有下列情形的经济资讯公开要求:一是具体裁决决定前的草拟稿或其他准备性文件;二是依照有关法律、法规规定应当保密的涉及"国防"、"外交"、"军事"及一般公务机密的经济资讯;三是涉及个人隐私、职业秘密和营业秘密,依法应当予以保密的;四是有侵害第三人权利的资讯;五是有严重妨碍社会治安、公共安全或其他公共利益的。此外,根据国家保密法、档案法、会计法、审计法以及其他法律规定予以保密的事项也不得公开。

(三) 经济裁决中的证据制度

法律程序的实质就是裁决者和各方利害关系人根据法定的程序,在举证、辩论和相互质证的基础上,按照公理性的逻辑规则,运用合法证据对自己所主张的事实和请求进行模拟和证明的过程,经济法程序中的证据制度和证据规则更是经济裁决的主要依据和基本方法。由于受司法为中心的诉讼程序的传统法治及其运行机制的影响,各国法律体系中的证据制度大都规定在诉讼法中,其他法律制度,尤其是以国家

---

① 《中华人民共和国政府信息公开条例》第 14 条。

经济管制为基本内容的经济法及其运行机制中,证据制度及相关规则基本上处于空缺状态,在有关的国家机关程序立法中,要么规定适用民事诉讼或行政诉讼或刑事诉讼的证据规则,要么干脆忽略了证据制度。司法以外的其他国家职权行为,尤其是经济管制行为程序证据制度的欠缺和不完整,一方面说明各国立法没有彻底摆脱司法中心的救济性法治观念;另一方面说明了现代法治的不周延性,国家机关的职权行为尤其是经济裁决行为没有纳入到法律的规范之中,政策性行为的合法性依然被"内部行为"和"抽象行为"的幌子所掩盖。令人欣喜的是,近年来随着我国法治建设进程的推进,各地方政府从地方法治的角度开始注重和强化政府行为的民主、科学和规范,制定了一系列地方政府重大决策程序规定,对政府行为的程序尤其是证据制度做了明确的规定。[①] 为了更好地规范国家干预行为,实现国家行为的法治化,对经济法程序的证据制度进行探讨是必要的。

(一) 证据的含义及要求

证据在法律制度和法理学中的表述虽然不尽一致,但总体上是从两个层面进行界定和认识的。一是从静态意义上去认识和界定证据的内容和范围,即证据是在司法审判和具体的执法过程中,用来证明案件和主张真实性和有效性的客观事实,如奥地利《行政序法》第 46 条规定:"凡适于确定事实,并依各个案件之情况有助于达到目的者,皆得视为证据。"二是从动态意义上去审视证据取得和审查的方法,如"证据是法官为确定判决的基础资料而取得的诉讼上的手段和方法。"[②]或证据"皆于证明或反证某件事实所用的纯粹的论证以外的一切法定方式,该

---

① 如 2015 年 3 月 1 日实施的《江苏省行政程序规定》第四章第四节第 55—59 条,对行政执法程序中的证据种类、效力、举证责任等做出了较为详细的规定。

② 〔日〕兼子一:《民事诉讼法》,白录铉译,法律出版社 1995 年版,第 100 页。

事实的真实性正是法院进行调查的。"①概括地说，证据是可以证明客观事实真实性的依据以及取得该依据的方法。

法律程序的证据必须符合三性，即客观性、相关性和合法性。"三性"作为证据的基本要求在理论上似乎不存在问题，但在法律实践中，争执和分歧依然是突出的。其中证据的客观性和相关性，法理和法律实践中的具体要求基本一致，但是对证据的合法性认识却存在两种截然不同的观点。一种认为合法性是证据的必要条件，通过非法程序收集的证据不能成为定案的依据；另一种观点则认为，合法性只是法律对证据收集的一个正当化要求，但是它并不影响证据本身的证明力，即合法性不是证据的特征。② 证据合法性争执的焦点在于，通过非法程序获得的证据，即便是具有客观性和相关性，是否可以用来作为案件事实和特定主张真实有效的证据。在传统的民事诉讼和刑事诉讼中，基于私权神圣原则，非法证据是"证据排除"的主要内容，如美国宪法修正案第 5 条规定："任何人……在刑事案件中，都不得被迫成为不利于自己的证人。"日本宪法第 38 条规定："以强制、拷问或胁迫所取得的自白，或者经过不适当的长期扣留或拘禁的自白，不得作为证据。"意大利《刑事诉讼法典》第 188 条规定："不得使用足以影响人的自由决定权或者足以改变对事实的记忆和证人能力的方法或技术，即便关系人表示同意。"我国《刑事诉讼法》第 43 条规定："严禁刑讯逼供和以威胁、引诱、欺骗以及其他方法收集证据。"这些规定所包含的宪政精神是，"政府对于公民罪行的控告，负有提供罪证的责任，即举证责任；而有关犯罪证据的收集，必须严格遵守宪法的有关规定，不得使公民在被迫的状态下提供不利于自己的证据。"③从法治的基本原理来看，刑事诉讼中的"不

---

① 沈达明：《比较民事诉讼法初论》（上），中国法制出版社 2002 年版，第 261 页。
② 陈一云：《证据学》，中国人民大学出版社 1991 年版，第 104—107 页。
③ 李心鉴：《刑事诉讼构造论》，中国政法大学出版 1992 年版，第 207 页。

得自证其罪"原则,是基于人的生命健康和自由的至高无上性和神圣不可侵犯性假设,民事诉讼中的证据排除规则主要依据是任何人都不得在自己的非法行为中获利,它体现了传统法治对个人利益的绝对保护和对国家行为的全面防范,其适用范围更是强调了当事人的口供证词。

当证据的内容扩展到其他类型的证据诸如书证、物证、勘验笔录和鉴定结论意见等,以及诸如国家经济裁决中涉及到公共利益的保护时,是否一律适用同一规则,需要进行理性分析。如果国家经济行为只是针对特定的市场主体之间的经济纠纷的裁决,且最终结果并不影响社会公共利益,合法性要求的证据排除规则应当适用;如果国家经济法行为是关系到社会公共利益和长远利益的调整和整体规划,基于公共利益和整体利益优先的经济原则,通过非法程序获得的证据如具备客观性和相关性要求,则可以用来做出有关经济决策和裁决,但是应当给受到非法侵犯的当事人以适当的补偿。其实这一原则在最初的刑事诉讼制度中就有所体现,其基本要点是:(1)违法证据排除法则所排除的违法证据,仅限于违反"联邦搜查与扣押法所获得的证据,并非对所有的非法取得的证据均能适用;(2)对于州或其他地方官员非法搜查与扣押所获利的证据,即便联邦官员本身并不违法,在联邦法院内也予以排除,同时联邦法院还禁止联邦官员向各州法院提出自己非法扣押、搜查的证据。①

(二) 经济裁决的举证责任

在经济立法、决策、管制、裁判等裁决行为中,提供具有客观性、相关性和合法性的证据,用以支持和证明相关的决定和主张真实性和有效性,是当事人的权利,也是国家经济职权机关的义务。国家经济职权机关有义务在法定期限内,将其所掌握的与案件有关的全部证据,按法

---

① 李心鉴:《刑事诉讼构造论》,中国政法大学出版 1992 年版,第 284—285 页。

定的方式向公众和利害关系人出示，当事人也有义务在听证阶段向听证主持机关或机构提交自己搜集整理的证据，否则，有关的经济裁决行为将不能成立或在以后的司法审查中将被否定，有关的权利主张将得不到支持，从而承担不利的法律后果。举证责任包含两个方面的内容，提出证据的责任和说服责任。

在一般诉讼法和带有司法性的行政程序法中，提交证据的规则是"谁主张，谁举证"，但是经济法行为的内容和性质比较复杂，既有立法和经济政策制定的公共选择行为，又有针对个体行为和市场秩序的微观管制行为，也有对私人经济纠纷的中立性裁判行为，所以举证责任的分配原则和结果也有所不同。在经济立法、政策制定和市场管制行为中，由于具体决定的内容是由决定机关草拟和提出，所以应当由决策机关和有关主张、控诉或申请的当事人提出证据，而对特定的立法，决策和管制决定持反对意见的组织和个人则对自己的反对主张负举证责任。美国联邦行政程序法第 556 节（d）款规定："除法律另有规定外，法规或裁定的提议者应负有举证责任。"在经济职权机关所进行的司法性经济裁判行为中，争执和冲突的各方当事人对自己的请求和主张负有首先提出证据的责任，如对方当事人对该请求和主张表示反对，则对自己的反对意见负有提出证据的责任，而裁决机关则对最后的裁决决定负有说明理由的责任。我国目前还没有统一的政府裁决程序制度以及相应的举证制度，但地方性法规和规章已经有了规定，如 2008 年制定通过的《湖南省行政程序规定》第 72 条规定，"行政机关对依职权作出的行政执法决定的合法性、适当性负举证责任。行政机关依申请作出行政执法决定的，当事人应当如实向行政机关提交有关材料，反映真实情况。行政机关经审查认为其不符合法定条件的，由行政机关负举证责任。"2015 年的《江苏省行政程序规定》第 59 条规定，"行政机关对依职权作出的行政执法决定的合法性、适当性负举证责任。行政机关依申请作出行政执法决定的,当事人应当如实向行政机关提交有关材料,反映真实情况。行政机关经审查认为其不符合法定条件的,由行政机关负举证责任。"

举证责任中的说服责任是指国家机关或当事人所提交的证据,具有足够的证明力量,能够确定其决定和主张的事实成立。说服责任的实质是由提交证据的当事人和国家机关对自己提交的证据进行客观性、相关性和合法性证明,以及接受反对意见者的询问和质证[①]。经济法行为中的证据事实分为待证事实和免证事实,对于待证事实决定机关或当事人负有说明责任,而对于免证事实,则不必进行说明和解释。[②]

(三)经济裁决的证明标准

经济法程序的证明标准是指按照经济程序法的规定,承担证明责任的人提供证据,对案件事实加以证明所要达到的程度,是经济职权机关查明经济案件的事实真相,尤其是经济决策行为和经济处罚行为是否符合案件事实真相和法律真实的标准。证明标准是经济法行为中,国家经济职权机关在进行经济裁决行为时,当待证事实和已知事实相连接后,在什么情况下或者依据什么标准,来推断和确定待证事实在法律上已经成立。证明标准在法理学上又称为证明成熟原则。

经济法行为的证明标准是为了实现法定的证明任务,法律规定在

---

① 质证是在重大的经济法行为中,当事人享有的一项重要的程序性权利,也是听证权的重要组成部分,它包括传唤证人、盘问对方证人、反对对方证据的权利。与质证权相对应的就是另一方当事人或决定机关对自己主张和证据的说明责任。

② 根据经济法行为的性质和内容,经济法程序中质证的内容仅限于待证事实,它们主要是一些司法性问题。而一些客观事实和立法性事实则无需质证或由举证人说明,这些事实或证据主要包括可以凭直接观察、测量、计算或科学试验能够确定的事实;某些科学上已有定论或处于争执的问题;一些带有普遍性的事实,如统计资料;官方认知的证据,如立法文件、法院的裁决、行政机关通过法定程序收集整理的资料和信息;其他的公理性知识和材料等。

每一个案件中，国家机关、有关当事人和利害关系人，对各自的主张和决定的证明必须达到的程度。经济法案件的证明标准没有统一的模式，也不是一个僵化的教条，在具体程序中一般根据案件的性质、经济法程序的目的、对当事人权利的影响大小，以及举证责任的不同分配原则来确定。例如在涉及公民重大的人身权、财产权的案件中，保障公民的合法权益就成为最重要的价值取向，适用"排除合理怀疑"标准，就是要通过类似于"疑罪从无"的标准；在公共经济决策行为中，因为公权力色彩较浓、利害关系主体众多且对相对人人身、财产权益有重大影响，一般由决策机关负主要的举证责任，证明标准也较高。下面我们根据经济法行为的性质和类型，简要地分析一下不同经济法行为的不同证明标准。

1. 经济裁判行为的优势证明标准

所谓优势证明标准是指在经济裁判行为中，国家经济主管机关按照证明效力占优势的一方当事人提供的证据，认定案件事实的证明标准。优势证明标准一般适用于涉及财产权或者人身权的经济裁判案件中，这种经济法行为具有准司法活动的特点：第一，经济裁判的对象是平等的市场主体之间的民事纠纷，当事人对其民事权利具有相当大的处分性和选择性。第二，经济裁判主体并非主动地介入，而必须经过当事人的申请，例如《消费者权益保护法》和《反不正当竞争法》中规定的消费者与经营者之间、经营者和经营者之间的经济纠纷，可以申请负责市场秩序的工商行政管理部门进行裁判。第三，国家机关的行为不是做出经济决定而是要解决民事纠纷，由此所形成的法律关系是三方而不是双方法律关系。第四，由于经济裁判的基本内容是解决特定的民事争议，所以民事诉讼中采用的优势证明标准在经济裁判案件中具有充分的可行性。

优势证明标准中的"优势"是指一方当事人提供的证据比另一方当

事人提供的证据更有说服力和证明力。这里的"优势"并不是指证据本身的分量而是证据分量的差额,这里的差额值必须大于零。经济裁判中一方当事人提供的证据证明的案件事实比另一方更具有可能性、相应的请求和主张成立的理由更充分,其证据证明的效力就更占优势。优势证明标准一般是民事诉讼中适用的证明标准,在经济法行为中适用此标准的主要原因是,作为经济法程序客体的具体经济行政裁判行为虽然是国家经济管制机关的职权行为,具有明显的公权力色彩,但是整个行为过程及其结果更多的渗透了当事人的意志(即意思自治)。当然,经济裁判行为不同于民事诉讼的司法活动,其证明标准在相当程度上要高于民事诉讼,因为经济裁判的客体虽然是民事纠纷,但国家机关的裁判行为在客观上不仅会解决民事纠纷,同样也会加剧和激化民事纠纷。经济裁判行为使个人间的私人纠纷经过了公权力作用,转化为个体与代表社会整体的国家机关之间的纠纷,社会影响和利益关系也随之复杂化,所以其证明标准比同等情况下进入民事诉讼的证明标准更高一些。

2. 经济管制行为中的明显优势证明标准

明显优势证明标准是指国家机关在进行市场管制时,按照证明效力具有明显优势的一方当事人提供的证据,认定案件事实的证明标准。适用明显优势证明标准应当符合下列两项要求:

(1)利益冲突的各方当事人提供的证据相互比较,一方当事人提供的证据具有较大的优势。当各方当事人对同一事实举出的证据相反,但却都无法否定对方证据的情况下,由公共裁决机关对双方当事人证据的证明效力进行比较和衡量,如果一方当事人提供的证据的证明效力明显具有较大的优势,则可以认为具有较大优势的证据更易获得经济管制机关的支持。"较大的优势"并不是一个僵化的或者可以量化的比例,它意味着在经济案件中,在显明的客观事实无法查清或者根本不可能查清的情况下,经济管制机关通过法定程序,依据非显明的事实对证据的证明效力做出合理判断。"较大的优势"体现为一方当事人证明的案件事实的可能性与另一方当事人之间存在差额,一般要求主张事实的当事人提供的证据的证明力需要明显大于对方。如果说优势证明标准是一种相对优势的证明标准的话,明显优势证明标准就是一种绝对优势的证明标准。证据的优势不能仅仅以证人的数量认定,而应当根据所有证据中更有分量的证据认定,双方当事人了解的机会、拥有的信息、作证时的言行举止都是认定证人证言的根据。

国家机关进行经济管制,应当依据法定程序,通过对特定经济案件的性质、情节、对双方当事人权益的影响、在当地的社会影响等因素综合加以判断,进行合理的推定,做出适当的裁判。"较大的优势"与我国的民事诉讼中"高度盖然性"的证明标准类似但不相同。民事诉讼中对"明显大于另一方提供证据证明力的证据"、"证明力较大的证据"进行认定,但经济管制决定中要求的证据明显优势比民事诉讼中要求的优势程度更高(涉及财产权或者人身权争议的行政裁决案件除外)。在民事诉讼中因证据的证明力无法判断导致争议事实难以认定的,法院可以根据"谁主张,谁举证"的举证规则做出判断;而在经济管制案件中,只有管制机关对特定的管制行为所提供的证据具有绝对优势的情况下,才能依此做出相关的管制决定。因为根据经济法的目的,国家对市场行为进行管制的前提条件是市场失灵,且国家管制具有明显的经济绩效。

(2)各方当事人及国家机关主张的优势必须有充足的理由,且具有客观真实性或现实可能性。经济管制机关首先应当查明确凿或显明的证据,并加以确定,进而依据确凿或显明的证据,来揭示案件的事实真相。案件事实的真实存在也是司法审查证明的终极目标。在正常情况下,经济管制决定者应当做到证据的客观真实。在实践中,能够达到客观真实的情况存在但并不普遍,而且在有些情况下由于时间紧迫,加之影响整体经济发展的社会经济事件具有突发性,管制机关和当事人提供的证据不可能达到优势的客观真实,而只能做到现实可能,在此基础上的决定应当也是合法的,如我国 2003 年春夏由于受"非典"影响,而对饮食、娱乐、交通等公共服务行业实行的紧急管制决定,在证据的采信上即采用了"可能性"的证明优势标准。"可能性"又称"盖然性",是管制决定机关自己搜集或从当事人提供的证据中,虽然尚未形成案件事实必定如此的确信,但在内心中形成了事实极有可能或者非常可能如此的判断,即确信此种案件事实的存在具有高度的概率,即应认定该事实。证明优势标准的"客观真实"和"现实可能"两种情形的关系是:前者是基础,后者是补充,只有在无法确信案件事实真实存在,而且情况紧急的前提下,才能以真实存在的可能性这种法律真实为补充,这是应急程序中常用的证明标准。

　　3. 重大经济决策行为或立法行为的排除合理怀疑标准

　　排除合理怀疑标准是刑事诉讼中适用的证明标准。这里的"怀疑"是指具有正常理智的人、一般的人在多种预选方案选择其中一种时,不能排除其他可能性和可行性。"合理"是指怀疑需有充足的理由而非纯粹出于主观的想象或幻想。一般而言,国家经济决策中的排除合理怀疑包括以下要素:第一,合理怀疑必须是有合理依据的怀疑,而非猜测臆想的怀疑。经济决策中的合理怀疑必须建立在对相关信息和事实材料充分收集、有效整理和科学分析的基础之上,任何仅凭个人偏好和主观猜测均不能构成合理怀疑。第二,排除合理怀疑并非排除所有的可能性,而是排除那些无根据、不现实的可能性。第三,排除合理怀疑要求经济决策机关对案件事实形成内心确信或者得出唯一结论。第四,存在合理怀疑时,经济决策机关应当做出有利于对即将做出的决策持反对意见的相对人的认定结论。

政府重大的经济决策行为,如重大预算资金分配管理、重大基本建设项目、重大对外投资项目、重大国有资产处置,尤其是在宏观调控等经济决策、执行行为中[1],适用排除合理怀疑标准的主要原因是,国家和政府经济政策行为的内容涉及到众多社会利益和长远利益的重大调整与重新规划,其法律效力近似于立法行为[2],具有很强的普遍性和强制性,一旦决策失误,不仅会给当事人造成难以弥补的损失,同时也会形成社会资源的巨大浪费,导致社会整体利益的重大损失。例如,国家对地区经济开发或国家重大的投资项目决策,如果存在明显地不当或"合理的怀疑",直接的经济损失和对社会成员个人利益的影响是显而易见的。此外,还会错失社会经济发展的良好时机,降低老百姓对国家政府组织规划经济发展能力的信任度,使社会经济的发展重新陷入市场主体各自为政的整体无序和混乱状态。也就是说,国家重大的经济决策行为要符合一般证据规则中适用"排除合理怀疑"标准的两个基本条件:一是国家行为对社会成员或相对人的人身权和财产权有影响;二是国家经济决策行为对相对人的人身权和财产权有重大影响,而且这种影响接近甚至超过了刑事诉讼法所规定的对公民权利的保护程度,因为它涉及到公民的整体利益和长远利益。

在经济立法和重大的经济决策行为中,排除合理怀疑的证明标准

---

[1] 《江西省重大行政决策听证程序办法》第3条规定,"本办法所称重大行政决策,包括下列事项:(一)编制国民经济和社会发展中长期规划、年度计划及各类总体规划、区域规划、专业规划;(二)制定土地管理、劳动就业、社会保障、文化卫生、科技教育、生态环境保护、住房保障、城市建设等方面的重大政策措施;(三)确定行政事业性收费及政府定价的重要商品、服务价格标准;(四)研究政府重大投资和建设项目;(五)行政机关确定的其他重大行政决策事项。"其主要内容是政策重大的经济决策。浙江、湖南、云南、江苏等省市的地方性规章也有同样的规定。

[2] 在此我们所讲的经济决策行为是狭义上的,实质上或者广义上的国家经济决策行为还包括通过立法行为。之所以将国家通过非立法方式实施的重大经济决策行为单独并加以强调,是因为这些行为在法治意义上更需要规范。

包括两方面的内容：一是主要的决策事实均有相应的事实证明，这是对证据量的要求，也是证据客观性的体现。决策的主要事实依据关系决策的选择和决策的具体内容，也直接影响到被决策者的财产权和经济发展权，只有主要事实能被相关证据所证明，才能保证主观认识与客观实际相一致，才能使决策的风险降到最低并具有可预见的经济绩效。二是证据之间及证据与案件事实之间没有矛盾，或者虽有矛盾但能够合理排除，这是证据相关性及证明合理性的体现，也是排除合理怀疑标准的质的要求。首先，证明决策事实的证据之间没有矛盾，同时，证据与案件事实之间没有矛盾，但是如果证据之间与案件事实之间是有矛盾能够合理地排除则仍然认为符合此标准。

第三节　对话与听证制度

现代经济是民主经济，国家经济决策虽然是有关公共事务的裁决活动，但依然是社会成员自我调整和自我管理，所以经济法程序的一个内在要求是自治，其外在形式便是对话。以对话为基础的平等协商机制是经济法程序的基本理念和原则，也是具体制度设计的基本要求。对话讲道理机制我们在经济法程序的理念部分已有比较详细的论述，在此只对它的制度表现和要求，即听证制度的有关内容进行简要叙述。

一、听证制度的意义

听证是国家机关的行为对市场主体的合法权益有实质性的影响时，在其决定做出之前，决定机关应当告知决定理由和听证的权利，相对人陈述意见，提供证据以及国家机关听取意见，接纳证据，并在此基础上做出相应决定等程序所构成的一种法律制度。听证制度并非某一个部门法所特有，也不是经济法程序的创新，其最早起源于英国普通法的自然公正原则中的"听取对方的证词"规则。其基本含义是："任何参与裁判争端或裁判某人行为的个人或机构，都不应该只听取起诉人一方的说明，而且要听取另一方的陈述；在未听取另一方陈述的情况下，不得实施其惩罚。"①为此，英国的法官创造了一条比较浪漫的司法格言，即人类的第一听证权是上帝在伊甸园中赐予的。②

　　进入现代社会以来，由于市场失灵的不断暴露和普遍化，国家对市场的积极干预已经成为现代国家的重要职责。政府权力在传统私法领域内不断扩张的现实，引发了理论和制度上对国家经济职权合法性与安全性的担忧。为了防止国家经济职权对个人利益的不正当侵犯，保证其行为在维护公共利益方面的最大化绩效，听证制度作为民主协商、平等对话、公共自治的正当程序机制，在经济法领域内便有了深厚的理论基础和现实需要。在市场经济和国家干预同样成熟的发达国家，听证制度是正当法律程序的核心内容。在美国，"正当法律程序是一个灵活适用的法律程序，只要某种形式的听证，不要求固定形式的听证。然而任何一种听证形式，必须包含正当法律程序的核心内容：当事人有得到通知及提出辩护的权利，是否具备这两种权利是区别公正程序和不公正程序的分水岭，虽然正式听证中的某些环节在非正式听证中可以省略，这两个环节在一切听证中都必须具备。"③在法国，行政法上的防卫权原则和对质程序，也是包含了听证制度的全部内容。④ 在德国，

---

　　① ［英］戴维·M.沃克：《牛津法律大辞典》，李双元译，法律出版社 2003 年版，第 69 页。

　　② 参见［英］威廉·韦德：《行政法》，徐炳等译，中国大百科全书出版社 1997 年版，第135 页。

　　③ 王名扬：《美国行政法》（上），中国法制出版社 2005 年版，第 410 页。

　　④ 防卫权原则是指当事人对于行政机关带有制裁性质的决定，或根据某个人做出的决定，为了防卫自己的合法权利受到损害，有权提出反对意见。对质程序是指行政机关准备做出对当事人不利的处理时，只有在当事人提出答辩以后才能采取。参见王名扬：《法国行政法》，北京大学出版社 2007 年版，第 154—155 页。

"听审的权利是不得违反的法律程序的一个有机组成部分。然而,如同在普通法中一样,在德国法中,也不存在着任何坚决要求口头听审的情况。事实上,如果给予当事人书面表达其意见的机会,也符合听审要件的原则及其惯例。"①

听证制度是现代法律程序制度的核心,它的功能和价值主要体现在,它有助于广开言路,集思广益,科学准确地进行经济决策和纠纷裁决;其参与式机制和商谈理念保证了当事人和社会成员民主自决权的实现,进而提升了国家干预经济的合理性;通过确认经济决策和裁决中相对人的听证权,对国家机关权力的合法、正当、有效行使,形成了强有力的外部约束,防止权力滥用;体现了对当事人及市场主体地位的肯定和尊重,提高了国家行为的可接受性和具体实施的效率。②《国务院关于加强法治政府建设意见》中指出,坚持依法科学民主决策,规范行政决策程序,推进行政决策的科学化、民主化、法治化。要把公众参与、专家论证、风险评估、合法性审查和集体讨论决定作为重大决策的必经程序。作出重大决策前,要广泛听取、充分吸收各方面意见,意见采纳情况及其理由要以适当形式反馈或者公布。完善重大决策听证制度,扩大听证范围,规范听证程序,听证参加人要有广泛的代表性,听证意见要作为决策的重要参考。

二、听证制度的主要内容

听证制度是现代社会进行公共决策和裁判的主要制度和方法,其制度设计在不同的国家和地区有不同的特点,但是综观世界各国的听

---

① ［印］M.P.赛夫:《德国行政法——普通法的分析》,周伟译,山东人民出版社 2006 年版,第 95 页。

② 听证程序的功能和社会价值在前文有关经济法程序价值的论述中已有详细的论证,为了论文结构的完整和避免内容的重复,在此只是作简要的概括。

证制度和国家经济行为的实际情况,我们所研究和将要建构的经济法程序中的听证制度应当包括以下基本内容:

(一) 国家经济职权行为听证的范围

国家经济决策和裁决行为听证的范围意味着,在多大程度上要将国家对市场的干预行为置于公众的讨论和集体裁决之下,也就是说,并非所有的国家经济行为在做出之前都需要听取相对人的意见。根据经济法行为的性质、内容以及经济法程序中听证的目的和功能[①],在界定国家经济法行为的听证范围时,要考虑以下法理和实践因素:其一,听证制度的功能在于市场主体在接受国家机关对其不利的经济裁决之前,有权进行辩论和表示质疑,并要求国家机关予以解释和说明,以保护自己的合法权益,所以经济法程序的听证要以国家机关的经济行为可能侵犯或影响市场主体的既得权利和预期权利为必要条件。如果国家经济行为的内容完全是有利于市场主体的,则不需要进行听证,如放松管制的决定行为;其二,国家干预以整体经济效率为衡量标准,如果启动听证程序将导致过分迟延或造成重大的社会经济资源的浪费和损失的话,在具体的经济决策行为做出之前,也可以不听取市场主体或利害关系人的意见,如对金融危机和重大的自然灾害等事关公共利益的紧急情况的处理;其三,如果依听证程序而公开某些重要的证据材料,将对国家利益、公共利益或特定的个人利益造成重大损害的话,则可以将这些国家经济决策行为排除在听证范围之外;其四,一些纯属自然科

---

① 美国学者简·麦特认为,听证程序有十大目的:依法决策;了解民意;让公众了解政府情况;提高公共决策的质量;促使公共决策被公共接受;改变政治权力动作的方式和资源配置方式;回应市民热点问题;拖延和回避有困难的公共决策;获得政治好处;寻求合作式解决问题的办法。参见 Mater, Jean. Public Hearing Procedures and Strategies. New Jersey: Prentice-Hall,1986,p.1,pp.16-18;我国学者认为,听证制度对于公共决策应有六大功能定位:公正平等、公众参与、公开透明、理性选择、合法规范和提高效率。参见彭宗超、薛澜、阚珂:《听证制度·透明决策与公共治理》,清华大学出版社 2004 年版,第36—38页。

学的、不可能通过当事人的举证、辩论和质证予以确认的数据和材料，基于效率要求也不必要进行听证。

从各国的有关法律规定和现实的经济管制实践来看，国家经济行为听证的范围主要包括：

1. 经济立法行为

经济立法行为虽然不涉及具体的相对人或利害关系人，但是它关系到大多数或全体社会成员经济利益的重新分配，在此全体或大多数社会成员都是利害关系人，所以有必要事先听取这些利害关系人的意见和建议。经济立法听证的目的和功能主要是，提供一份有关立法委员会成员和各种利益集团，对一项立法建议立场的永久性公开记录；帮助立法者寻求公众的支持；被用来了解人们对一项立法议案的支持或反对的程度；用来宣传一些雄心勃勃的政治人物发挥的作用；让公众向他们的代表反映意见，用来调查一些特别的问题。[①] 与之相应，经济立法的听证制度则在满足和实现经济立法的目的和功能方面，具有明显的价值和技术性功能。如扩大公民参与，加强直接民主；加大信息传播，实现透明立法；关注利益协调，促进社会公平；降低政治争议，力求规范立法；技术专家相助，以便理性立法；加强职权行使，增进立法效率等。[②] 对立法行为，尤其是经济立法行为按照正当法律程序进行事先的听证，在法理上的必要性是不言而喻的，但是各国的立法实践对议会及有关政府机关的立法行为是否必须要经过正当法律程序才能生效，以及听证的具体种类并没有做出普遍的规定。

虽然各国国会中司法性和调查性听证制度很早就有，但是作为"听

---

①　Oleszek，Walter J. Congressional Procedures and the Policy Process. 2nd ed，Washington，D. C. CQ Press 1984 pp.87-88.

②　彭宗超、薛澜、阚珂：《听证制度·透明决策与公共治理》，清华大学出版社 2004 年版，第 104—107 页。

证家族"的新成员,立法听证基本上是 20 世纪 20 年代前后才出现的。[①] 一般而言,在法律没有明确规定的情况下,代议机关及其他国家机关的立法行为并不受宪法上的正当法律程序条款的约束。如在英国,自然公正原则一般不适用于立法事项,"除非制定法做了规定,立法制定之前不存在听证权,不管是议会立法还是授权立法。"[②]近年来,议会在制定法中对于行政机关立法规定了如事先通告和咨询等程序性要求,但是这些程序不是严格意义的听证。[③] 葡萄牙《行政程序法》第 117 条规定,"规章涉及附加义务、拘束、负担时,不得违反公共利益,并说明理由,有权限制定规章的机关一般应就有关草案,按照上条指定的专有法规的规定,听取代表受影响利益的实体意见。"在美国,虽然非常重视法律程序在规范政府行为方面的功能,但立法行为所依据的事实如何确定,则不属于听证的范围,"正如立法机关在制定法律的时候,在程序上不受宪法上正当程序条款的限制一样,行政机关处理立法性事实时也不受宪法上正当法律程序条款的限制。"[④]

相对而言,听证制度在中国的经济决策和立法实践中,尤其是以公共产品的价格管制为代表的宏观经济调控法制建设中,从一开始就得到了重视且发挥了重要的作用。早在 1989 年 12 月 15 日,深圳市物价

---

① 鉴于资料所限,我们很难准确地判断国外立法听证的最早时间,因此这里的时间只是一种推算。理由之一是 20 世纪初以前,美国等国研究立法机关运作的专家很少重视立法听证问题。如 1915 年罗伯特发表的、被奉为议会规则经典的《罗伯特的议事规则》,详细罗列了种种烦琐的立法讨论会规例,却从未提起举行立法听证的细则。这说明在那以前基本上没有立法听证活动。其二,目前所能看到的最早的立法听证实践是,在 1921—1922 年期间,美国众议院农业委员会曾举行过几次有关"未来贸易法"中有关农产品税负问题的听证会。参见 Roberta Romano, The Political Dynamics of Derivative Securities Regulation. Yale Journal on Regulation, Volume 14, New Haven, Spring 1997: pp. 279-406. 转引自彭宗超、薛澜、阚珂:《听证制度·透明决策与公共治理》,清华大学出版社 2004 年版,第 102 页,注 2。

② [英]威廉·韦德:《行政法》,徐炳等译,中国大百科全书出版社 1997 年版,第 224 页。

③ 王名扬:《英国行政法》,北京大学出版社 2007 年版,第 158 页。

④ 王名扬:《美国行政法》(上),中国法制出版社 2005 年版,第 386 页。

局就成立了价格决策咨询委员会,开创了中国政府公共决策听证制度的先河。此后听证制度在全国和地方有关行政处罚、公共产品价格调整、立法决策等法律法规中逐步得到确立。2015年3月15日经十二届全国人大三次会议修订的《中华人民共和国立法法》第36—39条,对全国人民代表大会及其常务委员会的立法听证会和立法评估程序及相关问题做了比较详细的规定。其中36条规定:"列入常务委员会会议议程的法律案,法律委员会、有关的专门委员会和常务委员会工作机构应当听取各方面的意见。听取意见可以采取座谈会、论证会、听证会等多种形式。法律案有关问题专业性较强,需要进行可行性评价的,应当召开论证会,听取有关专家、部门和全国人民代表大会代表等方面的意见。论证情况应当向常务委员会报告。法律案有关问题存在重大意见分歧或者涉及利益关系重大调整,需要进行听证的,应当召开听证会,听取有关基层和群体代表、部门、人民团体、专家、全国人民代表大会代表和社会有关方面的意见。听证情况应当向常务委员会报告。常务委员会工作机构应当将法律草案发送相关领域的全国人民代表大会代表、地方人民代表大会常务委员会以及有关部门、组织和专家征求意见。"

该法第67条规定:"行政法规由国务院有关部门或者国务院法制机构具体负责起草,重要行政管理的法律、行政法规草案由国务院法制机构组织起草。行政法规在起草过程中,应当广泛听取有关机关、组织、人民代表大会代表和社会公众的意见。听取意见可以采取座谈会、论证会、听证会等多种形式。"第77条规定"地方性法规案、自治条例和单行条例案的提出、审议和表决程序,根据中华人民共和国地方各级人民代表大会和地方各级人民政府组织法,参照本法第二章第二节、第三节、第五节的规定,由本级人民代表大会规定。"但该法第83条规定"国务院部门规章和地方政府规章的制定程序,参照本法第三章的规定,由

国务院规定",从而为行政规章是否采取听证会形式留下余地。[①]　虽然
《立法法》明确提出了对立法决策行为的听证程序要求,一些地方政府
和人大也在公共决策领域内进行了广泛的听证实践探索,[②]但是我国
的立法听证制度依然还处在初创阶段,随着社会经济的不断发展和理
论研究的进一步深入,经济立法领域内的听证制度将会更加全面系统。

2.经济决策和裁决行为

经济决策和裁决行为是国家经济管制机关针对具体的宏观经济调
控问题和微观经济纠纷,依法做出的具体调制行为。经济决策和裁决
行为内容复杂、形式多样,有宏观调控,有微观规制,其方法和手段有价
格、金融、财政、税收、产业政策、区域经济开发、投资以及国际国内市场
交易等,涉及多个部门和机关的经济执法和经济司法行为。[③]　对国家
经济决策行为进行听证规范,其主要目的和意义是在政府经济决策过
程中,听取有关团体、个人、专家学者的意见,特别是听取与该决策有利
害关系的当事人的意见,实现经济决策的民主化和科学化。就是把科
学引入决策过程,运用民主和科学的方法,把决策变成集思广益、有科
学根据和制度保证的过程。[④]　然而,根据听证制度的基本功能和主要

---

①　应松年:《行政程序法立法研究》,中国法制出版社 2001 年版,第 540—541 页。

②　参见彭宗超、薛澜、阚珂、沈旭晖:《中国立法听证制度的实证分析》,彭宗超、薛澜、阚
珂:《听证制度·透明决策与公共治理》,清华大学出版社 2004 年版,第 99—158 页。

③　立法、执法和司法的分立与权力制衡是传统法治的基本要求和基本理念,也是形式
法治的根本特征。其实,现实社会经济生活本身是统一的整体,不可能进行"彻底"分割。在
当今世界,没有一个国家的法律体制能够完全做到真正的分权。现代社会社会发展的整体性
要求和生产生活的社会化趋势,对三权分立的法律机制提出了新的挑战,如前文指出的美国
等发达国家的现代行政法虽然依然冠名为"行政",其实是一种集立法、执法与司法权于一身的
一种新的法律运行机制。立法、执法与司法的混合是现代法治的一个趋势,也是经济法作为
一种新的法律范式对现实社会经济发展的和积极回应,这也是具有明显的司法性质的听证程
序制度在包括立法、执法和司法的现代法律实践中,尤其是有关国家经济活动的法律实践中
被广泛应用的根本原因。

④　丁煌:《听证制度:决策科学化与民主化的重要保证》,《政治学研究》1999 年第 1 期。

目的,并非所有的具体经济决策和裁决行为都应当纳入听证的范围,唯有对相对人产生不利影响的经济决策和裁决行为才有必要进行听证,这一点在各国的立法和法律实践中已经成为共识。如德国《行政程序法》第 28 条第 1 款规定:"干涉当事人权利的行政决定做出之前,应当给予当事人对与决定有关之重要事实表示意见的机会。"日本《行政程序法》规定,唯有不利益的处分才适用听证及辩明程序。在英国,传统上自然公正原则只适用于司法性行为,其他政府机关的自由裁量行为不是司法性行为,不适用自然公正原则,20 世纪 60 年代以后,法院认为凡行政机关做出的对相对人不利的决定和对相对人可期待的利益做出的不利决定也属于司法性行为,将它们纳入到听证程序的范围之中。因为"自然公正原则的中心问题不在于公民是否享有某种权利,而是在行政机关行使权力对公民可能产生不利结果时,需要一个公正的程序。""行政机关司法性的行为适用自然公正原则,纯粹行政性质的行为适用公平原则。"①美国的听证程序最早仅限于刑事审判活动,后来扩展到有关限制、剥夺和可能侵犯个人正当权利的其他国家行为领域。美国联邦《行政程序法》只规定了行政听证的免除范围,具体行政决定行为的听证范围,根据宪法规定的正当法律程序条款,由法院的判例和国会的立法确定。"正当程序条款保护生命、自由和有关财产'权利'。'只有在这个有权拥有的东西被剥夺了,才能适用正当法律程序。'"②

　　中国的听证制度虽然起步较晚,但是立法规定还是比较明确,国家机关决定行为如果对相对人的人身和财产权造成直接影响的,应当事人的申请进行听证已经被相关的法律法规所确认。1996 年 3 月 18 日八届全国人大四次会议通过的《中华人民共和国行政处罚法》第 42 条

---

① 王名扬:《英国行政法》,北京大学出版社 2007 年版,第 156 页。
② [美]伯德尔·施瓦茨:《行政法》,徐炳等译,群众出版社 1986 年版,第 194 页。

规定："行政机关做出责令停产停业、吊销许可证或者执照、较大数额的罚款等行政处罚决定之前，应当告知当事人有要求听证的权利；当事人要求听证的，行政机关应当组织听证。当事人不承担行政机关组织听证的费用。"该条款及第 43 条还具体规定了行政处罚听证的主要程序。1998 年 5 月 1 日生效的《中华人民共和国价格法》第 23 条的规定："制定关系群众切身利益的公用事业价格、公益性服务价格、自然垄断经营的商品价格等政府指导价、政府定价，应当建立听证会制度，由政府价格主管部门主持，征求消费者、经营者和有关方面的意见，论证其必要性、可靠性。"①近年来，各地方政府为了保证重大经济决策的民主、科学和规范，也都以地方政府规章的形式制定通过了政府重大决策的听证程序决定或实施办法。② 应当说，我国经济和行政决策行为的听证制度已经初具规模，而且适用范围已经不限于行政处罚和价格制定两大领域，事关国民经济整体布局和长期发展的国民经济计划、产业政策、国家中长期投资等领域的听证制度也已经开始建设③，当然，有关政府经济决策听证程序的具体的操作规程和法律效力等等问题还有待于进一步完善。

（二）听证的形式

根据国家经济裁决行为的实践需要和法律程序对决定过程要求的严格程度，在经济法的产生和实施过程中，听证程序可以分为正式听证

---

① 　其他有关行政决定行为纳入听证范围的部门和地方性法律规定可参见彭宗超、薛澜、沈旭晖、张强、刘颖：《中国价格听证制度的实证分析》，彭宗超、薛澜、阚珂：《听证制度·透明决策与公共治理》，清华大学出版社 2004 年版，第 41—98 页。

② 　具有代表性的地方政府关于重大决策的听证程序规定如，2009 年 3 月 1 日实施的《云南省人民政府重大决策听证制度实施办法》；2013 年 6 月 1 日施行《广东省重大行政决策听证规定》；2014 年 10 月 1 日施行的《江西省重大行政决策事项听证办法》等等。

③ 　详细内容参见，2008 年 5 月 12 日发布的《国务院加强市县政府依法行政决定》（国发〔2008〕17 号），以及地方各省市政府和主管部门制定的《重大行政决策听证规定》等。

和非正式听证。在世界各国的法律实践中,正式听证一般都有法律的严格规定,而非正式听证程序法律仅作原则性规定,具体操作由决定机关根据法律的原则性规定自由裁量。

1. 正式听证程序

经济法实践中的正式听证程序是借助于司法审判程序发展起来的一种听证形式,它是在特定的国家机关或有关人员的主持下,将要做出具体经济裁决的国家机关及其工作人员与该决定的当事人、利害关系人各持一方,模拟法庭审理活动的方式,各方主体相互指控、抗辩和平等协商,主持机关及其工作人员居中听取各方的意见及相关证据,制作书面记录,最后按照法定的裁决规则做出裁决决定。有关正式听证程序的法律规定和实践最具代表性的当属美国,尤其是在政府经济管制领域。"正式(听证)程序裁决是指行政机关通过审判型的正式听证,对具体事件做出决定的行为。在正式程序裁决中,当事人一方对他方所提的证据有进行口头辩论,相互质问的权利,行政机关只能根据听证记录做出决定。"[①]正式听证程序是所有法律程序中最完整、最复杂的程序。这些程序主要包括:由独立的行政法官或国家公务员主持听证;当事人事先必须得到听证通知,并了解听证的主要事实和证据;当事人可以委托律师代理出席听证;双方提出证据并进行相互质证、辩论;决策或裁决机关只能根据听证记录做出裁决;当事人可以获取案卷的副本。[②]

虽然正式听证程序内容完整,程序严谨,有利于保护当事人的合法权益和做出相对科学公正的裁决决定,但是它的环节复杂,又要消耗大量的人力、物力和财力,所以在各国的立法中它只是一个特别程序,适

---

① 王名扬:《美国行政法》(上),中国法制出版社 2005 年版,第 418 页。
② 参见美国《联邦行政程序法》,第 556 条。

用于法律明确规定的领域和事项。在美国,正式听证程序主要适用于针对具体事项的行政裁决,而制定普遍适用的规章则一般不适用。正如美国著名法学家戴维斯所言,法官、立法者和行政官员都同意这样的看法,正式程序对于制定普遍适用的规章并不适用。由于各种原因,使用正式程序的情形是少之又少,可能几乎没有,在将来也没有。[①] 英国因为没有程序法典,也没有关于听证程序的成文法规定,所以听证程序也没有严格的正式和非正式之分,其程序制度主要是建立在自然公正原则的两个基本规则之上,其核心思想是"听取对方的意见",具体内容有:当事人在合理时间以前得到通知的权利;了解行政机关的论点和做出决定依据的权利;为自己申辩的权利。在日本,正式听证程序主要适用于法定的四种不利益处分行为,即"主要在于明示关于不利于相对人之处分,亦即限制相对人之权利或课以相对人义务之处分,不得为突袭之裁定。"[②]同时,日本正式听证程序的特别之处在于其启动不需要当事人的申请,而是主管机关依职权主动开始。在德国,正式听证程序与"加快审批程序"、"计划确定程序"是并列的特别程序,它只适用于法律明文规定的案件。"听证申请应当书面提出或者由行政机关记录笔录;有关参加人听证和证人、鉴定人参与的规定比一般的程序规则严格;原则上应当进行言词审理;行政决定应当以书面方式做出,说明理由,并送达参加人。"[③]根据德国《行政程序法》的规定,正式听证程序的适用

---

① 转引自于安:《美国行政规章制定程序初探》,罗豪才、应松年:《行政程序法研究》,中国政法大学出版社 1992 年版,第 119 页。我们认为,由于经济成本的约束,在制定普遍性规则的领域听证程序的适用受到了限制,但是并非完全不可能,随着信息技术的不断发展,听证程序的费用会大幅度地降低,对一些复杂的社会经济问题及其决策的听证不仅是必要的,也是可靠的。

② 〔日〕宇贺克也:《日本行政程序法》,《东亚行政法研究第三届年会暨行政程序法研讨会论文集》(1998 年,上海),第 42 页。转引自章剑生:《行政程序法基本理论》,法律出版社 2003 年版,第 109 页。

③ 〔德〕哈特穆特·毛雷尔:《行政法学总论》,高家伟译,法律出版社 2000 年版,第 452 页。

条件是：(1)听证事项属于议会制定的法律做出明确规定的；(2)必须由当事人提出申请,行政机关不能主动开启听证程序。[①] 我国台湾地区的法律体制中也渗透着深厚的正当法律程序理念,1999 年 2 月 3 日制定公布的《行政程序法》基本上吸收了上述国家的立法精神,其正式听证程序仅适用于：(1)法律明文规定应举行听证者；(2)行政机关认为有举行听证之必要者。

相比较而言,中国的立法法、价格法和行政处罚法以及部门和地方性法律法规对事关个人利益的行政决定、公共产品的价格调整、立法管制等公共决策行为都规定了听证的要求,但是就听证程序本身的性质、种类和法律效力以及具体操作规程却没有清晰的规定,这很难避免使听证流于形式的噩运。所幸的是,近年来的一些行政法规和地方性法规、规章开始对听证程序的性质、种类和法律效力有了原则性和指示性的规定,如《江西省重大行政决策事项听证办法》第 27 条规定"行政机关应当将听证报告作为行政决策的重要参考。"第 28 条第一款规定,"行政机关对听证会中提出的合理意见和建议应当予以吸收、采纳。对大部分听证代表持反对意见的重大行政决策事项,行政机关应当作进一步研究论证后再审慎作出决策。"第 29 条规定,"重大行政决策事项依法应当听证而未听证的,行政机关不得作出行政决策。"第 30 条规定,"政府法制机构应当把是否依法组织听证作为重大行政决策合法性审查的内容。对依法应当听证而未听证的重大行政决策事项,不得通过合法性审查。"第 31 条规定,"行政机关应当将是否依法组织听证作为重大行政决策合法性审查的重要内容,对应当听证而未听证的重大行政决策事项,不得通过合法性审查,不得作出行政决策。"初步确立了我国政府行为的正式听证程序。这方面的理论研究和立法实践在经济

---

① 　[德]哈特穆特·毛雷尔：《行政法学总论》,高家伟译,法律出版社 2000 年版,第 453 页。

法的运行中显得十分迫切,需要进一步研究和实证分析。

2. 非正式听证程序

非正式听证程序是指国家经济职权机关不采取司法审判型的程序,来听取当事人和利害关系人的意见,并且不依听证笔录作为裁决的唯一依据的一种听取当事人意见的程序模式。法律对非正式听证程序的形式、环节和裁决依据没有强制性的规定,主持机关对如何进行听证、听证的进展、是否中止,以及最终的决定享有较大的自由裁量权。对当事人而言,非正式听证程序只是在形式上为其提供一个表达意见的机会,对经济裁决机关来说,非正式听证程序是一种通过当事人的举证、辩论而获取相关决策信息的重要方式,听证的内容对具体决策和裁决结果并不构成必然的约束和限制。因此,各国法律对非正式听证的具体操作和适用范围只是做了原则性规定。

在美国,"非正式听证程序裁决是指行政机关做出具体决定时,在程序上有较大的自由,不适用审判型的正式听证程序。行政机关大部分裁决属于非正式裁决,这种程序没有一致的程序,随机关的任务和事件的性质而采取不同的程序。"[①]实际上,美国的大部分"行政"裁决和行政机关制定的规章都是通过非正式听证程序制作的。其中制定行政规章的非正式听证程序是根据联邦《行政程序法》的规定,行政裁决的非正式听证程序的法律依据则主要来自于:(1)联邦宪法中正当法律程序条款;(2)法院的司法判例;(3)国会在授权的组织法中及行政机关依授权法制定的行政规章中对非正式听证程序做出的规定。[②]在日本,正式听证程序称为听证程序,非正式听证程序被称为辩明程序,它适用于"成为听证程序对象的处分以外的不利处分。概括地说,许可的停

---

① 王名扬:《美国行政法》(上),中国法制出版社2005年版,第418页。

② 马龙:《美国行政裁决程序基本构成》,罗豪才、应松年:《行政程序法研究》,中国政法大学出版社1992年版,第139页。

止、设施改善命令等,与成为听证程序对象的处分相比较,对相对人的利益侵害程度轻微的即属于此类。"①即言,日本的非正式听证程序仅适用于那些对相对人的利益影响较小的案件,而且程序安排简洁,当事人的许多程序权利如直接参与权、聘请辅佐人和文书阅览权等都受到限制。在我国台湾地区,非正式听证程序主要表现为关于其《行政程序法》第 102 条规定的"陈述意见之机会"。"所谓'陈述意见之机会'即'书面答辩'的机会,系由当事人或利害关系人,以'陈述书'提出事实上及法律上之见解。"②

就我国现行的法律,如行政处罚法、价格法和立法法及地方性的法规和规章的有关规定来看,国家机关进行的有关决策和裁决的听证程序基本上都属于非正式听证程序,因为相关法律并没有对听证的形式和听证决定必须在听证记录基础上做出等进行强制性规定。如 2008 年《国务院关于依法加强市县政府依法行政决定》(八)"推行重大行政决策听证制度"指出,"要扩大听证范围,法律、法规、规章规定应当听证以及涉及重大公共利益和群众切身利益的决策事项,都要进行听证。要规范听证程序,科学合理地遴选听证代表,确定、分配听证代表名额要充分考虑听证事项的性质、复杂程度及影响范围。听证代表确定后,应当将名单向社会公布。听证举行 10 日前,应当告知听证代表拟做出行政决策的内容、理由、依据和背景资料。除涉及国家秘密、商业秘密和个人隐私的外,听证应当公开举行,确保听证参加人对有关事实和法律问题进行平等、充分的质证和辩论。对听证中提出的合理意见和建议要吸收采纳,意见采纳情况及其理由要以书面形式告知听证代表,并以适当形式向社会公布。"

---

① [日]盐野宏:《行政法》,杨建顺译,法律出版社 1999 年版,第 221 页。
② 汤德宗:《行政程序法》,元照出版公司 2000 年版,第 26 页。

正式听证程序以其严格的"审判"形式和听证笔录对具体裁决决定的实质性约束为核心,在具体的法律规定和学术研究中占有主导性的地位。但是,从法律程序本身对公平、效率维护的目的来看,正式听证程序未必具有绝对的优势,因为正式程序严格的形式要求在现实中必然会耗费当事人和社会大量的物力和人力,给当事人和社会带来沉重的负担。而非正式听证程序则以其灵活性和较强的适应性,在公共决策和裁决行为中具有较大的发展空间,在经济法程序的建构中,应当以非正式听证程序为中心,或者创制结合正式听证程序与非正式听证程序各自优点的折中程序。

(三)听证的基本环节和主要步骤

国家经济裁决行为的听证程序是由听证的方式、步骤、时间等要素组成的一个连贯的、整体的行为过程。听证程序是一切经济法程序的核心,听证程序设计的是否科学合理,运行是否正当,关系到经济法程序的质量以及经济法运行所带动的社会经济生活本身的质量。根据各国对国家行为规范和约束的有关程序法规定,经济法的听证程序主要包括以下环节和步骤:

1. 公告或通知

国家经济职权机关在通过听证程序进行具体的经济裁决决定之前,要将有关听证的事项依照法定程序向有关当事人通知,向社会公众公开。通知是听证程序开始的必要条件和基本方式。通知行为可以使具体经济职权行为的相对人了解与听证有关的事项,从而能够及时有效地行使听证权利和其他程序权利,保护自己的合法权益。听证程序中的通知程序及其法律制度主要涉及和解决以下几个方面的问题:

一是通知的对象。在即将进行的听证程序中,谁有权得到通知并参与听证程序,涉及到谁有权利得到经济职权机关的传讯和谁有资格对该经济职权行为提起司法审查等救济行为问题。根据自然公正原则和各国行政程序法的规定,确定通知对象的标准是公权行为对相对人是否造成不利影响,即谁受了不太间接的影响,谁就有权到行政机关和司法机关受审讯。[①] 在传统的司法听证和行政听证程序中,为了保证听证的效率,一般将通知对象限定在"明显当事人"或"直接利害关系人",而将间接利害关系人排除在听证之外。其实,"为了保证听证能有效率而又迅速地进行,方法不在于排斥有权参与听证的利害关系人,而是控制听证程序的进程,要求所有参加听证的人不偏离所争论的问题,不提出重复的或无关的证据。"[②]经济法行为与一般司法和行政行为不同,除了少数是涉及具体相对人的权利义务的裁决之外,大多数是关于整体经济和未来社会发展的规划决策,其相对人是抽象的社会群体,而且对他们的权利义务影响也是间接的,听证参加人如果以"直接的不利影响"为标准确定的话,实际上就等于剥夺了市场主体的听证权,所以听证通知的对象应当以经济裁决行为对其权利,包括私权利和公共权利,现有权利和预期权利有影响为标准。

二是利害关系人得到通知的时间。时间是一切法律制度乃至人类社会的一切行为选择中的一个最根本的约束条件,也是影响当事人权利义务的一个重要因素。在听证程序中,及时得到通知不仅有利于当事人做好听证准备,积极参加听证,也有利于听证主持机关及时有效地获取有关资讯和证据,公正准确地解决争执问题。相对人获得通知的时间在理论上可以理解为"只要答辩人有合理的机会获知和质疑对方当事人提出的见解,实际上的相关事实和争议问题的通知就是充分的。"[③]一般法律对听证通知的时间没有统一的规定,其基本要求是"及

---

① [美]伯纳德·施瓦茨:《行政法》,徐炳译,群众出版社1986年版,第243页。

② 同上书,第248页。

③ [美]欧内斯特·盖尔霍恩、罗纳德·M.利文:《行政法和行政程序概要》,黄列译,中国社会科学出版社1996年版,第150页。

时通知"或者在"合理时间内通知"。如美国联邦最高法院认为，在听证前几小时给予当事人通知、在终止福利补助前3天给予通知或终止国家住宅租赁的听证前4天给予通知都显然是不够的，而在有关终止福利的听证前7天给予通知一般来说就够了，当然有些听证案件的听证通知时间可能会更长一些。在日本、我国台湾地区的有关听证的程序法中，运用了大量的"听证期日前之相当期内"、"及时"或"行政机关在举行听证前"给予当事人通知即可等不确定的概念。但是葡萄牙《行政程序法》第101、102条却明确规定，在正式听证程序中，行政机关必须提前8天发出通知，非正式听证程序中，行政机关应当在10天前给予通知。相对而言，我国的法律在听证通知的时间规定上更是处于探索阶段，除了在诉讼程序法中对法院开庭等事项的通知有明确的规定之外，其他有关听证法律如行政处罚法、价格法和立法法对听证通知的时间规定都只是原则性和建议性的，没有明确的规定。《江西省重大行政决策事项听证办法》第16条规定，听证组织机关应当在听证会举行30日前，将听证事项向有关当事人和公众发布和通知。《广东省重大行政决策听证规定》第19条规定，听证组织机关应当在听证会举行15日前确定听证会参加人员名单，并通过本机关门户网站公布，公布内容包括听证主持人、听证陈述人、听证记录人、听证代表等人员名单及相关信息。听证组织机关确定听证代表后应当制作听证会通知书，并连同听证事项内容、依据、理由以及有关背景材料，在听证会举行10日前送达听证代表。当然，在确定经济裁决听证程序的通知时间时，不应当追求形式和数据上的统一和逻辑上的自洽，更不应该简单模仿或抄袭其他国家和其他法律的规定，而应当根据经济法实务自身的特点和听证的要求，进行科学合理的论证和安排。

三是听证通知的内容。对听证的内容和具体事项事先获得并做出相应的应对，对当事人听证权利的有效行使和保护自身的合法权益都有十分重要的意义,所以在听证程序法中对之做出明确的规定也是非常必要的。对此,各国的程序法都做了基本相同的规定。美国联邦《行政程序法》第 554 条第 2 款规定:"有权得到行政机关听证通知的人,必须就下列事项及时得到通知:(1)听证的时间、地点和性质;(2)举行听证的法律依据和管辖权限;(3)听证所要涉及的事实和法律问题。"日本《行政程序法》第 15 条规定:"行政机关为听证时,应于听证期日前之相当期内,以书面将下列事项通知不利处分之相对人:(1)预定之不利益处分内容及其法令依据;(2)不利益处分原因之事实;(3)听证之日期及场所;(4)掌握有关听证事务之组织名称及其所在地。"我国台湾地区《行政程序法》第 55 条第 1 款规定:"行政机关举行听证前,应以书面记载下列事项,并通知当事人及其他已知之利害关系人,必要时并公告之:(1)听证之事由与依据;(2)当事人之姓名或名称及其住所、事务所或营业所;(3)听证之期日及场所;(4)听证之主要程序;(5)当事人得选代理人;(6)当事人依六十一条所得享之权利;(7)拟进行预备程序者,预备听证程序之期日及场所;(8)缺席听证之处理;(9)听证之机关。"总之,在进行经济决策和裁决的听证程序中,主持机关应当将听证的时间、地点、性质、主持人、参加人、争执的问题、法律依据、各个当事人和参加者的权利义务等事项,通过法定的方式向有关当事人和利害关系人通知。《江西省重大行政决策事项听证办法》第 16 条、《广东省重大行政决策听证规定》第 16 条规定,地方政府重大行政决策听证公告的内容事项包括:听证目的、内容、方案、依据和背景资料,听证时间、地点以及听证代表产生方式等内容。

四是通知的方式。听证通知的方式是指经济法程序的主持机关通过什么途径和手段,将上述听证的内容送交各个当事人和利害关系人。公共机关的法律文书和有关资讯和有关卷宗的送达方式在其他法律制度,如立法公布、司法审判和行政执法程序中已经有相当科学且明确的规定,经济法程序制度的设计只需在根据特定的经济案件类型进行吸收和借鉴即可。我国各地方政府出台的重大行政决策的听证通告的方式比较灵活多样,如《江西省重大行政决策事项听证办法》第16条、《广东省重大行政决策听证规定》第16条都规定,本级人民政府门户网站或者本机关门户网站发布听证公告,听证组织机关应当通过新闻发布会、报刊、广播、电视或者网络等方式对听证事项进行广泛宣传,鼓励公众积极参与。

五是通知的法律效力。听证通知对于当事人和利害关系人来说,首先意味着听证程序的启动。当事人接到听证通知书,即获得就案件中争执事项的答辩权和对通知内容中法律问题和事实问题提出异议的权利。其次,听证通知是当事人参加听证并发表意见,维护自己合法权益的法律依据。没有听证通知书,就意味着没有参加听证的权利,所以听证通知也是听证机关对当事人听证权利的确认。其三,听证通知使当事人和利害关系人有充分的时间进行听证准备。听证程序必须建立在各方主体和当事人对听证的内容、证据和可能做出的决定进行充分准备的基础之上,否则听证就没有任何意义。所以,听证必须保证当事人的听证准备,及时、合理的通知是一项重要的制度保障。

2. 质证和辩论

经济法程序的质证和辩论环节是在听证主持人的主持下,由经济裁决机关的调查人员与当事人和利害关系人,就经济案件的事实和法律问题展开质证和辩论的过程,质证和辩论是经济法听证程序的核心。在听证程序中,质辩程序既是裁决机关调查程序的延续,是通过当事人获取有关经济裁决的资讯和证据的重要方法,在自我利益的激励下,能够提高裁决机关认定案件事实的真实性和适用法律的准确性;同时质辩程序又为当事人参与公共决策和自我利益纠纷的裁决,提供现实可靠的法律路径,从而提高经济裁决决定的民主性和可接受性。在听证法律制度中,有关质辩程序制度的建构主要涉及以下几个问题:

一是听证主持人的中立性。听证程序中主持人的公正中立是听证能否达到预期目的的重要保证,而听证主持人的公正中立又在很大程度上取决于其所属机关和个人地位的独立性。在十分注重公共行为正当程序规范和约束的美国,在联邦《行政程序法》制定之前,公共决策和具体裁判的听证主持人由一般行政官员,即讯问审查官担任,由于这些官员的行政隶属性决定了其法律地位的不独立,其主持听证的公正性经常受到当事人和社会的指责与怀疑。① 后来,随着联邦《行政程序法》的制定以及一些独立的管制机构的成立,听证程序,尤其是正式听证程序则由具有独立法律地位、不受总统和一般行政隶属关系约束的机关或构成机关的一个或几个成员或听证审查官主持,保证了听证的公正性要求。在韩国,行政听证程序的主持人由行政机关从其所属的职员或者依总统令,从具备资格的人员中选择确定,听证主持人独立执行职务,不因执行职务的原因而受到任何违反其意思和身份的不利益的处分。② 在我国台湾地区,行政听证则由行政首长或其指定的人员主持,在法律制度上也没有要求听证主持人的独立性,只是强调主持人应当本着公正中立的立场主持听证,同时设置了法律专业人员协助听证的制度。③ 相比较而言,我国的经济管制机构及其听证程序目前都还处在初步建立阶段,其建制仍属于政府执法机关,所以它们的法律地位和职权的独立性较弱,其经济管制行为的公正中立性与客观准确性都受到很大的限制。④ 回避制度是听证主持人中立的重要保障,《广东

---

① 章剑生:《行政程序法基本理论》,法律出版社 2003 年版,第 116 页。

② 参见韩国《行政程序法》第 28 条。

③ 参见我国台湾地区《行政程序法》第 57、62 条。

④ 在我国目前的经济管制体制中,无论从事微观规制还是宏观调控的工商、税务、物价、计划、财政、金融等部门,在人员、资金和职权上隶属于政府,而不具有独立的法律地位,其经济管制行为的政府本位和部门利益驱使就在所难免。在机构及职权上独立于政府、直接向民选机关人大负责的、类似于美国的独立管制机构的经济法执法主体的建立及其运行程序的配套和完善,将是今后经济法制度包括实体法和程序法建设的重点内容。

省重大行政决策听证规定》第 11 条规定,"听证主持人由听证组织机关指定。有下列情形之一的,不得担任听证主持人:(一)参与拟定行政决策方案的负责人;(二)与听证事项有利害关系的;(三)其他可能影响听证会公正性的。"

二是当事人的陈述与抗辩。听证程序的基本功能是向当事人和利害关系人提供表达个人意见的机会,提升决策和裁判的公正性。听证程序制度在质辩阶段的重点是保证当事人陈述对自己有利的事实,并提交相关证据,发表对法律问题的看法,对决策和裁判机关提出的不利的指控和将要做出的决定进行抗辩。在经济法的听证过程中,一般都涉及大量的有关经济发展和利益分配的专业知识和法律问题,为了更好地行使陈述权和抗辩权,澄清事实,准确适用法律,有效保护个人和社会整体利益,当事人及决策和裁决机关都可以聘请律师和有关专家协助进行听证。我国《反垄断法》虽然没有明确规定听证程序,但充分肯定了反垄断调查程序中当事人的陈辩权。该法第 43 条规定:"被调查的经营者、利害关系人有权陈述意见。反垄断执法机构应当对被调查的经营者、利害关系人提出的事实、理由和证据进行核实。"《广东省重大行政决策的听证规定》则以地方规章的形式规定了听证过程中当事人的陈述和质辩程序。其第 23 条规定,"听证会按照下列程序举行:(三)听证陈述人陈述听证事项内容、依据、理由和有关背景;听证参加人陈述其另行提出的决策草案建议的内容、依据和理由。(四)听证参加人对听证事项发表意见和建议。(五)听证陈述人对听证参加人的质询、意见以及建议予以回应。(六)听证陈述人和听证参加人就听证事项的主要事实和观点进行辩论。(七)听证参加人员作最后陈述。

三是决定机关和利害关系人的举证。经济法行为总体上分为经济决策行为和经济纠纷的裁判行为,经济决策行为又包括抽象的立法决策和针对特定事项的政策决策行为。经济决策行为在最终的决定做出之前,决策机关大都已经有一个拟定的决策决定,而经济裁决行为则一般没有事先的裁定意见。经济法听证的主要目的也因此具有双重性,经济决策听证的目的是将特定的拟定决定交给当事人和利害关系人及社会公众进行讨论、辩驳和质证,以提升决策的科学性和合理性;经济裁判听证的主要任务是通过争执各方当事人的举证、论证和质证,按照法定的证据规则和裁判规则对具体经济冲突居中进行裁断公力。所以,无论是经济决策还是经济裁判,其核心内容都是一个关于证据的收集、出示辩论和采信的证明过程,即举证责任的分配与承担问题。

由于争执的主体和问题的焦点不同,所以经济决策和经济裁判听证应当实行不同的举证规则。在经济决策听证中,即将做出的决策决定是由决策机关代表国家和全社会的利益草拟的,其内容涉及众多社会成员的现有权利和未来权利、个体利益和整体利益、局部利益和全局利益的调整,所以应当由决策机关对整体的决策规划所依据的法律和事实进行举证;而有关当事人对反驳决策意见和维护自我利益的主张负举证责任。在经济裁判行为中,争执各方的当事人,如反不正当竞争和反垄断案件中的"受害者"和不正当竞争行为、垄断行为的"实施者"应当分别就自己的主张进行举证,裁决机关只是在必要的情况下和当事人不便举证的情况下负补充和协助举证的义务。举证是国家经济决策机关的义务,决策机关对拟将做出的经济法决策行为必须进行全面、充分、合理的举证和科学性说明,如其举证不利或举证不充分,则该决定不得通过或将通过其他法定途径被否决;而当事人对自己主张的举证则不带有强制性,是一种可以自由处分的权利,如其有力的、符合法律要求的举证被决策和裁判机关接纳,则产生直接和间接否定决策和裁判决定的法律效力,如其不举证或放弃举证,只能导致对其不利的后果。

在程序法律传统比较深厚的英美国家,举证及证据制度是听证程序的核心,这一点在司法审判和行政实践中都是表现十分突出。"行政实践随从了司法模式,行政程序法采用了普通惯例法规,这些法规规定提议当事人——即规章或命令的支持者,有举证责任,其中包括现有的责任和说明责任。正常情况下,说明责任依据为人熟悉的民事案件标准是可以完成的。"[①]与之形成鲜明对比的是,在大陆法系国家和地区,除诉讼程序外,其他国家公共决策和裁决行为及其法律规定中,并没有完整的证据制度。在中国,由于法治建设刚刚起步,证据制度更是薄弱,即便是诉讼程序中的证据制度也是在近年来才得到统一和规范,其中事关个人和社会安定的刑事诉讼证据规则依然处于学术讨论之中,至今还没有出台。在行政执法领域以及其他经济管制活动中,国家机关决策和裁决行为的证据规则几乎是空白,这与我们长期习惯于依靠长官意志和经验决策的政治传统紧密联系。在高倡科学发展观和经济民主的新的社会历史条件下,科学和民主决策已经成为国家和社会事务的基本方式,所以不仅是听证程序,而且在所有的公共事务的决定程序中,证据制度的建构和完善则显得十分重要且紧迫。

3. 决定

听证程序的目的在于通过公开的举证、质证和论证,提高对听证所涉及的事实和法律问题的主观认识,最终得到一个针对特定问题的、客观公正的确定性结论。所以,听证环节或程序的最后必须要做出一个相对明确、肯定的决策和裁决决定。经济法程序听证决定在制度上主要涉及三个问题:

一是决定主体。听证程序以举证为手段,以决定为目的,但是在听证结束时,由谁根据听证内容做出听证决定不仅是个程序问题,也是一

---

① [美]奥内斯特·吉尔霍恩、巴瑞·B.鲍叶:《美国行政法和行政程序法》,崔卓兰等译,吉林大学出版社1990年版,第212页。

个实体问题。由于经济法程序中听证的内容和性质不同,听证主持人的法律地位及其与决策和裁判机关关系的差异,听证决定的主体也是不同的。在美国,主持听证的行政法官有权对听证做出初步决定和建议性决定,在德国和日本,行政程序的听证主持人则没有做出决定的权力。如日本《行政程序法》第 24 条规定:"主持人于听证终结后,应尽速制作成报告,载明当事人等对不利益处分原因之事实所为之主张,有无理由之意见,并连同笔录向行政机关提出。"德国联邦《行政程序法》第 69 条规定:"行政机关对程序的全部结果进行判断后做出决定。"在我国,根据现行的公务员制度和有关的国家机关组织法,经济决策的决定应当由听证机关做出,具体的决定者则根据该机关的组织原则来确定,可以是委员会,也可以是首席长官,经济裁判听证的决定应当由听证主持人以听证机关的名义做出。《广东省重大行政决策听证规定》第 26 条规定,听证组织机关应当在听证会结束后 10 日内,根据听证笔录制作独立、公正、客观的听证报告。

二是听证笔录及对决定内容的约束。听证笔录是对整个听证、质证和论辩过程中当事人陈述的意见和提交的证据所作的一种书面记录,是在质辩结束后交由当事人阅读、补正后签名,便具有法律意义的文书。经济法程序的听证笔录在内容上与法院的庭审笔录相当,主要包括听证的时间和地点;听证主持人、参加人、证人和鉴定人的姓名;裁决的经济法程序事宜及各方当事人提出的申请;证人和鉴定人的陈述;鉴定结果。笔录应当由主持人、书记员和当事人签名,并注明与笔录主要内容效力相当的附件。听证笔录在内容上应当全面、真实、客观、准确地反映听证的全过程,它是经济职权机关做出决策和裁决的重要依据。[①] 在正式听

---

① 《广东省重大行政决策听证规定》第 25 条规定,"听证会应当制作听证笔录,由听证组织机关如实记录各方的主要观点和理由。听证笔录由听证主持人、听证陈述人和听证参加人签名确认并存档。听证参加人认为听证笔录有错漏的,有权要求补正。听证参加人拒绝签名的,听证组织机关应当在听证笔录中注明。"

证程序中,国家经济职权机关必须依据听证记录做出裁决,此所谓"案卷排他性原则",其基本含义和要求是"在依法举行的听证中,行政法庭作裁决时,不得考虑听证记录以外的任何材料。……若不遵守这一原则,要求听证的权利就毫无价值了。如果作裁决的人在裁决时可以随意抛开记录不顾,如果听从了他人对事实和法律的裁决结论和建议……,那么在听证中提交的证据、论证其意义的权利又有什么价值呢?"[①]在非正式听证程序中,听证记录对听证决定则不具有绝对的法律拘束力。在大陆法系的国家,听证记录对具体裁决只有一定的约束力,国家机关可以接受听证之外的证据作为决定的依据。我们认为,经济决策事关全局和社会整体利益,不仅要通过民主程序,而且必须建立在严密的科学论证的基础之上,听证只是获取信息和证据的一个方面,它也不排除应运其他科学方法和手段获得有关信息和证据,但是这些资讯和证据在听证程序中加以公示,以进一步加强其公信力。而在具体经济纠纷和争执的裁判中,一切决定都应当以听证记录为依据而居中做出。

三是决定内容及其法律效力。听证主持人或听证机关依据听证记录做出的听证决定具有什么样的法律效力,取决于听证的性质和目的。在美国,听证程序主要适用于行政裁决行为,所以行政法官在听证结束时可以做出两种决定,初步决定和建议性决定。对于初步决定,如果当事人不提出上诉,行政机关也没有要求复议,则该决定就成为行政机关具有法律效力的决定;对于行政法官做出的建议性决定,如果行政机关接受,则成为行政机关的正式的行政决定。依非正式听证程序做出的听证决定一般不具有直接的法律效力,只有被有关国家机关接受后并

[①] 这是美国联邦最高法院首席法官范德比尔在马扎诉坎维奇亚一案中对"案卷排他性原则"所作的精辟阐述。参见罗豪才、应松年:《行政程序法研究》,中国政法大学出版社 1992 年版,第 134 页。

转化为国家机关的决定才具有法律效力。在经济法程序中,经济决策行为一般采用非正式听证,听证的功能主要是搜集证据和有关资讯,所以听证决定只具有参考价值,不具有直接的法律效力;而有关经济裁判的听证则是决定的基本方式,听证决定应当是正式的法律决定,对裁决机关和有关当事人都具有直接的法律效力。在我国,根据一些地方性行政规章的规定,听证报告作为行政决策的重要参考,决策机关对听证会中提出的合理意见和建议应当予以吸收、采纳。对大部分听证参加人持反对意见的重大行政决策事项,行政机关应当作进一步论证后再作出决策,重大行政决策事项依法应当听证而未听证的,行政机关不得作出行政决策。同时,政府法制机构应当把是否依法组织听证作为重大行政决策合法性审查的内容。对依法应当听证而未听证的重大行政决策事项,不得通过合法性审查。①

第四节　程序结果与决定制度

就人类追求的公平、效率、秩序而言,一切法律制度,包括实体法和程序法都只不过是媒介和手段而已,经济法程序的最终目的也是通过对实体法所确认和保护的抽象法律关系的具体落实,或者通过平等对话和民主协商机制,对当下和未来社会经济发展的总体布局和利益结构,进行理性分析论证,在信息交流与意见沟通的基础上,达成某种重叠共识。所以,每一个经济法程序的展开都应当以特定的结果为归宿,因而法律程序的一个重要制度就是对各种处于争执或冲突中的经济立法议案、决策方案和裁判意见,进行比较并做出选择和裁决制度。程序结果可能是全部也可能是部分,也可能是肯定的或者否定的,但不可是

---

① 详见《广东省重大行政决策听证规定》第27—30条。

或缺的,唯有如此才能实现法律制度定分止争、惩恶扬善的功能。就经济法程序而言,因为国家干预行为所针对的市场失灵具有很强的时间性和社会破坏性,所以经济法程序中的决定制度非常重要。从现实经济运行和国家干预的基本情况来看,经济法程序的决定制度主要涉及以下几个方面的问题:

一、决定主体

经济法程序的最后阶段,应当针对具体的经济问题做出具体的决策和裁判决定,但是由于经济法行为的内容、性质和法律效力有所差异,所以对决定者的资格和要求是不同的。[①] 换句话说,经济裁决决定是由经济法程序的主持人、主持机关做出,还是由经济职权机关的行政长官做出在法律制度的设计上值得讨论。经济法行为不同于纯粹的司法行为和执法行为,在纯司法行为中,最后的裁判决定一般由裁决主持人做出,单纯的行政执法行为则由行政长官做出,而国家经济职权行为涉及社会整体利益的维护和重大社会关系的调整,所以我们认为应当由职权机关集体做出比较科学。

二、决定的种类及其法律效力

(一) 初步决定

初步决定是经济职权机关在没有主持收集证据、主持听证的案件中,根据法律的规定和依据一些书面材料和非听证证据,对有关当事人

[①]　如根据我国《反不正当竞争法》、《价格法》、国家发展和改革委员会 2003 年发布过《制止价格垄断行为暂行规定》、《外国投资者并购境内企业的规定》、《反垄断法》的规定,我国国务院反垄断执法机构是指国家工商局(负责非价格垄断协议、非价格滥用市场支配地位、滥用行政权力排除限制竞争行为的反垄断执法)、国家发改委(价格)、商务部(负责经营者集中行为的反垄断审查)。国务院反垄断执法机构之上设有反垄断委员会。

的申请事项或决策内容直接做出初步决定,如有关当事人和利害关系人在法定期间内没有对该决定提出异议,则该决定即具有直接的法律拘束力。初步决定主要适用于一些申请许可案件和规定收费标准的案件,如在商标权和专利权的独占许可案件中,国家商标局和专利局在书面审查的基础上,就可以做出授予注册商标权和专利权的初步决定,但是又给予其他利害关系人法定的异议期;当法定的异议期届满或有关的异议被驳回时,该初步决定就成为商标局和专利局的正式决定,申请人即获利正式的商标权和专利权。

(二)建议性决定

经济职权机关在法定的正式听证程序或非正式程序结束后,如果该机关对待定事项没有最终的决定权,则一般根据听证记录或相关证据做出建议性决定,以供具体裁决机关参考。在我国,重大的社会经济立法和经济政策的制定行为,如区域经济规划、国民经济的整体布局和中长期的发展计划,以及重大的财政收支事项和税费调整,都是由国家主管机关首先根据法定的程序进行调查、听证和论证后做出建议性决定,最后报国务院或全国人民代表大会及其常务委员会审批后执行。建议性决定与初步决定的不同在于建议性决定只有咨询性质,而不具法律效力,而初步决定则具有相对的法律效力。

(三)确定性决定

在经济法程序结束时,如果程序的主持机关依法对待决事项拥有最终的决定权,该职权机关就可以直接做出具有法律效力的经济决策和裁决决定,而无须做出前述的初步决定和建议性决定。确定性决定在美国行政法中称为"免除一切事先的决定",类似于我国行政执法中的"当场决定程序"或"普通程序",以及重大会议程序中的表决程序,它主要适用于一些终局性的经济法行为和紧急情况下的经济管制行为,如经济立法中的表决行为、经济决策中的审批行为、经济管制中的处理行为和经济纠纷中的裁决行为。

三、决定的内容和形式

经济法程序的决定不只是对案件的最后处理或决断,而且要根据法定的形式,对案卷中所记载的所有实质性事实争议做出判断和裁定,对一切实质性的法律问题和自由裁量权的争议,做出结论性决定并说明理由。

(一) 经济法程序决定的内容

受制于法治理论和法治传统的束缚,国家经济职权行为决定的内容在各国的立法文件中还没有形成比较统一的规定,但是各国行政法中对行政机关行政决定内容的要求可以作为立法借鉴,在实践中扩展和完善。根据美国联邦行政程序法 557 节(C)款的规定,国家机关的裁决决定内容一般包括:"一切决定,包括初步的、建议性的和临时性的决定在内,都是案卷的组成部分,而且应当包括下列事项的记载:(A)对案卷中记载的事实的、法律的或自由裁量权的实质性争议所作的裁定、结论及其理由或根据;(B)有关的法规、决定、制裁、救济,或对它们的拒绝。"

1. 事实的裁定

对事实的认定是一切法律行为和决定的前提和基础,国家机关在行使经济职权时,必须要对有争议的事实做出客观公正、准确无误地判断和裁定。经济法程序决定中的事实裁定包括两个方面的内容:基础事实(或证据事实)和最终事实(或结果事实)。基础事实是用以支持裁决机关特定裁决意见和当事人申请事项的事实依据,它必须符合一般证据法或有关程序法规定的实质要件和程序要件,如客观真实性、与案件的逻辑关联性和内容及获得方式的合法性。最终事实或结果事实是由各项基础事实的裁定而推断和引申出来的案件的最终结论,其具体要求由法定的证明标准或证明程度来规定。经济裁决决定中对案件事实的裁定及要求一方面可以防止决定机关的主观臆断和权力滥用,另一方面可以对受到不利影响的当事人进行理性教育和说服,同时还可以提高经济决定的准确性,以免不必要的重复决定造成的效率减损。

2. 说明理由

经济裁决决定必须要对法律、法规、政策和自由裁量权所作的理解和具体应用进行解释和说明,同时还要对法律、政策和自由裁量权与案件裁定的事实之间的关系进行逻辑论证。说明理由是国家经济裁决决定的重要内容,也是经济法程序的根本制度之一,在此有必要对它的社会历史背景,制度价值和基本内容进行适当的阐述和说明。

经济裁决决定的说明理由是现代民主政治体制下,积极自由和国家公共经济决策科学、民主和理性化的要求。在古代君主专制社会,法律是国家进行社会经济统治的工具,个人权利完全依附于国家权力,国家权力具有不言自明的正当合法性,其行使完全取决于君王的个人爱好,不必向社会和个人展示理由。这种权力至上的法制观念和等级服从意识奠定了个人是法律上的义务主体,而不是权利主体,也造就了国家行为的天然合理性,"因为这些服从他人指令的人们承担了其角色所应该履行的义务"①。到了自由资本主义社会,民主政治制度虽然已经基本确立,"为获得人类基本自由或公民自由权而进行的斗争是仅次于民族独立斗争的重大事件",②但是基于市民社会和政治国家的二元论假设,以及私法和公法井水不犯河水的法制体系,公民权的范围基本上限于保障个人的生命、自由和追求幸福的权利,限于不受国家和公法干预的个体性权利和消极自由,公民的积极权利,包括对整体经济利益的

---

① ［美］安东尼·奥罗姆:《政治社会学》,张华青等译,上海人民出版社 2006 年版,第111 页。

② 上海社会科学院法学研究所编译:《宪法》,知识出版社 1982 年版,第 286 页。

决策权和维护未来经济利益的权利并没有得到重视。随着垄断经济的出现和市场缺陷的不断暴露，以间接民主和个人的消极自由为主的权利理念和法治思想已不能满足社会发展的需要，以直接的参与式民主、积极自由和公共行为选择权为内容的现代民主制度开始创建，公民通过直接参与有关公共决策的国家权力运作过程，有效监督政府权力的合法行使，更加全面充分地实现自己的权利。政府公共权力行为的说明理由制度也成为正当法律程序的重要内容。这一点在各国的行政法和行政程序立法中得到了集中的体现。在英国，人们认为"没有哪一个单独的因素比公共机构不负说明决定理由的义务更为严重地阻碍过英国行政法的发展了。"[①]在美国，联邦法院的判例认为："行政机关必须说明裁决理由。……这是行政法的基本原则。"[②]其他如法国，日本的行政法律都有类似的规定。我国的程序法除诉讼法外还很不完善，诉讼程序中的判决理由在法律上也没有强制性的规定，其他国家机关的行为在法律上也少有说明理由的规定。[③]

　　国家经济行为的说明理由在理论上具有附属性、论理性、明确性和程序性的法律特征[④]。附属性是指说明理由是附带在一个法律上已经成立的国家经济决策和裁决决定之上，说明理由附属于经济裁决决定而存在。说明理由并不影响经济裁决决定的做出，但是它却是经济决定行为有效的构成要件。除法律规定不需要说明理由的紧急情况下的经济决定行为外，不附具理由的决定将被依法认定为无效行为。说明

---

　　①　[英]威廉·韦德：《行政法》，徐炳等译，中国大百科全书出版社1997年版，第192—193页。

　　②　[美]伯纳德·施瓦茨：《行政法》，徐炳等译，群众出版社1986年版，第391页。

　　③　我国《行政处罚法》第39条虽然规定在行政处罚决定书中应当载明"违反法律、法规或者规章的事实和证据"，但是对行政处罚的正当性理由以及说明理由的要求没有做出明确的规定。

　　④　章剑生：《行政程序法基本理论》，法律出版社2003年版，第109页。

理由的论理性是指经济职权主体对其做出的经济决定行为，要进行主观上和法理上的论证、阐述和说明，从而提高经济决定的合理性和相对人的认同度。明确性是指说明理由的功能是对决定的依据和内容进一步的确定，以免相对人和社会民众对之产生歧义。在有关经济法的实质化特征的论述中，我们已经清楚地认识到经济法大多是一些无固定内容的弹性条款，不确定性和模糊性比较普遍，同时经济法所调整和规范的社会关系也具有很强的个体差异性和非统一性，所以经济法的适用不可能沿用传统民商法的机械式概念推理，而要进行个案式的法律依据解释和客观事实的说明，使抽象的法律原则转化成鲜活的法律决定。说明理由的程序性是指说明理由是国家经济决定行为的一个程序和组成部分，决定机关必须在决定中附随决定的事实根据、法律依据和具体规则，这是决定机关的程序性义务。说明理由必须按程序法规定的要求进行，因为"在没有程序保障的情形下，说服易变质为压服，同意也就成了曲意。"①

国家经济决定行为的说明理由具有重要的制度价值。首先，说明理由是国家干预经济行为法治化的要求之一。传统法治的基本假设是政治国家和市民社会的二元分立，其内容就是创立与之相适应的公法体系和私法体系，分别规范两种不同的社会行为。近代以来的行政法虽然承认了国家在国防、外交及公共秩序和安全方面的有限权力，但是在制度上坚守严格的三权分立并辅之以司法审查，法治重心依然是限制政府权力，保护公民权利。经济法不同于传统民商法与行政法，它确认并规范国家对市场经济的积极干预，打破了市场自治与公共政治之间的界限，国家积极校正市场、参与和弥补市场机制的权力不仅成为必要，而且随着市场缺陷的日益暴露而不断扩张。基于形式理性设计的、

---

① 季卫东：《程序比较论》，《比较法研究》1993 年第 1 期。

机械的三权分立体制和事后的司法审查监督，不仅与现实经济生活的一体化和社会化要求不相符，加大了法治的运行成本，而且实践证明也没有达到预期的效果。于是，人们发现"通过健全规范行政自由裁量权的法律程序，在行政自由裁量权行使之初和过程中控制其行为结果趋于合理性，可能是一种比较有效的法律控制方法。"①现代法治的重心从事先的分权控制和事后的司法救济向国家行为过程中的程序控制转移，其典型的制度表现便是听证制度在公共权力行使中的广泛应用。但是，听证制度本身只能保证国家机关在具体决定中听取正反两方面的意见，却无法左右决定者对这些意见的正当筛选，而说明理由制度在实体上要求决定者在进行经济决策和裁判，对实体法和自由裁量的正当性依据进行合乎逻辑和情理的说明与解释，以防止听证制度流于形式，确保国家干预经济行为的合法有效。

其次，说明理由是国家经济行为民主化的体现。在传统法治下，国家权力是通过命令——服从式的机制，实现对社会秩序的控制，公民个人只是作为权力的受体或客体被动地承受国家权力的作用。在现代法治条件下，国家对经济的干预和管制并非是基于国家利益而进行的单方行为，而是社会成员或市场主体基于对市场失灵的理性认识，通过国家政府的有形之手进行的自我调整和自我干预，"行政程序被视为形成人民客观权利、主观权利及义务之有效手段，其禁止将人民视为国家程序之客体，以维护宪法对人性尊严之保障。"②经济民主化和国家干预法治化要求，国家机关在行使经济职权时，要尽可能地减少对市场主体的对抗，扩大市场主体参与经济决策和经济裁决的机会和途径，通过理性对话和协商，实现市场主体的自我管理和自我控制。以国家对宏观

---

①　王名扬：《美国行政法》（上），中国法制出版社 2005 年版，第 66 页。

②　洪家殷：《行政程序之基本制度——以行政处分为中心》，《海峡两岸行政程序法研讨会论文集》（1997 年，北京）。

经济的规划决策行为和对微观经济的管制、裁决行为为主要内容,现代"行政程序法之基本作用及要式性要求,行政程序民主化、透明化,使人民具有行政程序之主体性,并追求预防纷争及权利保护之平常性与事先性。行政决定附具理由,可以防止行政之反民主及反法治,使行政得以自我审查,确保行政之合理及效率化,并达成满足权利保护及控制三大功能。"①

其三,说明理由是对国家经济裁决行为进行司法监督的基础。国家干预经济的行为涉及个体利益的损益和社会整体利益的重大调整,所以应当纳入法治的轨道。法治运行的基本方式主要是事先的权利(或权力)界定、事中的程序控制和事后的司法监督。由于市场失灵的时空性和人类理性的有限性,法律无法通过实体规范对国家干预市场的权力边界做到明确具体的规定,只能基于市场失灵的一般原理授予有关国家机关模糊的自由裁量权,并通过完善的程序法来规范和确保国家经济职权行使的合理性和有效性。任何法律行为都必须接受司法救济和审查监督,在对国家干预经济行为进行司法审查时,法院对国家机关经济职权的实质性审查受实体法模糊性规定的限制,其监督力度必然下降。而通过对经济职权行使的程序进行审查,包括对行为环节、顺序、时限等的形式审查和对决定行为的说明理由的实质性审查,达到弥补传统法治监督对国家权力实质审查的不足的缺陷,所以说明理由也是司法审查的重点。

国家经济职权行为说明理由主要包括合法性理由和合理性理由两个方面。国家经济职权行为的合法性是指国家经济职权行为得以合法有效的事实依据和法律依据。合法性理由是国家干预经济行为法治化

---

① 罗传贤:《行政程序法基础理论》,五南图书出版公司 2000 年版,第 19—20 页。转引自章剑生:《行政程序法基本理论》,法律出版社 2003 年版,第 197 页。

的基本要求，也是经济法的基本原则之一。合法性理由说明的第一个方面是事实依据，它要求经济裁决决定所依据的事实不仅要在内容上符合证据法的规定，而且在获得方式上也应该合法。经济职权主体在经济裁决决定中所作的说明理由应当遵循三个基本规则：一是禁止主观臆断规则，即所有经济裁决决定的事实依据都必须客观真实，任何先入为主所获得的"法律事实"都不得作为说明理由的内容；二是符合证明逻辑规则，即用以支持决定的事实依据与决定结论之间必须具有逻辑上的关联性，符合同一律、矛盾律、排中律和充足理由律等逻辑规则；三是主要事实依据充分确实规则，主要事实依据是指足以影响经济职权行为的性质、内容和效力的事实依据，经济职权主体在裁决决定中应当予以全面充分地说明。合法性理由的第二个方面是法律依据。对法律依据的说明及其具体适用的解释，一方面可以增强经济裁决行为的确定性和权威性，同时也是相对人寻求法律救济的主要依据。经济职权主体在进行法律依据的说明时，应当全面准确地展示具体决定所依据的法律规则，对相互冲突的法律规则进行选择适用时说明正当理由，同时还要排除在具体决定中适用非法律性的规范，不得以此为根据做出裁决决定。

　　经济裁决决定说明理由内容的合理性是指，在进行经济裁决行为时，经济职权主体要对其行使裁量权的事实依据和法律规定进行合理性和正当性说明。自由裁量权是经济法中经济职权主体普遍拥有的权力，这是现实经济生活的可变性和国家干预行为的随机性决定的。自由裁量权的行使必须要符合预定的法律目的，而不是依赖于政府官员主观臆断和个人偏好独断专行。正如英国大法官柯克所说："如果我们说由某当局在自由裁量权之内做某事的时候自由裁量权意味着，根据合理和公正的原则做事，而不是根据个人意见做事，……根据法律做某事，而不是根据个人好恶做某事。自由裁量权不应当是专横的、含糊不清的、捉摸不定的权力,而是法定的,有一定之规的权力。"①经济裁决自由裁量权主要表现在对事实的筛选和法律依据的选择两个方面。其中对案件事实的筛选应当遵循排除非法证据规则、因果联系规则和疑惑事实从无的规则;而对法律规范选择的主要情形是,基于同一事实的多种法律规定的具体适用选择和对不确定法律概念的场景化界定,以及引用法律原则对法律空白的弥补,其基本规则有遵守惯例和公理规则、体现国家经济政策规则和维护公共利益规则。

(二) 经济法程序的决定形式

经济法程序的决定形式是其决定内容的外观化,也是辨别经济裁决法律效力的主要依据。因为事关市场主体私人权利的变动和社会整体利益的重大调整,经济法程序的决定应当采用书面形式,具体表现为法律文本、国家重大的经济决策文件、经济处理决定书和纠纷裁判书。法律文件的内容的格式由立法法规定,经济决策则根据不同事项,采用准法律文本、决定书形式,经济处理决定和裁判书则参照法院的判决书和裁定书形式。由于法治传统薄弱和对法律形式的忽略,我国目前有关经济决策和重大的社会经济调控措施,都因决定形式的欠缺和不严格而使其效力大损。如我国长期以来实行的中远期经济计划、社会规划、财政预算、重大的地区开发和政策性投资项目决策等,大多没有采用法律文件或法案的形式,而是采用党的文件、会议决定和政府工作报告等其他形式,使得这些裁决决定的法律属性不明,不仅降低了其法律效力和具体执行的权威性,同时也减损它们的实践效果。这一个方面反映了当前我国社会经济运行中法治的空缺,另一方面也是我们今后的法治建设的重要议题。

---

① ［美］伯纳德·施瓦茨:《行政法》,徐炳等译,群众出版社 1986 年版,第 568 页。

结　　论

行文至此，我们通过对比分析经济法与传统法治理论范式的差异，概括了经济法制度运行的回应性和实质化特征，以及由此引起的理论困惑，初步探索了化解或整合经济法制度困境的程序主义理论模式，简要论证了经济法程序的历史背景、理论基础、价值功能，讨论了经济法程序的基本制度和要求，试图寻找一条能够沟通自由主义形式法和福利国家实质法隔阂的制度路径，实现经济法内容的公共政策性与其形式法律制度化的统一。这种所谓的"第三条道路"，就是引用民主参与机制和商谈交往理论，对传统法治中的程序法理论和制度规则进行升华和再造，通过程序主义法治模式及其制度建构，实现经济法的超越与回归。相对于实现经济法的理论升华和制度重构的整体工程，整个论文的写作只是在理论和观念方面进行了有限的探索，为了思想交流和理论探讨的需要，在文章的结尾处，还需对几点进行重申和强调：

第一，对经济法的认识不能停留在调整对象的特殊性上，局限于现代社会"市场失灵"和国家干预的有限视野内，在现有制度框架内进行理论推理，而应当将它放到人类社会经济发展、理性成熟、制度转型的大背景中进行整体思考。换句话说，经济法体现了人类认识和控制自然、社会和自我的基本方式的转变，它是人类社会整体演化的结果，而不是法律制度内部功能的简单扩张和调整领域的主观设计。对经济法的研究首先面临着法学理论"范式"的革命，也就是要探索的确立新的法律本体论、认识论、方法论、价值观和道德观，用以指导经济法的理论创新和制度构建。

第二,实质化或者回应性不是经济法的本质特征,它是经济法在制度创立之初,为了突破传统法治单一"实体法之治"的困境,而表现出来的局部特征和表面现象,它不仅体现了经济法对现实社会生活的关注和积极回应,而且也反映了经济法制度在规范和形式上的不完善和不成熟。所以,不应该将经济法的实质化特征扩大化,甚至提高到与传统法治相对立的高度,经济法的最终归宿不应该是有些学者认为的"政治化"或"经济化",而依然是制度化或者是"规则化",[①]经济法治是与现实经济生活紧密联系的、更加开放意义上的法治。

第三,经济法面临的确定与变化、自治与干预等法治"悖论",不是法治体系内在和应然的矛盾与张力,它是基于传统法治理论范式的局限性而人为制造的困境。因此,在寻求经济法国家干预法治化的制度对策时,首先要对法学理论中的"悖论"进行扬弃,放弃"二元对立"范式下非此即彼的单向选择,通过对法律制度之间及其与社会现实互动机制的整体考查,寻找能够沟通规范与事实、法律与社会的"元规则"或"初级规则",培植经济法制度的新的生长点。经过历史考查和理论分析,这种能够连通传统法治形式公平和现代福利国家实质自由的"初级规则",就是现行法律制度中以民主自治和直接参与为基础的正当程序机制。

第四,一切法律制度产生和发展的根基在于其内在的合理性和外部的技术性,这也是法律制度的价值属性所在。由于经济法内在的回应性要求,对法律价值的考查必然要突破法律自身的疆域,将人的主观需求视为价值的核心。传统理论关于程序价值工具主义和本位主义的

---

① 季卫东:《"应然"与"实然"的制度结合》,[英]麦考密克、魏因贝格尔:《制度法论》代译序,周叶谦译,中国政法大学出版社 2004 年版,第 2 页。

争论的致命缺陷在于要么将实体法律本位化,要么将程序法本位化,忽略了价值主体的需求。笔者认为,在人的主体性需求和人类社会终极价值层面上,强调法律制度对人类社会的工具性可以使其正本清源,而不会损害它的权威性和神圣性。因为经济法所追求的理想境界也是一种善治,而"善治实际上就是国家的权力向社会的回归,善治的过程就是一个还政于民的过程,它有赖于公民自愿的合作和对权威的自觉认同,没有公民的积极参与和合作,至多只有善政,而不会有善治。"①

　　第五,经济法的制度创建是一个宏大的系统工程,学术界和实践部门应该清除部门法之间界线分明、互不来往的理论障碍,实现法律资源的互通和共享。经济法的整体主义观念、公法和私法融合的制度特征、实体法和程序法的互动机制要求,只有对现有的制度规范和法律资源进行跨部门法的整理和有机组合,才能真正实现经济法的制度变迁。本文的论证并不否定通过实体法的完善等其他途径,实现经济法的制度化和国家干预经济的法治化,只是强调程序法对于经济法比其他传统法律部门更重要的价值和意义。同时,在经济法程序的建构中,其立法程序、执法程序和司法程序虽然在内容上多有重叠,其重心都是确认和保护不同利益主体参与经济裁决的权利,但是各自又有侧重。另外,任何法律制度的建设,其最终的依托都是司法机制的建立,所以,经济法必须要创制整体经济运行及其规范和救济的诉讼机制,方能真正实现国家干预的"法治化"。

---

① 参见俞可平:《治理与善治》,社会科学文献出版社 2000 年版,第 1 页。

主要参考文献

一、中文参考文献

（一）著作类

1．［美］诺内特、塞尔兹尼克：《转变中的社会与法律：迈向回应型法》，张志铭译，中国政法大学出版社 2004 年版。

2．［法］罗伯特·阿列克西著：《法律论证理论》，舒国滢译，中国法制出版社 2002 年版。

3．［美］伯尔曼：《法律与革命》，贺卫方等译，法律出版社 2008 年版。

4．［美］昂格尔：《现代社会中的法律》，吴玉章等译，中国政法大学出版社 2001 年版。

5．［日］金泽良雄：《经济法概论》，满达人译，甘肃人民出版社 1985 年版。

6．李昌麒：《中国经济法的反思与前瞻》，法律出版社 2001 年版。

7．张世明：《经济法学理论演变研究》，中国民主法制出版社 2009 年版。

8．叶明：《经济法的实质化研究》，法律出版社 2005 年版。

9．韩志红、阮大强：《新型诉讼——经济公益诉讼的理论与实践》，法律出版社 1999 年版。

10．颜运秋：《公益诉讼理念研究》，中国检察出版社 2002 年版。

11. 沈敏荣:《法律的不确定性——反垄断法规则分析》,法律出版社 2001 年版。

12. [奥]麦考密克、魏因贝格尔:《制度法论》,中国政法大学出版社 2004 年版。

13. 邱本:《自由竞争与秩序调控》,中国政法大学出版社 2001 年版。

14. [美]托马斯·库恩:《科学革命的结构》,李宝恒、纪树立译,上海科学技术出版社 1980 年版。

15. [美]托马斯·库恩:《必要的张力》,纪树立等译,福建人民出版社 1981 年版。

16. 苏力:《也许正在发生:转型中的法学》,法律出版社 2004 年版。

17. 张文显:《新视野新思维新概念:法学理论前沿论坛》,吉林大学出版社 2001 版。

18. 张卫平:《程序公正实现中的冲突与衡平》,成都出版社 1993 年版。

19. [英]约翰·巴罗:《不论——科学的极限与极限的科学》,李新洲等译,上海科学技术出版社 2000 年版。

20. [德]哈贝马斯:《在事实与规范之间:关于法律和民主国家的商谈理论》,童世俊译,三联书店 2014 年版。

21. [德]贡塔·托依布纳:《法律:一个自创生系统》,张琪译,北京大学出版社 2004 年版。

22. 李光、任定成:《交叉科学导论》,湖北人民出版社 1989 年版。

23. [英]玛格丽特·玛斯特曼:《范式的本质》,《批判与知识的增长》,周寄中译,华夏出版社 1987 年版。

24. 朱苏力:《也许正在发生:转型中的法学》,法律出版社 2004 年版。

25. 俞可平:《治理与善治》,社会科学文献出版社 2000 年版。

26. 王黎明:《区域可持续发展》,中国经济出版社 1998 年版。

27. 夏基松:《现代西方哲学教程》,上海人民出版社 1985 年版。

28. 吴国盛:《科学的历程》,湖南科学技术出版社 2013 年版。

29. 〔美〕E.博登海默:《法理学:法律哲学与法律方法》,邓正来译,中国政法大学出版社 2004 年版。

30. 〔英〕卡尔·波普尔:《猜想与反驳》,傅季重等译,上海译文出版社 2001 年版。

31. 张宇燕:《经济发展制度选择》,中国人民大学出版社 1992 年版。

32. 〔美〕罗斯科·庞德:《通过法律的社会控制》,沈宗灵、董世忠译,商务印书馆 2010 年版。

33. 〔美〕大卫·雷·格里芬:《后现代精神》,王成兵译,中央编译出版社 2011 年版。

34. 〔英〕罗伯特·诺齐克:《政府、国家与乌托邦》,何怀宏等译,中国社会科学出版社 2008 年版。

35. 李昌麒:《经济法学》,中国政法大学出版社 1999 年版。

36. 余谋昌:《生态哲学》,陕西人民教育出版社 2000 年版。

37. 〔美〕理查德·B.斯图尔特:《美国行政法的重构》,沈岿译,商务印书馆 2011 年版。

38. 〔德〕恩斯特·卡西尔:《人论》,甘阳译,上海世纪出版集团 2003 年版。

39. 〔匈〕卢卡奇:《历史与阶级意识》,杜辛智译,商务印书馆 1999 年版。

40. 〔英〕卡尔·波普尔:《猜想与反驳》,傅季重等译,上海译文出版社 2001 年版。

41. 〔德〕拉德布鲁赫:《法学导论》,米健译,法律出版社 2012 年版。

42. 史际春、邓峰:《经济法总论》,法律出版社 1999 年版。

43. 〔美〕罗斯福:《罗斯福选集》,关汉在编译,商务印书馆 1996 年版。

44.《马克思恩格斯选集》(第1、4卷),人民出版社1972版。

45. 冯象:《正义的蒙眼布——政法笔记》,《读书》2002年第7期。

46. [英]马丁·洛克林:《公法与政治理论》,郑戈译,商务印书馆2013版。

47. [德]马克斯·韦伯:《经济与社会中的法律》,张乃根译,中国大百科全书出版社1998年版。

48. 张文显:《二十世纪西方法哲学思潮研究》,法律出版社2006年版。

49. [美]罗斯科·庞德:《普通法的精神》,唐前宏等译,法律出版社2010年版。

50. 李昌麒:《经济法——国家干预经济的基本法律形式》,四川人民出版社1999年版。

51. [法]海然热:《语言人——论语言学对人文科学的贡献》,张祖建译,北京大学出版社2012年版。

52. [美]波斯纳:《反托拉斯法》,孙秋宁译,中国政法大学出版社2003年版。

53. [美]波斯纳:《法理学问题》,苏力译,中国政法大学出版社2002年版。

54. 张文显:《法学基本范畴研究》,中国政法大学出版社1993年版。

55. [意]尼古拉·阿克塞拉:《经济决策原理:价值与技术》,郭庆旺、刘茜译,中国人民大学出版社2001年版。

56. 杨冠琼:《政府治理体系创新》,经济管理出版社2000版。

57. 中国国家工商行政管理局条法司:《现代竞争法的理论与实践》,法律出版社1993年版。

58. [法]孟德斯鸠:《论法的精神》,张雁深译,商务印书馆2002年版。

59．王名扬：《美国行政法》（上、下），中国法制出版社 2005 年版。

60．［美］哈特：《法律的概念》，张文显等译，中国大百科全书出版社 1996 年版。

61．［德］阿图尔·考夫曼、温弗里德·哈斯默尔：《当代法哲学和法律理论导论》，郑永流译，法律出版社 2013 年版。

62．［美］伊利亚·普利高津：《确定性的终结——时间、混沌与自然法则》，湛敏译，上海科技教育出版社 1998 年版。

63．［英］约翰·格里宾：《大爆炸探究——量子物理与宇宙学》，卢炬甫译，上海世纪出版集团 2012 年版。

64．［美］M.克莱因：《数学：确定性的丧失》，李宏魁译，湖南科学技术出版社 2000 年版。

65．潘静成、刘文华：《中国经济法教程》，中国人民大学出版社 1996 年版。

66．李昌麒：《经济法学》，中国政法大学出版社 1994 年版。

67．［苏］拉普捷夫：《经济法》，中国社科院法学所民商经济法室译，法律出版社 1982 年版。

68．李昌麒：《经济法学》，中国政法大学出版社 1999 年版。

69．漆多俊：《经济法基础理论》，中国政法大学出版社 2000 年版。

70．［德］罗尔夫·斯特博：《德国经济行政法》，苏颖霞、陈少康译，中国政法大学出版社 1999 年版。

71．［美］罗纳德·德沃金：《认真对待权利》，信春鹰、吴玉章译，上海三联书店 2008 年版。

72．朱苏力：《法治及其本土资源》，中国政法大学出版社 2004 年版。

73．高鸿钧：《现代法治的出路》，清华大学出版社 2003 年版。

74．［美］杰瑞·L.马肖：《行政国的正当程序》，沈岿译，高等教育出版社 2005 年版。

75．沈宗灵：《现代西方法理学》，北京大学出版社 1992 年版。

76．〔德〕贡塔·托依布纳：《法律：一个自创生系统》，张琪译，北京大学出版社 2004 年版。

77．陈桂明：《诉讼公正与程序保障———民事诉讼程序之优化》，中国法制出版社，1996 年版。

78．许国志：《系统科学》，上海科技教育出版社 2000 年版。

79．〔美〕乔纳森特纳：《社会理论的结构》（上），邱泽奇等译，华夏出版社 2001 年版。

80．〔英〕帕特里克·贝尔特：《二十世纪的社会理论》，瞿铁鹏译，上海译文出版社 2005 年版。

81．〔德〕维特根斯坦：《哲学研究》，陈嘉映译，上海人民出版社 2001 年版。

82．〔美〕埃里克·詹奇：《自组织的宇宙观》，曾国屏等译，中国社会科学出版社 1992 年版。

83．宋冰：《程序、正义与现代化——外国法学学家在华演讲录》，中国政法大学出版社 1998 年版。

84．〔日〕谷口安平：《程序的正义与诉讼》，王亚新、刘荣军译，中国政法大学出版社 2002 年版。

85．徐亚文：《程序正义论》，山东人民出版社 2004 年版。

86．章剑生：《行政程序法基本理论》，法律出版社 2003 年版。

87．〔美〕格伦顿等：《比较法律传统》，米健等译，中国政法大学出版社 2004 年版。

88．〔英〕勒内·达维德：《当代主要法律体系》，漆竹生译，上海译文出版社 1984 年版。

89．〔德〕K.茨威格特、H.克茨：《比较法总论》，潘汉典等译，法律出版社 2004 年版。

90．张文显：《法理学》，法律出版社 2011 年版。

91．［美］伯纳德·施瓦茨：《美国法律史》，王军等译，中国政法大学出版社 2011 年版。

92．［美］汉密尔顿等：《联邦党人文集》，程逢如等译，商务印书馆 2009 年版。

93．［美］摩尔根：《古代社会》（上），杨东莼等译，商务印书馆 1977 年版。

94．［英］梅因：《古代法》，沈景一译，商务印书馆 1959 年版。

95．［法］勒内·达维德：《英国法和法国法》，舒扬等译，中国政法大学出版社 1984 年版。

96．周枬：《罗马法原论》，商务印书馆 1994 年版。

97．张晋藩：《中国法制史》，群众出版社 1985 年版；《中国法制史》，中国政法大学出版社 1991 年版。

98．［美］高道蕴：《美国学者论中国法律传统》，中国政法大学出版社 1996 年版。

99．张中秋：《中西法律文化比较研究》，中国政法大学出版社 2006 年版。

100．《辞源》（第 3 卷），商务印书馆 1979 年版。

101．《辞海》（编印本），上海辞书出版社 1980 年版。

102．关保英：《行政法的价值定位》，中国政法大学出版社 1997 年版。

103．［英］戴维 M.沃克：《牛津法律大辞典》，李双元译，法律出版社 2003 年版。

104．北京大学法律系法学理论教研室编：《法学基础理论》，北京大学出版社 1984 年版。

105．沈宗灵：《法理学》，高等教育出版社 1984 年版。

106. 张泉林:《法学基础理论》,武汉大学出版社 1987 年版。

107. 万斌:《法理学》,浙江大学出版社 1988 年版。

108.《中国大百科全书(法学)》,中国大百科全书出版社 2006 年版。

109. 李道军:《法的应然与实然》,山东人民出版社 2001 年版。

110. [美]M.F.莫里斯:《法律发达史》,王学文译,中国政法大学出版社 2014 年版。

111. [德]黑格尔:《法哲学原理》,范扬、张企泰译,商务印书馆 1961 年版。

112. [美]罗尔斯:《正义论》,何怀宏等译,中国社会科学出版社 2001 年版。

113.《马克思恩格斯全集》(第 1、3、19 卷),人民出版社 1979 年版。

114. 季卫东:《法律秩序的建构》,商务印书馆 2014 年版。

115.《元照英美法词典》,法律出版社 2003 年版。

116. [英]R.C.范·卡内冈:《英国普通法的诞生》,李红梅译,中国政法大学出版社 2003 年版。

117. [德]黑格尔:《哲学讲演录》(第 4 卷),贺麟、王太庆译,商务印书馆 1978 年版。

118. [英]培根:《新工具》(第 2 卷),许宝骙译,商务印书馆 1984 年版。

119. [法]笛卡尔:《谈谈方法》,王太庆译,商务印书馆 2000 年版。

120. [英]戴维·米勒:《社会正义的原则》,应奇译,江苏人民出版社 2008 年版。

121. [美]杰克·普拉诺等:《政治学分析辞典》,胡杰译,中国社会科学出版社 1986 年版。

122. [美]戈尔丁:《法律哲学》,齐海滨译,三联书店 1987 年版。

123．陈瑞华:《刑事审判原理》,北京大学出版社 1997 年版。

124．刘军宁等:《经济民主与经济自由》,北京三联书店 1997 年版。

125．[美]乔·萨托利:《民主新论》,冯克利等译,东方出版社 1998 年版。

126．[奥]凯尔森:《法与国家的一般原理》,沈宗灵译,商务印书馆 2013 年版。

127．[美]科恩:《论民主》,聂崇信等译,商务印书馆 2004 年版。

128．[美]萨缪尔森、诺德豪斯:《经济学》(上册),萧琛译,商务印书馆 2012 年版。

129．高德步:《产权与增长:论法律制度的效率》,中国人民大学出版社 1999 年版。

130．[美]米尔顿·弗里德曼:《资本主义与自由》,张瑞玉译,商务印书馆 2011 年版。

131．[美]麦克尼尔:《新社会契约论》,雷喜宁、潘勤译,法律出版社 1994 年版。

132．[德]考夫曼:《后现代法哲学》,米健译,法律出版社 2000 年版。

133．甘华鸣、许立东:《谈判》(MBA/MPA 必修公共课程),中国国际广播出版社 2001 年版。

134．[美]埃尔金、索乌坦:《新宪政论》,周叶谦译,三联书店 1997 年版。

135．[日]牧野英一:《法律上之进化与进步》,朱广文译,中国政法大学出版社 2003 年版。

136．[英]泰勒:《市民社会的模式》,《国家与市民社会》,中央编译出版社 1999 年版。

137．[德]奥特弗利德·赫费:《政治的正义性——法和国家的批判哲学之基础》，庞学铨、李张林译，上海世纪出版集团 2005 年版。

138.［美］考文：《美国宪法的"高级法背景"》，强世功译，北京大学出版社 2015 年版。

139. 王希：《原则与妥协：美国宪法的精神与实践》，北京大学出版社 2014 年版。

140.［法］鲍曼：《立法者与阐释者——论现代性、后现代性与知识分子》，洪涛译，上海人民出版社 2000 年版。

141.［美］迈克尔·罗尔斯：《政治科学》，林震等译，华夏出版社 2001 年版。

142. 刘军宁：《共和·民主·宪政》，上海三联书店 1998 年版。

143. 邓志伟：《变革社会中的政治稳定》，上海人民出版社 1997 年版。

144. 周旺生：《规范性文件起草》，中国民主法制出版社 1998 年版。

145.［德］何梦笔：《秩序自由主义》，董靖等译，中国社会科学出版社 2002 年版。

146. 刘勉义、蒋勇：《行政听证程序研究与适用》，警官教育出版社 1997 年版。

147. 杨解君：《秩序·权力与法律控制》（增补本），四川大学出版社 1999 年版。

148.［英］P.S.阿蒂亚：《法律与现代社会》，范悦等译，辽宁教育出版社 1998 年版。

149. 刘荣军：《程序保障的理论视角》，法律出版社 1999 年版。

150.［日］滋贺秀三等：《明清时期的民事审判与民间契约》，王亚新等编译，法律出版社 1998 年版。

151. 翁岳生：《行政法》，中国法制出版社 2009 年版。

152．世界银行：《1998/99 年世界发展报告：知识与发展》，中国财政经济出版社 1999 年版。

153．[美]柯武刚、史漫飞：《制度经济学：社会秩序与公共政策》，韩朝华序，商务印书馆 2000 年版。

154．[日]植草益：《微观规制经济学》，朱绍文译，中国发展出版社 1992 年版。

155．张维迎：《博弈论与信息经济学》，上海三联书店、上海人民出版社 2004 年版。

156．[英]哈耶克：《个人主义与经济秩序》，邓正来译，三联书店 2003 年版。

157．[日]兼子一：《民事诉讼法》，白录铉译，法律出版社 1995 年版。

158．沈达明：《比较民事诉讼法初论》（上），中国法制出版社 2002 年版。

159．陈一云：《证据学》，中国人民大学出版社 1991 年版。

160．李心鉴：《刑事诉讼构造论》，中国政法大学出版 1992 年版。

161．王名扬：《法国行政法》，北京大学出版社 2007 年版。

162．[印]M．P．赛夫：《德国行政法——普通法的分析》，周伟译，山东人民出版社 2006 年版。

163．彭宗超、薛澜、阚珂：《听证制度·透明决策与公共治理》，清华大学出版社 2004 年版。

164．王名扬：《英国行政法》，北京大学出版社 2007 年版。

165．应松年：《行政程序法立法研究》，中国法制出版社 2001 年版。

166．[美]伯德尔·施瓦茨：《行政法》，徐炳等译，群众出版社 1986 年版。

167．罗豪才、应松年：《行政程序法研究》，中国政法大学出版社

1992 年版。

168.〔德〕哈特穆特·毛雷尔:《行政法学总论》,高家伟译,法律出版社 2000 年版。

169.〔日〕盐野宏:《行政法》,杨建顺译,法律出版社 1999 年版。

170.〔美〕奥内斯特·吉尔霍恩、巴瑞·B.鲍叶:《美国行政法和行政程序法》,崔卓兰等译,吉林大学出版社 1990 年版。

171.〔美〕安东尼·奥罗姆:《政治社会学》,张华青等译,上海人民出版社 2006 年版。

172.上海社会科学院法学研究所编译:《宪法》,知识出版社 1982 年版。

173.罗传贤:《行政程序法基础理论》,台湾五南图书公司 2000 年版。

174.〔美〕艾伦·沃森:《民法法系的演变及形成》,李静冰等译,中国法制出版社 2009 年版。

175.俞可平:《治理与善治》,社会科学文献出版社 2000 年版。

176.〔意〕皮罗·克拉玛德雷:《程序与民主》,翟小波、刘刚译,高等教育出版社 2005 年版。

(二)论文类

1.管斌:《第八届全国经济法理论研讨会综述》,《法商研究》2001 年第 2 期。

2.刘普生:《论经济法的回应性》,《法商研究》1999 年第 2 期。

3.吕忠梅、鄢斌:《论经济法的程序理性》,《法律科学》2003 年第 1 期。

4.梁治平:《法律史的视界:方法、旨趣与范式》,《中国文化》第 19、20 期。

5.李昌麒、岳彩申、叶明:《论民法、行政法、经济法的互动机制》,《法学》2001 年第 5 期。

6. 张文显、于宁:《当代中国法哲学研究范式的转换:从阶级斗争范式到权利本位范式》,《中国法学》2001 年第 1 期。

7. 蔡守秋:《论法学研究范式的革新——以环境资源法学为视角》,《法商研究》2003 年第 3 期。

8. 黄金荣:《法的形式理性论——以法之确定性问题为中心》,《比较法研究》2000 年第 2 期。

9. 苏永钦:《私法自治中的国家强制——从功能法的角度看民事规范的类型与立法释法方向》,《中外法学》2001 年第 1 期。

10. [美]J.B.科利考特:《罗尔斯顿论内在价值:一种解构》,《哲学译丛》1999 年第 2 期。

11. 刘水林、李永宁:《经济法调整对象的法哲学及经济学考察》,《法律科学》2000 年第 2 期。

12. [美]罗尔斯顿:《自然界中的价值是主观的还是客观的?》,《环境与社会》1999 年第 1 期。

13. 李昌麒、黄茂钦:《论经济法的时空性》,《现代法学》2002 年第 5 期。

14. 王全兴、管斌:《民商法与经济法关系论纲》,《法商研究》2000 年第 5 期。

15. 吕忠梅、陈虹:《论经济法的工具性价值与目的性价值》,《法商研究》2000 年第 6 期。

16. 欧阳明程:《整体效益:市场经济条件下经济法的主导价值取向》,《法商研究》1997 年第 1 期。

17. 莫俊:《现代经济法的价值取向》,《甘肃政法学院学报》1998 年第 3 期。

18. 李昌麒、鲁篱:《经济法现代化的若干思考》,《法学研究》1999 年第 3 期。

19. 徐士英等:《经济法的价值问题》,漆多俊主编:《经济法论丛》(第1卷),方正出版社1999年版。

20. 程信和:《发展、公平、安全三位一体》,《华东政法学院学报》1999年第1期。

21. 单飞跃:《经济法的法律价值范畴研究》,《现代法学》2000年第2期。

22. 王保树:《市场经济与经济法的发展机遇》,《法学研究》1993年第2期。

23. 王保树、邱本:《经济法与社会公共性论纲》,《法律科学》2000年第3期。

24. [德]沙弗尔:《"规则"与"标准"在发展中国家的运用——迈向法治征途中的一个重大现实问题》,李成钢译,《法学评论》2001年第2期。

25. 刘剑文、杨君佐:《关于宏观调控的经济法问题》,《法制与社会发展》2000年第4期。

26. 邱本、董进宇:《论经济法的宗旨》,《法制与社会发展》1996年第4期。

27. 陈乃新:《经济法是增量利益生产和分配法——对经济法本质的另一种理解》,《法商研究》2000年第2期。

28. 高鸿钧:《现代法治的困境及其出路》,《法学研究》2003年第2期。

29. 陈云良:《经济法的模糊性研究》,《法学家》1998年第3期。

30. 张传兵等:《评中国经济法学新诸论》,《法学评论》1995年第4期。

31. 崔之元:《美国29个州公司法变革的理论背景》,《经济研究》1996年第4期。

32．高鸿钧:《现代西方法治的冲突与整合》,《清华法治论衡》(第一辑),清华大学出版社 2000 年版。

33．洪家殷:《行政程序之基本制度——以行政处分为中心》,海峡两岸行政程序法研讨会论文(1997 年,北京)。

34．王晨光:《法律运行中的不确定因素与"错案追究制"的误区》,《法学》1997 年第 3 期。

35．周晓虹:《社会学理论的基本范式及其整合的可能性》,《社会学研究》2002 年第 5 期。

36．朱海英:《论程序理性的政治意蕴》,《探索》(重庆)2004 年第5 期。

37．肖凤城:《法即程序》,《行政法学研究》1997 年第 1 期;《再论法即程序》,《行政法学研究》2001 年第 3 期;《三论法即程序——程序与实体的关系》,《行政法学研究》2002 年第 3 期。

38．[美]安守廉:《不可思议的西方? 昂格尔运用与误用中国历史的含义》,《比较法研究》1993 年第 2 期。

39．季卫东:《程序比较论》,《比较法研究》1993 年第 2 期。

40．陆平辉:《确立"程序本位"观念的理论意义和实践意义》,《学习与探索》2003 年第 2 期。

41．谢晖:《法律程序的实践价值》,《北京行政学院学报》2005 年第 1 期。

42．郑成良、杨云彪:《关于正当程序的合法性与合理性思考》,《法制与社会发展》1999 年第 3 期。

43．江涛:《程序法与实体法关系的思辨——就"程序法乃实体法之母"论断的质疑》,《政法论丛》2004 年第 3 期。

44．陈小文:《程序正义的哲学基础》,《比较法研究》2003 年第 1 期。

45．陈端洪：《法律程序价值观》，《中外法学》1997 年第 6 期。

46．陈瑞华：《程序价值理论的四个模式》，《中外法学》1996 年第 2 期。

47．张令杰：《程序法的几个基本问题》，《法学研究》1994 年第 5 期。

48．季卫东：《法律程序的意义——对中国法制建设的另一种思考》，《中国社会科学》1997 年第 1 期。

49．陈瑞华：《程序正义的理论基础：评马修的"尊严价值理论"》，《中国法学》2000 年第 3 期。

50．陈瑞华：《程序正义论》，《中外法学》1997 年第 2 期。

51．王保树：《市场经济与经济民主》，《中国法学》1994 年第 2 期。

52．王全新、管斌：《经济法与经济民主》，《中外法学》2002 年第 6 期。

53．彭心情：《程序正义优先价值论》，《邵阳学院学报》（社科版）2004 年第 4 期。

54．宋显忠：《程序正义及其局限性》，《法制与社会发展》2004 年第 3 期。

55．贺卫方：《走向具体法治》，《现代法学》2002 年第 2 期。

56．曹卫东：《词语梳理·交往》，《读书》1995 年第 2 期。

57．张曙光：《论妥协》，《读书》1995 年第 3 期。

58．［美］安守廉：《论法律程序在美国市场经济中的关键作用》，《中外法学》1998 年第 2 期。

59．舒城：《从交换看西方政治》，《南方周末》2001 年 11 月 22 日。

60．丁煌：《听证制度：决策科学化与民主化的重要保证》，《政治学研究》1999 年第 1 期。

61．［日］宇贺克也：《日本行政程序法》，《东亚行政法研究第三届年会暨行政程序法研讨会论文集》(1998 年 11 月,上海)。

62. 李金泽、丁作良:《经济法定位理念的批判与超越》,《法商研究》1996 年第 5 期。

63.《经济稳定与增长促进法》(联邦德国),谢怀拭译,《法学译丛》1989 年第 1 期。

64. 喻少如:《权力清单制度中的公众参与研究——兼论权力清单之制度定位》,《南京社会科学》2016 年第 1 期。

65. 喻少如、张运昊:《权力清单宜定性为行政自制规范》,《法学》2016 年第 7 期。

二、外文参考文献

1. L. A. Hart, The Concept of Law, Oxford: Clarendon Press, 1961.

2. Brownish law Malinowski, Crime and Custom in Savage Society, Peterson, N. J. Littlefield, Admas, 1959.

3. W. Jackson Bate, The Burden of the Past and the English Poet, New York, Norton, 1972.

4. Niklas Luhmann, A sociological Theory of Law (A) London: Rutledge and keganpaul. 1985.

5. John C. Gray, The Nature and sources of the Law, 2nd ed., Boston, 1963; Gray, The Rule Against Perpetuities, 1st ed., 1886.

6. James Willard Hurst, Problems of Legitimacy in the Contemporary Legal Order, Oklahoma Law Review 24(1971).

7. Jerome Frank, Mr. Justice Homes and Non-Euclidian Thinking, Cornell Law Quarterly 17(1932).

8. Lon L. Fuller, American Legal Realism, University of

Pennsylvania Law Review 82（1934）.

9. James Willard Hurst,Problems of Legitimacy in the Contemporary Legal Order,Oklahoma Law Review 24(1971).

10. Roscoe Pound,Jurisprudence,St. Paul,Minn. ; West Publishing, 1959.

11. G.Gilmore,The Death of Contract,Ohio State University Press,1974.

12. Ernest Gellhorn and Ronald M. Levin. Administrative Law and Process. West Group 2001.

13. Neumann F. The Rule of Law; Political and the Legal System in Modern Society. Berg Publishers Ltd. ,1986.

14. Geoffrey de. Q. Walker,The Rule of Law; Foundation of Constitutional Democracy.

15. Habermas J. Paradigms of Law. In; Rosenfield M. , Aroto A. , ed. Habermas on Law and Democracy; Critical Exchanges. University of California Press,1998.

16. Machura S. The Individual in the Shadow of Powerful Institutions;Niklas Luhmann's Legitimation by Procedure As Seen by Critics. In;Rohl K. F. ,Machura S. ,ed. Procedural Justice. Ashate Publishing limited,1997.

17. Philip Selznick,Sociology and Natural Law,Natural Law Forum 6(1961).

18. Faith Thompson,Magna Carta; Its Role in the Making of the English Constitution 1300—1629. University of Minneapolis, Minnesota,1948.

19. M.D. Bayles, Procedural Justic, 1990 by D. Deidel Publishing

Company.

20. D.J. Galligan, Procedure, 1992 by Dartmouth Publishing Co. Ltd.

21. R. Sapphire, Specifying Due Process Values: Towards a More Responsive Approach to 21 Procedural Protection, (1978)127 Univ. Pennsylvania L. R.

22. Mashaw, Dignitary Process: A Political Psychology of Liberal Democratic Citizenship (1987) 39 Univ. Florida L. R.

23. J. Mashaw, Bureaucratic Justice: Managing Social Security Disability Claims New Haven, Conn(1983).

24. E. Pickoffs Due Process, Fraternity, and a Kantian Injunction, In J. Pennock and J. Chapman (eds.), Due Process, Nomos 18 New York Univ. Press, 1977.

25. M.D. Bayles, Principles for Legal Procedural, Law and Philosophy 5(1986), by D. Reidel Publishing Company.

26. Robert S. Summers, Evaluating and Improving Legal Processes—A plea for "Process Values", Cornell Law Review 1974 Volume 60, Number 1.

27. R. Dworkin, A Matter of Principle, 985 by Oxford; Clarendon Press.

28. J. Bentham, The Principles of Judicial Procedure, in 2 Works of Jeremy Bentham1, 6, J. Bowringed.

29. John Thibaut, Laurens Walker, A theory of Procedure, Vol. 66 California Law Review.

30. Joseph Razz, The Authority of Law: Essays on Law and Morality, Clarendon Press, 1979.

31. Jerry L. Mashaw, Due Process in the Administrative State, Yale University Press, 1985.

32. Melvin. Eisenberg, Participation, Responsiveness, and the Consultative Process: An Essay for Lon. Fuller. Harvard Law Review 92(1987).

33. Teubner, Gunther, and Helmut Willke. 1984. Kontext und Autonomie: Gesllschaftliche Selbxtststuerung durch reflexives Retch. Xeltschrift fur Rechrssoziologie.

34. Niklas Luhmann. A sociological Theory of Law (A) London: Rutledge and keganpaul. 1985.

35. Joseph A. Schumpeter, Capitalism, Socialism and Democracy, Harber & Rom Publishers, 1976.

36. Richard A. Posner, An economic Approach to Legal Procedure and Judicial Administration in Robert & Owen M. Fiss, The Structure of procedure, Minneola, New York. The foundation Press, Inc 1979.

37. Ronald H. Coase, The firm, the market, and the Law, University of Chicago Press, 1988.

38. Alfred C. Aman, J. R. Proposals for Reforming the Administrative Procedure Act: Globalization, Democracy and the Furtherance of a Global Public Interest. Indiana Journal of Global Legal Studies, Spring, 1999, (6).

39. Mater, Jean. Public Hearing Procedures and Strategies. New Jersey: Prentice-Hall, 1986.

40. Oleszek, Walter J. Congressional Procedures and the Policy Process. 2nd ed. , Washington, D. C. Co. Press.